Hans Rosenkranz/Reinhard Breuel

Von der Gruppendynamik zur
Organisationsentwicklung

Hans Rosenkranz / Reinhard Breuel

Von der Gruppendynamik zur Organisationsentwicklung

— Praxismodelle für Training und Organisationsberatung in der Wirtschaft —

GABLER

CIP-Kurztitelaufnahme der Deutschen Bibliothek

Rosenkranz, Hans:

Von der Gruppendynamik zur Organisationsentwicklung: Praxismodelle für Training und Organisationsberatung in d. Wirtschaft/
Hans Rosenkranz; Reinhard Breuel. –
Wiesbaden: Gabler, 1982.
(Gabler-Praxis)
ISBN 3-409-96342-3

NE: Breuel, Reinhard:

Umschlaggestaltung: H. Koblitz, Wiesbaden
Satz: H. E. Henniger, Wiesbaden
Druck: Lengericher Handelsdruckerei, Lengerich/Westfalen
Buchbinderei: Großbuchbinderei Langelüddecke, Braunschweig

Printed in Germany

ISBN 3-409-99641-9

Inhaltsverzeichnis

Einführung 1

Teil 1: Gruppendynamik 7

Gruppendynamik als Führungstraining 9
Hans Rosenkranz

● Warum gruppendynamisches Training? ● Ist Führung unter diesen Bedingungen noch erlernbar? ● Was kann man in einem gruppendynamischen Seminar lernen? ● Was ist ein gruppendynamisches Seminar? ● Welche Möglichkeiten bietet gruppen- und organisationsdynamisches Training für die Verbesserung der Betriebsorganisation?

Teilnehmerbericht 17
Winfried Jöbges

Teilnehmerbericht 45
Nils Peter Esmann

Gruppendynamisches Training in Organisationen 51
Gerhard Schwarz

● Elimination oder Bewältigung von Widersprüchen ● Individuum und Paar ● Paar und Gruppe ● Gruppe und Organisation

Teil 2: Trainingsentwicklung 63

Trainingsentwicklung am Beispiel eines Seminars 65
Reinhard Breuel/Hans Rosenkranz

● Durch Verhaltenstraining werden Marketing-Konzeptionen effizienter ● Die Ziele des Verkaufstrainer-Grundlehrganges ● Die inhaltliche und methodische Konzeption des Lehrganges ● Checklist – Kompetenzen sozialen und pädagogischen Handelns und Verhaltens.

Ein Lehrgang zur Ausbildung von Verkaufstrainern (Erlebnisbericht) 89
Reinhard Stettner

Teil 3: Organisationsentwicklung 119

Organisationsentwicklung – eine Chance für den Betrieb? 121
Hans Rosenkranz/Reinhard Breuel

● Die Marktsituation erfordert neue Organisations- und Trainingsformen ● Klagen der Geschäftsführung weisen auf ein Defizit von Fähigkeiten zur Kommunikation, Kooperation und Führung ● Organisationsentwicklung bietet die Möglichkeit, in der Kombination von Beratung und Training soziale Störfaktoren zu identifizieren und zu beheben ● Das Problembearbeitungsseminar läuft in fünf Phasen ab ● Initiator für Organisationsentwicklung ist das Team der Vorstände ● Durch gruppendynamisches Training werden Vorstände auf Organisationsentwicklung vorbereitet ● Durch Organisationsentwicklung wird das Institut zu einem lernenden System und kann seine Zukunftsprobleme bewältigen.

Organisationsentwicklung in einem Kreditinstitut 133
Hans Rosenkranz

● Gruppenpädagogik und Organisationspsychologie sind für mich Stationen zu einer zusammenhängenden Sicht von Training und Organisationsentwicklung ● Einige Prinzipien bestimmen meine praktische Theorie bei der Arbeit mit Organisationen. ● Die Arbeit mit einer Sparkasse zeigt, wie ich Training und Organisationsberatung verbinde. ● Ich gebe der Organisationsentwicklung in Deutschland Chancen, wenn einige Probleme gelöst werden.

Weichenstellung zur sozialen Betriebsorganisation durch ein kombiniertes Analyse-, Übungs- und Planungsseminar in einer bayerischen Sparkasse (Teilnehmerbericht) 155
Hermann Hadwiger

● Die Vorbereitung ● Ziele und Erwartungen treten zutage ● Wer bin ich? Wer bist Du? ● „Spielend" Aktivitäten entwickeln ● Ein Selbsterkennungsprozeß wird eingeleitet ● Problemstellung durch zeichnerische Darstellung ● Problemlösung ● Schlußeindruck ● Ergebnisse

Stichwortverzeichnis 171

Literaturhinweise 173

Einführung

Personen, Gruppen und Organisationen haben gemeinsam, daß sie sich ständig ändern. Änderung geschieht, wann und wo auch immer Menschen miteinander Kontakt haben oder ihn vermeiden. Dieses Änderungsgeschehen ist häufig zufällig und ungeplant und daher meist wenig effektiv. Prozesse geraten außer Kontrolle und haben negative Wirkungen und Folgen.

Gruppendynamik und Organisationsentwicklung sind unter funktionalen Gesichtspunkten ungeplantes Geschehen. Soziale Kräfte wirken überall, wo Menschen sind. Anders kann man Gruppendynamik und Organisationsentwicklung auch als geplante Methoden und Strategien zur gewünschten und bewußten Veränderung sozio-technischer Strukturen in den jeweiligen Systemen betrachten. Es erscheint daher nützlich, Gruppen und Organisationen ebenso als lernende Systeme zu betrachten wie Individuen. Ihr Lernprozeß kann durch adäquate Interventionen gefördert werden.

In diesem Buch berichten wir, was wir unter Gruppendynamik und Organisationsentwicklung verstehen, welche Werte und Theorien wir zugrundelegen und nach welchen praktischen Grundsätzen wir arbeiten, um Personen, Gruppen und Organisationen zu helfen, den eigenen Entwicklungs- und Lernprozeß bewußt zu machen und zu steuern.

Hier sind einige Annahmen, auf denen unser Denken und unsere Interventionen basieren:

1. Personen, Gruppen und Organisationen können die eigenen Probleme am besten lösen, wenn sie bereit sind, Verantwortung dafür zu übernehmen und diese ihnen auch zugestanden wird.

2. Mit Strategien aus Gruppendynamik und Organisationsentwicklung kann diese Fähigkeit gefördert werden.

3. Voraussetzung hierfür bieten Methoden und Interventionen zum Lernen und zur Veränderung durch Selbsterfahrung.

4. Erfahrungs- und problemlösungsorientiertes Lernen basiert auf systemadäquaten Formen von Feedback (z. B. persönliches Feedback, Prozeßberatung, Aktionsforschung).

5. Energie aus dem annehmenden Umgang mit Gefühlen und abgeklärten sozialen Beziehungen wird frei für gesteuerte Innovation und Problemlösung.

Zu 1:

Personen, Gruppen und Organisationen haben Probleme, die auf Bedürfnissen, Gefühlen und Motiven beruhen. Wir sind der Meinung, daß derjenige am besten seine Probleme lösen kann, der sie hat. Unsere Trainings- und Beratungsstrategien sind darauf ausgerichtet, methodische Hilfen anzubieten, die die Selbstlösung der eigenen Probleme erleichtern. Das gilt für alle lernenden Systeme und hat kritische Momente in sich selbst, z. B. die Frage, wie kann ich eindeutig Übereinstimmung herstellen, wer das Problem besitzt. Es gehört geradezu zur Alltagserfahrung von jedermann, daß Konflikte daraus entstehen, daß Verantwortungsbereiche und Kompetenzen ausgedehnt oder nicht wahrgenommen werden. Wir streben Situationen an, in denen z. B. die Gruppe zeigt, daß sie allein in der Lage ist, ihre Lernprobleme zu lösen. Dies widerspricht den herkömmlichen Auffassungen von den Aufgaben eines Trainers und Beraters. Bei dem Seminar für Verkaufstrainer, das wir im zweiten Abschnitt beschreiben, gehört es fast zum Programm, daß in der zweiten Woche die Berater in der einen oder anderen Form aus dem Seminar hinauskomplimentiert werden, da die Gruppe unbeeinflußt ihre Probleme lösen will.

Lösungen, die von Fremden kommen, werden oft, und seien sie noch so gut, abgelehnt. Es ist, wie wir überzeugt sind, lediglich eine Organisations- und Informationsfrage, ob optimale Lösungen durch die Verantwortlichen selbst gefunden werden.

Lernen ist immer dann am effektivsten, wenn es mit Selbstaktivität verbunden ist. Die erhöhte Lerneffizienz ist ein Argument für die These, daß jeder sich am besten um das kümmert, was ihn angeht.

Zu 2:

Die Verantwortung für die eigenen Probleme zu übernehmen, ist keineswegs eine Selbstverständlichkeit. Vielmehr bedarf es eines langen und intensiven Lernprozesses, der mit Konflikten verbunden ist. Im Konflikt werden die Problemanteile abgegrenzt.

Daher arbeiten Gruppendynamik und Organisationsentwicklung mit Methoden des Konfliktmanagements. Der Konflikt und seine Lösung sind Motor und Motivation allen menschlichen Handelns.

Der Konflikt wird von uns auch als wichtige Voraussetzung für Lernen und Entwicklung angesehen. Nur durch den bewältigten Konflikt besteht die Möglichkeit, zu besseren und gemeinsamen Lösungen zu kommen.

In der menschlichen Entwicklung ist das Stadium der Abhängigkeit der Ausgangspunkt für Lernen. Abhängig werden wir geboren. Nur dann werden wir unsere eigenen Probleme effektiver lösen können, wenn wir aus der selbst- und fremdverschuldeten Unmündigkeit heraustreten, durch Konflikt die eigene Identität und Autorität finden, um damit in einer Phase der Interdependenz gemeinsame Probleme in Kooperation so zu lösen, daß keiner eine Niederlage zu erleiden braucht. Ohne Konflikt und gelungene Konfliktlösung kann weder das Kind zum Erwachsenen werden, weder eine Gruppe zum Team, noch eine Organisation zu einem innovativen System, die die Aufgaben flexibel erfüllt, für die sie geschaffen wurde. In dem Artikel von Winfried Jöbges werden Autoritätskrise und ihre Bewältigung in einem Gruppendynamischen Seminar geschildert. Weiter kommt die Problematik des Konflikts auch in dem im dritten Abschnitt beschriebenen Organisationsentwicklungsprojekt zum Ausdruck.

Zu 3:

Trainer und Berater brauchen Strategien und Methoden, um Lernen und Problemlösung durch Selbsterfahrung und Selbstaktivität anzuregen.

Auch die Fähigkeit, aus der Abhängigkeit herauszukommen und sogenannte Autoritäten zu hinterfragen, muß gelernt werden. Diese sozialen Fähigkeiten werden weder in Schule noch in Betrieb ihrem Stellenwert entsprechend genügend berücksichtigt und eingeübt. Das überall erkennbare Defizit an Fähigkeiten zur Kommunikation, Kooperation, Umgang mit Gefühlen und Konflikten wird nur zu überwinden sein, wenn eine Rückbesinnung auf erfahrungs- und verhaltensorientierte Methoden des Lernens erfolgt.

Das Prinzip der Erfahrung bestimmt sämtliche Phasen des Lernprozesses. Gewöhnlich sind Individuen, Gruppen und Organisationen nur dann lernbereit, wenn sie die Erfahrung der Frustration aufgrund eines Mangelzustandes machen. Aus welchem Grund sollte auch sonst etwas geändert werden? Dennoch gehört Risikobereitschaft dazu, sich auf Lernprozesse einzulassen. Oftmals erscheint es einfacher, in dem paradiesischen Zustand der Abhängigkeit zu verharren. Lernen im Zustand der Abhängigkeit ist eingeschränkt und wenig effizient, da ja die Verantwortung für das eigene Tun und Verhalten, also auch für das Lernen nicht übernommen, sondern auf andere delegiert wird. Der Abhängige nimmt nur das wahr, was er darf. Und das ist zu wenig. Um Lernen zu können, muß also Verhalten ausprobiert, zur Diskussion gestellt und beobachtet werden. Der Leidensdruck in der gegenwärtigen Situation, die Angst, in ihr länger bleiben zu müssen, muß größer sein als das Risiko, neues Leid durch neu ausprobiertes Verhalten und dessen Konsequenzen zu erfahren. Definiert man psychische Gesundheit durch die Fähigkeit, mit Angst umzugehen, so hat Lernfähigkeit mit Angstüberwindung zu tun.

Zu 4:

Soziales Lernen ist angewiesen auf offenen Austausch von Beobachtungen und Erfahrungen. Wir nennen den gesteuerten Vorgang des Mitteilens von Erfahrungen auch Feedback. Feedback ist das Beweiserlebnis dafür, ob ausgeübtes Verhalten aufgrund einer Annahme oder auch Theorie zu Erfolg oder Mißerfolg führt, ob also Verhalten weiter ausgeübt oder abgelegt werden soll. Solche Feedbackerlebnisse haben wir unbewußt täglich.

Jemand, der in einer Gesellschaft einen Witz erzählt, wird erst die Reaktion der Zuhörer abwarten und abschätzen, bevor er einen neuen anbietet oder es auch bleiben läßt. Doch ist hier noch ein weitgehend reaktiver Prozeß vorhanden, der oft auf Falschinterpretationen der Situation beruht und wenig reflektiert ist.

Soll das unbewußte Reagieren überwunden werden, ist reflektierte Änderung von Verhalten angestrebt, so sind für die Entwicklung von Personen, Gruppen und Organisationen entsprechende Formen von Feedback zu organisieren.

Das Lesen von Büchern über Führung wird einem Manager wahrscheinlich nur sehr beschränkt helfen, seinen Führungsstil und seine Rolle zu verbessern. Was ihm aber helfen kann, ist offenes konfrontierendes Feedback über die Wirkung seiner Verhaltensweisen in einer sicheren Situation, bis er seinen eigenen Stil gefunden hat.

Auch eine Arbeitsgruppe kann durch die Beobachtung, die Analyse und das geübte Feedback von Gruppenprozessen einen höheren Reifestand und größere Effizienz erreichen. Die Gruppe wird zum Team. Wir nennen diesen Vorgang Teamtraining (siehe Rosenkranz, H., Teamtraining im Rahmen der Organisationsentwicklung, in: Michael, M. (Hg.), Teamarbeit in Kreditinstituten, Stuttgart, S. 109).

Die adäquate Form des Feedbacks für eine Organisation ist die sogenannte Aktionsforschung. Daten über Problembereiche einer Organisation werden mit Hilfe von Beratern von den Problemeignern selbst gesammelt und ausgewertet und als Feedback an die zurückgegeben, von denen es erhoben wurde. Gemeinsam wird dann neue ändernde Aktion geplant und in die Praxis umgesetzt.

Gruppendynamik und Organisationsentwicklung als Trainings- und Beratungsstrategien beruhen auf dem Grundsatz des Feedback. Feedback wird in allen möglichen Variationen entsprechend den Lernsituationen eingesetzt.

Zu 5:

Feedback von Erfahrungen, Gefühlen und Motiven ermöglicht auch affektives Lernen. Das ist ein Lernbereich, der vielfach in Familie, Betrieb und Gesellschaft verboten und geleugnet wird. Oftmals wird eine Versachlichung emotioneller Situationen durch Konfliktvermeidung angestrebt. Damit wird aber lediglich eine Verschiebung, nicht eine Lösung von Problemen erreicht. Eine wichtige Funktion der Gruppendynamik mit deutlich therapeutischem Akzent ist auch die Annahme von Gefühlen. Das wird über das Bewußtwerden und den reflektierten Ausdruck von Gefühlen erreicht. Mit der Annahme von Gefühlen und Bedürfnissen wird gesunder Umgang mit sich selbst und mit anderen möglich. Die Energien, die zur Verdrängung verwendet wurden, können frei werden zur Selbstbehauptung, zur deutlichen offenen Kommunikation und damit zur Verbesserung von Kooperation und Betriebsklima.

Emotionale Feedbackprozesse führen zur Beziehungsabklärung. Sie sind Motor und Motivation für die Fähigkeit, mit Autoritäten umzugehen. Nur wenn die Bereitschaft vorhanden ist, die Verantwortung für eigene Gefühle und Bedürfnisse zu übernehmen und sie auch im Konflikt als Feedback an solche zu formulieren, die Gefühle und Eigenverantwortung durch autoritäres Verhalten beschneiden wollen, dann ist es möglich, ein neues interdependentes, kreativeres, effizientes Verhältnis zur eigenen und fremden Autorität zu finden. Der Lohn der so erreichten Interdependenz in Gruppen und Organisationen ist die Fähigkeit zur kreativen Problemlösung und zur Innovation.

Noch einige Sätze dazu, wie wir praktisch vorgehen:

Modelle und Theorie werden von uns immer dann verwendet, wenn sie geeignet sind, das, was an praktischem Verhalten beobachtet wurde, einzuordnen, zu erklären und Schlußfolgerungen zu ermöglichen.

Wir sehen unsere Funktion als Trainer und Berater darin, immer erst dann einzuspringen und zu intervenieren, wenn der Lern- und Gruppenprozeß an einen Engpaß gekommen scheint, der offensichtlich nur durch unverhältnismäßig hohen Zeitaufwand durch den einzelnen, die Gruppe oder die Organisation selbst bewältigt werden kann.

Schließlich bieten wir durch methodische Beratung Hilfen bei der Veränderung und Einübung von Verhalten an, wenn sich der Klient zu einem Ziel hin entschlossen hat, dem auch wir zustimmen.

Die Schwerpunkte:

Erfahrung und Beobachtung, Analyse und Diagnose, Neuentscheidung zur Verhaltensänderung mit Hilfe von Feedback und Einüben von neuem Verhalten sehen wir als Elemente unserer Interventionen, die im einzelnen variiert werden, um den Lernbedürfnissen der Klienten entgegen zu kommen.

In diesem Buch beschreiben wir drei Arbeitsfelder aus Training und Organisationsberatung mit Wirtschaftsbetrieben. Wir stellen den organisatorischen Rahmen dar, schildern Interventionen und Theorie aus der Sicht der Trainer und Berater. Zu jedem der drei Bereiche haben wir Klienten eingeladen, ihre Erfahrungen einzubringen, weil das Bild dadurch mehrere Perspektiven bekommt.

Der erste Abschnitt behandelt Theorie und Praxis des gruppendynamischen Seminars – Gruppendynamik, wie sie im Lernlaboratorium geschieht und wie sie lernwirksam gemacht wird.

Im zweiten Abschnitt beschreiben wir ein Seminar zur Ausbildung von Verkaufstrainern, in dem wir gruppendynamische Strategien einsetzen. Wir versuchen, die Dynamik der Seminargruppe durch Förderung der Selbstaktivität und durch Feedback auf Lerneffizienz hin zu optimieren.

Schließlich zeigen wir in dem dritten Abschnitt, wie wir gruppendynamisches Training in einem umfasssenden Konzept zur Organisationsentwicklung von Wirtschaftsbetrieben, z. B. von Sparkassen, einsetzen.

Dieses Buch ist nur möglich geworden, weil sich Personen, Gruppen und Organisationen auf das Abenteuer des Lernens durch Selbsterfahrung eingelassen haben. Sie hatten Vertrauen zu sich selbst und auch zu uns. Zum ersten gratulieren wir Ihnen, zum zweiten danken wir Ihnen. Dieses Buch ist Ihnen gewidmet.

Teil

1

Gruppendynamik

Gruppendynamik als Führungstraining

Hans Rosenkranz

- Warum gruppendynamisches Training?
- Ist Führung unter diesen Bedingungen noch erlernbar?
- Was kann man in einem gruppendynamischen Seminar lernen?
- Was ist ein gruppendynamisches Seminar?
- Welche Möglichkeiten bietet gruppen- und organisationsdynamisches Training für die Verbesserung der Betriebsorganisation?

Warum gruppendynamisches Training?

Die rapide Entwicklung von Wirtschaft, Technik, Verwaltung und Gesellschaft erfordert moderne Organisationsformen für Führung und Kooperation. Traditionelle Führungsstile verlassen sich auf das hierarchische Verhältnis von strikter Über- und Unterordnung. Die Mitarbeiter von Unternehmungen jedoch nehmen immer mehr ihr gutes Recht in Anspruch, Führung darauf hin zu hinterfragen, ob sie nicht nur auf formaler Autorität kraft Amtes beruht, sondern sich auch auf subjektive Autorität kraft Persönlichkeit gründet. Personale Autorität ist auf überzeugendes Fachwissen und Fachkönnen angewiesen. Wissen wird aber ständig überholt von der neuen Entwicklung, so daß selbst der beste Fachmann oft nicht mehr sein Spezialgebiet übersehen kann. Damit ändert sich auch die Auffassung von Führung in unserer Zeit. Personale Autorität zeigt sich nunmehr in den Fähigkeiten, Talent und Können der Gruppe der Mitarbeiter für eine gemeinsame Aufgabe zu aktivieren, Fähigkeiten zu offener Kommunikation und effektiver Kooperation in einer Gruppe zu entwickeln.

Geborene Führer, die diese Fähigkeiten intuitiv beherrschen, sind selten zu finden. Führung ist nicht Technik, die sich programmiert erwerben ließe. Führung erhält den Charakter kooperativen Verhaltens, das durch seine Einstellung zu den Mitarbeitern gekennzeichnet ist.

Ist Führung unter diesen Bedingungen noch erlernbar?

Mit konventionellen Trainingsformen, die hauptsächlich auf Wissenserwerb abgestellt sind, sicherlich nicht, wie auch Forschungsergebnisse bestätigen. Lernziele, die auf kooperatives Verhalten und Einstellungsänderung gerichtet sind, erfordern auch adäquate Trainingsmethoden. Es müssen Lernbedingungen bereitet werden, unter denen Kooperation und Kommunikation in Selbsterfahrung geübt werden können und Einstellungsänderungen nach freier individueller Entscheidung möglich sind. Gruppendynamische Seminare bieten diese Lernvoraussetzungen.

Was kann man in einem gruppendynamischen Seminar lernen?

Aufbau und Design eines gruppendynamischen Seminars lassen sich unter zwei Kriterien betrachten, was die Lernziele angeht:

1. Ein Laboratorium kann darauf angelegt sein, Lernen auf bestimmten Gebieten zu erleichtern. Die Seminarorganisation und die Einwirkung der Trainer können Voraussetzung dafür bereiten, daß zum Beispiel Lernen über Führung und Autorität, über Kommunikation und Kooperation in Gruppen einer Organisation, über Entscheidungsfindung in einer Organisation oder auch das Lernen speziell zur persönlichen Entwicklung des Individuums gefördert werden. Diese Lernbereiche können durch das Angebot von Veranstaltungen in einem Seminar und durch Stil und Intervention der Trainer bis zu einem gewissen Grad beeinflußt werden.

2. In nahezu jedem Laboratorium wird die endgültige Bestimmung und Abgrenzung der Lernziele als Aufgabe der Teilnehmer betrachtet. Sie haben die Möglichkeit, in der Auseinandersetzung mit ihren eigenen und den Lernzielen der Kollegen, eigene Lern-

interessen zu aktualisieren, sich über den eigenen Lernwillen bewußt zu werden, und Strategien zu entwicklen, um sich mit den Lernzielen der Kollegen abzustimmen und auseinanderzusetzen. „Lernen, wie man lernt", allein und in der Gruppe, rational und emotional, kann als ein globales und allgemein geltendes Ziel der Laboratoriumsmethode angesehen werden. Entscheidend für den Lernerfolg des einzelnen in einem Laboratorium ist dabei sein persönliches Engagement, seine Bereitschaft, sich selbst und andere zu hinterfragen und schließlich auch seine Bereitschaft, alte und neue Verhaltensweisen im Seminar zu erproben und aus dem Beweiserlebnis Konsequenzen zu ziehen.

Die Lernziele eines Seminars, wie man sie in gruppendynamischen Lehrbüchern findet, sind oftmals abstrakt und allgemein gehalten. Man kann sie grob in drei Bereiche einteilen:

- Die Entwicklung von Sensitivität, das heißt Kenntnisse und Gefühl für die eigene Wirkung auf andere sowie der anderen Wirkung auf sich selbst zu erwerben.

- Die Entwicklung von Fähigkeiten zur Analyse und Diagnose, das heißt die Fähigkeit, soziale Beziehungen in Gruppen und Organisationen zu beobachten, gedanklich einzuordnen und daraus Konsequenzen für das eigene Verhalten zu ziehen.

- Die Entwicklung von Entscheidungs- und Handlungsverhalten, das heißt sich für bestimmtes Verhalten unter mehreren Alternativen zu entscheiden und dieses situationsgemäß zu verwirklichen.

Folgende Fähigkeiten können in gruppendynamischen Seminaren trainiert werden, vorausgesetzt, die individuelle Bereitschaft dazu ist vorhanden:

1. Die Fähigkeit zur

   - Selbst- und Fremdwahrnehmung in und außerhalb der Seminargruppe,
   - Beobachtung von sozialen Prozessen in Gruppen und Organisationen.

2. Die Fähigkeit

   - zur Analyse und Diagnose von sozialen Prozessen in der Hier-und-Jetzt-Situation der Seminargruppe;
   - mit den bewußt gemachten eigenen Gefühlen und den der anderen reflektiert umzugehen;
   - Verhalten, Werte, soziale Normen, Rollen und Vorurteile kritisch zu hinterfragen;
   - zur kooperativ wissenschaftlichen Problemlösung durch Abwägen von Alternativen.

3. Die Übung von sozialen Handlungsfertigkeiten, wie zum Beispiel

   - die Fähigkeit der Mitteilung (Feedback, Rückkoppelung) an die Gruppenkollegen, wie deren Verhalten in der Gruppe wahrgenommen, verstanden und erlebt wird;
   - die Fähigkeit zur Kommunikation, wie Zuhören und Informieren;
   - die Fähigkeit, gemeinsam an einer Gruppenaufgabe zu arbeiten (große und kleine Gruppen), die Gruppe zu organisieren und die in einer Gruppe notwendigen Funk-

tionen wahrzunehmen, um den „Vorteil der Gruppe" beim Arbeiten und Lernen wahrzunehmen;

- die Fähigkeit, wirkungsvoll in den Gruppenprozeß einzugreifen und, wenn nötig, Führungsrollen in der Gruppe zu übernehmen und zur gegebenen Zeit die Führungsrolle eines anderen anzuerkennen;
- die Fähigkeit, den eigenen und fremde Führungsstile zu analysieren und stilgemäß Sprachäußerungen und Verhaltensweisen zu verwenden;
- die Fähigkeit, andere Gruppenmitglieder zu beraten und beim Lernen zu unterstützen;
- die Fähigkeit zur personalen, interpersonalen und intergruppalen Konfliktbearbeitung zu entwickeln;
- die Fähigkeit, das im Laboratorium Gelernte auf die persönliche und berufliche Situation außerhalb des Laboratoriums zu übertragen und situationsgemäß anzuwenden.

Was ist ein gruppendynamisches Seminar?

In gruppendynamischen Seminaren, die auch manchmal Laboratorien oder Sensitivity-Trainings genannt sind, werden den Teilnehmern verschiedene Lernverfahren angeboten, die das Training von Führungs- und Kooperationsverhalten durch Selbsterfahrung ermöglichen. Man geht dabei davon aus, daß Selbsterfahrung die adäquate Lernweise für kooperativ orientierte Führungskräfte ist.

Eine fundamentale Eigenschaft von Führungskräften ist die Fähigkeit, reflektierte Entscheidungen aufgrund von Erfahrungen zu fällen. Dazu gehört auch die Entscheidung über den eigenen Verhaltens- und Führungsstil. In gruppendynamischen Seminaren ist der einzelne daher mehr bestrebt, Verhalten in Selbstentscheidung zu qualifizieren, denn durch Einflußnahme und Überzeugung anderen ihre Verhaltensentscheidung abzunehmen. Notwendige Hilfen dabei werden durch die Trainer und die Gruppe der Kollegen gegeben.

Lernen von Führung und Kooperation kann nur unter den Bedingungen einer sozialen Situation erfolgen. Die in einem Seminar zusammengekommene Gruppe stellt zwar nicht die reine Lebenswirklichkeit des Betriebes dar, sie bietet aber durch die Simulierung in Form eines Laboratoriums eine Lernumgebung, aus der individuelle und soziale Lernerfahrungen auf die praktische Situation im Beruf übertragen werden können.

Wohl die bekannteste Veranstaltung in strukturierten gruppendynamischen Seminaren ist die sogenannte Trainings-Gruppe. Sie besteht aus 7 bis 15 Teilnehmern und einem oder zwei Trainern. Über eine Periode von 5–14 Tagen, je nach Dauer des Seminars, trifft man sich zu T-Gruppensitzungen, die gewöhnlich 1 1/2 bis 2 Stunden dauern. Die ersten 2 Tage sind besonders wichtig für den Erfolg eines Trainings, weil an ihnen die Gruppe Lernprozesse über das eigene Lernen vollzieht.

Die erste T-Gruppensitzung wird gewöhnlich durch den Trainer eröffnet. Er erklärt kurz die Ziele dieser Veranstaltung und gibt Informationen, wann sich die Gruppe trifft. Wahrscheinlich fügt er auch noch hinzu, daß er bereit ist, der Gruppe beim Lernen zu helfen, ohne daß er aber das „wie" näher erläutert. Seine Beiträge besonders an den ersten Tagen werden sich in den T-Gruppen auf einige wenige Bemerkungen beschränken. Die Gruppenmitglieder werden über verschiedene Probleme diskutieren, aber es als sehr schwierig finden, bei einem Thema zu bleiben. Besonders schwierig wird es den Teilnehmern erscheinen, an keine Diskussionsordnung gebunden zu sein. Das Ziel der Gruppe, Gruppenprozesse zu analysieren und über das eigene Verhalten in der unmittelbaren Gruppengegenwart zu sprechen, wird von den meisten als kein „richtiges Thema" akzeptiert. Einerseits rätselt man über die Zurückhaltung des Trainers, auf der anderen Seite überhört man aber auch seine vorsichtigen Anregungen, über die eigenen Reaktionen in der Gruppe hier und jetzt zu sprechen. Der Trainer hat sich geweigert, die von ihm erwartete starke Führungsrolle zu übernehmen. Die Abhängigkeitswünsche der Teilnehmer wurden nicht befriedigt. Das eingetretene Führungsvakuum wird von den Teilnehmern zumeist als unangenehm und wenig effektiv empfunden. Es ermöglicht den Teilnehmern aber intensiver als gewöhnlich, die eigene Aktivität beim Entstehen neuer Normen und Rollen zu beobachten. Man bemüht sich, eine Struktur in der Gruppe zu finden, die offene Kommunikation, effektive Kooperation und die Überprüfung von sozialem und besonders von Führungsverhalten angstfrei ermöglicht.

Nach einigen Sitzungen findet die Gruppe meist schnell den Weg, Gefühle in einer Weise auszudrücken, daß durch „Feedback" Lernprozesse angeregt werden, ohne daß ihre Äußerung als Affront aufgefaßt wird. Will man den emotionalen Bereich nicht ignorieren, sondern erkennt man, daß auch rationales Lernen mit Emotionen verbunden ist, so wird mit dem Bewußtwerden auch ein Ansatz zum Umgang mit eigenen und fremden Gefühlen geschaffen. Werden Emotionen tabuisiert und verdrängt, ergeben sich Krankheitsbilder, die jedem Manager nur zu gut bekannt sind. Minderung der Leistungsfähigkeit und Lebenserwartung sind gewöhnlich die Folge einer Erziehung, die es nicht fertig gebracht hat, auch emotionales Lernen anzubahnen.

Mit fortschreitendem Gruppenprozeß wird auch die Aktivität des Trainers größer. Er steuert selbst Analysen der Gruppenvorgänge bei oder äußert Gefühle, wenn er glaubt, der Gruppe damit Hilfe zu eigenen Aktivitäten geben zu können. Gewöhnlich kann es nicht zu einer von allen akzeptierten Kommunikation in der Gruppe kommen, hat man sich nicht mit dem Trainer auseinandergesetzt. Dies kann erfolgen in Revolution, über das Ignorieren des Trainers bis hin zu Identifizierung mit seinen Zielen. Es kommt weniger auf die Formen der Auseinandersetzung an als vielmehr auf die Reflexion der Beziehungen zu ihm und ihrer verbalen oder nonverbalen Äußerung. Nur über die Reflexion kann es letzten Endes zu einer Interdependenz der zwischenmenschlichen Beziehungen in einer Gruppe kommen. Das gleiche gilt auch für die anderen in der Gruppe entstandenen Rollen, insbesondere die häufig ergriffenen Rollen des Schweigers oder des Dominierenden. In ihnen können sich unter anderem Motive der Unsicherheit wie auch der Geltung ausdrücken. Beide Bedürfnisbereiche sind im Motivationsprofil jeder Führungskraft mehr oder weniger stark vorhanden. Es kommt darauf an, sie durch Selbsterkenntnis zu sublimieren und für wünschenswertes Verhalten zu aktivieren. Eine Führungskraft muß wissen und reflektiert erfahren haben, inwieweit sie selbst bereit ist, Abhängigkeit und Unabhängigkeit von Mitarbeitern zu akzeptieren und mit eigenen Abhängigkeits- und Unabhängigkeitswünschen umzugehen. Sie muß sich darüber klar werden, welche Konsequenzen mit einem von Interdependenz abweichenden sozialen Verhältnis für sie selbst und für andere entstehen können. In einer T-Gruppe ist Raum für solche Erfahrung und deren Reflexion gegeben, wenn der einzelne die Chance nützt, die Reaktionen der Gruppe auf das eigene Verhalten aufmerksam verfolgt und seine Konsequenzen daraus zieht.

Die Lernmöglichkeiten einer T-Gruppe werden oft unterschätzt. Dies hängt zusammen mit der neuen, ungewohnten Situation, auf die es sich erst einzustellen und die es zu nützen gilt. Konventionelle Lernhilfen sind hauptsächlich auf den kognitiven Lernbereich, nämlich auf Wissensvermittlung abgestellt. Soziales und emotionales Lernen kann aber nur gelernt werden, wenn soziale Vorgänge und emotionale Reaktionen sichtbar, bewußt und damit leichter erlernbar gemacht werden. Dies kann nicht geschehen, wenn durch ein „Thema" und eine feste Agenda die Aufmerksamkeit der Gruppe auf inhaltliche Fragen fixiert und von sozialen und emotionalen Problemen der Gruppe abgelenkt ist.

Auch wenn häufig die T-Gruppe als in sich völlig unstrukturiert betrachtet wird, so ist das nicht richtig. Es besteht eine gewisse Konsistenz zwischen Atmosphäre und Lernprozessen in Gruppen. Diese Konsistenz ergibt sich aus verschiedenen Faktoren, wie zum Beispiel den Zielen und dem Stil des Trainers, der Dauer eines Seminars und natürlich auch aus gewissen gemeinsamen Verhaltenskriterien und Bedürfnissen der Gruppenmitglieder. Die T-Gruppe ist eine Lernveranstaltung mit einer Struktur, wenn diese auch ungewöhnlich ist.

Neben der T-Gruppe werden meist in einem gruppendynamischen Seminar eine Reihe weiterer Veranstaltungen angeboten. Sie sind entweder zur Klärung von Problemen gedacht, die sich in der T-Gruppe ergeben haben, oder sie dienen zusätzlichen Lernbereichen, die durch die T-Gruppenmethode nur tangiert werden. Ihre Auswahl hängt von den Lernzielen der Teilnehmer des Laboratoriums ab sowie von der Zusammensetzung und der zur Verfügung stehenden Zeit.

Je nach Zielstellung und Fortschritt des Seminars können Vorträge, Übungen, Diskussionen, Inter-Gruppenübungen, Plenumsitzungen, Aktionsforschung und vieles andere mehr eingesetzt werden. Der hier angedeutete Aufbau eines Seminars ist nur eine Möglichkeit. Er eignet sich zur Einführung in gruppendynamisches Arbeiten. Besonders ist er geeignet für Teilnehmer, die aus bürokratisch-hierarchischen Organisationen kommen. Es wird ihnen leichter fallen, sich in diesem relativ strukturierten Laboratorium zurechtzufinden.

Welche Möglichkeiten bietet gruppen- und organisationsdynamisches Training für die Verbesserung der Betriebsorganisation?

Fähigkeiten zur kooperativen Entscheidungsfindung und Organisation größerer Gruppen (bis zu 80 Teilnehmer) werden in mehr unstrukturierten Seminaren trainiert. Das sind Veranstaltungen, in denen außer einigen Formalien wie zum Beispiel Beginn und Ende des Seminars, eventuell die Essenszeiten, die gesamte Organisation in Händen der Teilnehmer liegt. Die Teilnehmer können überprüfen, wie weit sie in der Lage sind zu kooperieren, zu entscheiden, zu organisieren und zu führen, und das in der praktischen sozialen Situation.

Die Aufgabe der Trainer in einem solchen Seminar besteht ähnlich wie in dem eben geschilderten darin, die Teilnehmer auf die Prozesse in großen Gruppen aufmerksam zu machen und ihnen die Möglichkeit zu schaffen, sich ihrer Ziele bewußt zu werden und sich in Aktion zu üben.

Die bisher geschilderten Seminarformen sind sogenannte Residential- und Stranger-Laboratorien, das heißt die Teilnehmer sind für die Dauer des Seminars in einem Hotel oder einer Stätte untergebracht, an der sich in Ruhe fernab vom Betriebsleben arbeiten läßt.

Die Teilnehmer kommen von verschiedenen Betrieben und sehen sich gewöhnlich in dem Seminar zum erstenmal. Die Problematik dieser Seminarform besteht im Transfer des Gelernten auf die praktische Betriebssituation. Hat ein Teilnehmer neues Verhalten und neue Einstellungen erworben, so besteht die Gefahr, daß sein verändertes Verhalten von der Organisation nicht angenommen wird. Seine Mitarbeiter, Kollegen und Vorgesetzte haben nicht die gleichen Erfahrungen gemacht und tendieren daher zur Skepsis. Die Erfahrungen des Teilnehmers können sie nur schwer nachvollziehen. (Es entsteht eine Situation, wie wenn ein Bayer einem Eskimo erklärt, wie ein Schweinebraten schmeckt, ihn davon aber nicht kosten lassen kann.)

Der Teilnehmer wird auf die auf ihn in der Arbeitssituation zukommenden Probleme zwar vorbereitet; dennoch ändert sich nichts daran, daß die Organisation untrainiert ist und das Verhalten des Trainees zu einer Nivellierung und Anpassung hin tendiert.

Viele Betriebe gehen daher dazu über, innerbetriebliche Laboratorien durchzuführen, bei denen Arbeitsgruppen und Organisation gleichzeitig trainiert werden. Auch für diese Trainingsveranstaltungen haben das Design und die Anlage des Seminars ganz auf die Lernbedürfnisse und Probleme der Teilnehmer abgestellt zu sein. Nicht immer empfiehlt sich die T-Gruppen-Methode, oftmals sind sogenannte „Prozeßgruppen" wirksamer. Prozeßgruppen sind normale Arbeitsgruppen im Betrieb, die mit Hilfe eines Prozeßberaters ab und zu, wenn es geboten erscheint, von den Inhalten der Arbeit abgehen und die unterliegenden psychologischen Prozesse der Gruppe untersuchen. Wie die Erfahrung gezeigt hat, ist die Prozeßberatung ein wirksames Mittel, die Arbeit der Gruppe effektiver zu machen, sowie eine Hilfe bei der Bearbeitung von Konflikten.

Die Laboratoriumsmethode läßt sich auch in Teilzeitseminaren verwenden. Die Teilnehmer kommen ein- bis zweimal während der Woche für einige Stunden zusammen und arbeiten in T-Gruppen. Prozeß und Interaktion in diesen Gruppen entwickeln sich nicht so intensiv wie bei Residential-Laboratorien, dennoch bereiten auch sie eine eindrucksvolle Lernerfahrung für die Teilnehmer.

Die Laboratoriumsmethode mit ihrer Vielzahl von Aktivitäten bietet sich auch als Hilfe zur Diagnose und zum Training von betrieblichen Organisationen an. So ist in den USA und mittlerweile auch in Europa und Deutschland eine Beratungs- und Innovationsstrategie unter dem Begriff „Organisationsentwicklung" bekannt geworden. Ziel der Organisationsentwicklung ist es, Betrieben und Institutionen Wissen und Techniken, aus der Betriebspsychologie und -pädagogik, wie Aktionsforschung und psychologische Prozeßberatung, sowie gruppen- und organisationsdynamische Trainingshilfen zur Verfügung zu stellen. Dem Individuum in der Organisation soll es damit erleichtert werden, seine Selbstentwicklungsbedürfnisse zu aktualisieren. Betrieb und Organisation sollen Hilfen zur Selbsterneuerung angeboten werden, um mit dem fortlaufenden technischen, wirtschaftlichen und sozialen Wandel von außen und der Organisationsdynamik von innen zurecht zu kommen. Dies läßt sich nur erreichen auf einer Basis, die eine Integration von individuellen Zielen und Organisationszielen in Anlage und Konzeption ermöglicht.

Teilnehmerbericht

Winfried Jöbges

Bericht über ein gruppendynamisches Training im Rahmen einer Diplom-Arbeit an der Technischen Hochschule – München

Führungsseminar

Seminarort:

Grassau-Chiemgau

(Der Seminarort war für jeden der Teilnehmer mindestens 2 Autostunden vom Arbeitsplatz oder der Familie entfernt)

Seminardauer:

6 Tage

Seminarteilnehmer:

9 plus 2 Trainer

(Im folgenden werden die Seminarteilnehmer sowie die beiden Trainer durch Großbuchstaben (A bis L) gekennzeichnet, um ihre Anonymität zu wahren.)

Berufspositionen der Seminarteilnehmer:

1. A: selbständiger Fabrikant (Betriebswirt)
2. B: Revisor (Diplomkaufmann)
3. C: Sparkassenangestellter
4. D: Hochschulprofessor
5. E: Personalleiter
6. F: Diplomingenieur (Student)
7. G: Diplompsychologin
8. H: Ingenieur
9. I: Sekretärin
10. K: Trainer
11. L: Co-Trainer

Programm:

Am Abend eines Seminartages wurde das Programm des folgenden Trainingstages bekanntgegeben:

1. Seminartag:

10.00–11.00	Uhr:	Einführung
11.00–12.30	Uhr:	T-Gruppe
12.30–16.00	Uhr:	Pause
16.00–18.00	Uhr:	T-Gruppe
18.00–19.30	Uhr:	Pause
19.30–21.00	Uhr:	Feedback

2. Seminartag:

9.00–10.30	Uhr:	Theorie
11.00–12.30	Uhr:	T-Gruppe
12.30–16.00	Uhr:	Pause
16.00–18.00	Uhr:	Aquarium-Übung
19.30–21.00	Uhr:	Malen-Übung

3. Seminartag:

9.00–10.30	Uhr:	T-Gruppe
11.00–12.30	Uhr:	Soziogramm
12.30–16.00	Uhr:	Pause
16.00–17.30	Uhr:	T-Gruppe
19.30–21.00	Uhr:	T-Gruppe

4. Seminartag:

9.00–10.30	Uhr:	Theorie
11.00–12.30	Uhr:	T-Gruppe und Einführung in Sonora-Übung
12.30–16.00	Uhr:	Pause
16.00–18.00	Uhr:	Sonora-Übung
19.30–.....	Uhr:	Fortsetzung der Sonora-Übung

5. Seminartag:

9.00–10.30	Uhr:	Theoretische Auswertung der Sonora-Übung
11.00–12.30	Uhr:	T-Gruppe
12.30–15.30	Uhr:	Pause
15.30–18.30	Uhr:	Beratungsrunde-Übung
20.00–21.30	Uhr:	T-Gruppe

6. Seminartag:

9.00 Uhr:	Seminar-Schatten, Brief an sich selbst, wie sag ich es meiner Frau, Mann usw., Leuten, die nicht daran interessiert sind, was in diesem Seminar stattgefunden hat?
12.00 Uhr:	Ende des Seminares

1. Seminar-Tag

Die Startsituation ist dadurch gekennzeichnet, daß die neun Teilnehmer bei Eintreffen am Seminarort als mehr oder weniger unbekannte Einzelpersonen in eine Formalgruppe hineinversetzt werden, die noch keinerlei Struktur hat.

Die Seminaristen erleben sich fremdbestimmt und verunsichert. Es herrscht eine Atmosphäre, die geprägt ist von Zurückhaltung, Spannung, Erwartungen und von ersten schüchternen Versuchen, diese Fremdheit zu kompensieren.

Nach einer Einführung der Trainer K und L – im folgenden durch TK und TL gekennzeichnet – über den äußeren Rahmen, wie Tagesordnung, Pausen etc. erklären sie, daß sie bereit sind, die Gruppe bei der Bearbeitung ihrer Probleme zu unterstützen, ohne aber auf das „Wie“ näher einzugehen; weiter weisen sie jeden Führungsanspruch von sich, setzen sich und schweigen. Damit ist bereits der Anfang der T-Gruppe gemacht; die Gruppe sitzt ratlos herum, D fragt, „was sie denn jetzt machen sollten“. Nach einer längeren Pause entschließt er sich dazu, eine Vorstellungsrunde über Vor- und Zunamen der Teilnehmer zu starten.

Daran anschließend wird vom Trainer eine Aktion vorgeschlagen, Brief an sich selbst: Welchen Eindruck haben Sie von den hier anwesenden Leuten?

Der „Erste-Eindruck-Test“ beinhaltet, daß jeder erklärtermaßen nur für sich selbst eine Art „sozio-deskriptive-Spontanaussage“ über die Anwesenden macht – aufgrund von Naiv-Eindrücken (Kleidung, Gestik, Mimik usw.).

Die Briefe werden versiegelt, gekennzeichnet und den Trainern zur Aufbewahrung übergeben. Am letzten Tag (siehe 6.) werden die Kuverts wieder ausgeteilt, verlesen und mögliche Veränderungen durch die Seminartage hinzugefügt.

Nach dieser Aktion verfällt die Gruppe wieder in eine beklemmende Ratlosigkeit.

Wiederum ist es D, der die Gruppe strukturieren will, indem er ihr einen Führer anbietet: „Die Gruppe krankt daran, daß sie keinen Führer hat. Ich finde es müßig, hier herumzusitzen“ und schlägt vor, die Berufe der einzelnen Teilnehmer in Erfahrung zu bringen, „damit ich für meine weitere berufliche Tätigkeit die in den Berufen der anderen verankerten Wissensbereiche ausschöpfen kann“.

Nach anfänglicher Weigerung der Teilnehmer, da D schulmeisterhaft einzelne dazu bestimmt, ihren Beruf zu nennen, unterwirft sich G – ein klassisches Beispiel der Dependence (Hörigkeit) gegenüber einer autoritären Verhaltensweise – den Forderungen von D und nennt ihren Beruf, wobei sie aber im Nachsatz betont, daß sie lediglich als Frau G, nicht aber als Diplompsychologin G in dieser Gruppe sei (siehe 3. Tag).

16.00 Uhr: T-Gruppe

Das Informationsbedürfnis ist wohl stärker als die Auflehnung gegenüber D vom Morgen – bereitwillig nennt jeder seinen Beruf und baut dadurch bei einzelnen Vorurteile und Blockaden auf. (I: „Bei mir hat das Berufespiel mehr Scheu aufgebaut als abgebaut, ich fühle mich mehr blockiert als vorher.“)

D übergeht die Aussage von I und beginnt sich vor G – da sie sich heftigst dagegen wehrte, daß D sich zum Führer machen wollte – von neuem zu rechtfertigen, warum er in der Gruppe einen Führungsanspruch wahrnehmen wolle.

Nach einer Frage von TK, wie sich die Gruppe jetzt fühle, bemerken einige, daß die – so B: „Schwelle, in die Diskussion zu gelangen, zu groß geworden sei“. Ein anderer – H: „Es ist ein zu hohes Gesprächsniveau da, ich komme nicht mehr mit“ (Er unternimmt aber nichts, um das Niveau auf seine Ebene zu bekommen). F: „Ich hege Aggressionen gegen D, da er sich partout die Gruppe untertan und hörig machen will“.

19.30 Uhr: Feedback

Durch das Abspielen der TV-Aufzeichnung vom Morgen wird sich jeder bewußt, wie er in der Gruppe agiert, wie er die Kommunikation zwischen zwei Gruppenmitgliedern „abwürgt", um sich ins Gespräch zu bringen, wie er Aggressionen aufbaut, indem er andere Mitglieder übergeht.

Ein kurzer (wörtlicher) Ausschnitt aus einem Gespräch am Morgen soll deutlich machen, wie stark die Abhängigkeit vom „Da und Dort" ist. Die Erwartungen der Teilnehmer an dieses Seminar spiegeln sich in den Äußerungen wieder.

D: „Ich will Rollen haben – für jeden auftretenden Fall, Führungsstile durchtrainieren, die ich dann im Beruf anwenden kann."

I: „Sie sollen keine Rolle spielen!"

D: „Es ist interessant, Rollen zu spielen – einen Demokrat oder einen Diktator zu spielen. Wir sollten also mal in Rollen schlüpfen, Schauspielereien abziehen."

B: „Ich möchte die Tätigkeit in der Gruppe als betriebsbezogen betrachtet wissen, ich will was mitnehmen aus dem Seminar."

A: „Ich will ebenso Rollen spielen, will einen Katalog für den späteren Betrieb haben, über betriebliche Fragen diskutieren."

Es fällt schwer, sich an die „Hier- und Jetzt"-Situation zu gewöhnen, da jeder für seine vorstrukturierten Probleme eine Lösung, zumindest aber eine Lösungsalternative erwartet. Zwei Aussagen über den ersten Tag lassen sich feststellen:

1. Die erste Phase der T-Gruppe wird sehr stark beeinflußt von der Abhängigkeit der Teilnehmer von früheren Situationen (Betrieb, Firma, Schule); dadurch werden die Teilnehmer verunsichert und geraten in eine Panik, ob ihre Erwartungen, die sie an dieses Seminar stellten, von der künftigen Gruppe erfüllt werden, und sie die von der Gruppenaufgabe und den einzelnen Teilnehmern an sie herangetragenen Erwartungen erfüllen können.

2. Der Ablauf des ersten Tages läßt sich zum ersten aus der Unzufriedenheit der Teilnehmer, daß sie von den Trainern „sich selbst überlassen" wurden, zum zweiten aus der offensichtlich herrschenden Spannung, aus einer latent vorhandenen Führungsabsicht der Teilnehmer, zumindest aber aus der Absicht, sich selbst in ein möglichst vorteilhaftes Licht zu setzen, erklären. Da das Gelingen aber noch ungewiß ist, kommt es zur Unsicherheit, und zu Konflikten (D–G).

2. Seminartag

In der Sitzung am Morgen wird die Führung von den Trainern wahrgenommen durch einen Vortrag, in dem einige Modelle zur Erklärung des Gruppengeschehens angeboten werden: *Psychologischer Eisberg*, *Johari-Fenster*, *Feedback-Regeln*, *Fremdbild bzw. Selbstbild*. Daran anschließend schlagen die Trainer die T-Shirt-Übung vor.

Jeder Teilnehmer soll seine Wahrnehmung des anderen – so wie er ihn sieht, welche „Botschaft" er von ihm empfängt (Fremdwahrnehmung) – artikulieren und niederschreiben, sodann, was er sich selbst auf sein T-Shirt schreiben würde (Selbstwahrnehmung) und seine Wahrnehmungen zur Diskussion stellen. Diese Übung dient dazu, individuelle Feedback-Prozesse einzuleiten, Selbstbild und Fremdbild zu formulieren und zu unterscheiden zwischen Spekulation und überprüfbarer Beobachtung.

Die allgemeine Spannung vom Vortag ist weitgehend gewichen, an ihre Stelle ist Spontaneität getreten, G: „man ist nicht so ausgeliefert, man kann sich zurückziehen"; H: „komme heute mit, gestern war es mir zu einspurig" (auf die rationalen Diskussionen vom Vortrag hinweisend).

B erklärt, „daß er sich jetzt imstande sähe, sein Problem vor der Gruppe zu formulieren". Durch die Ermunterung der Gruppe stellt er sich dar und fühlt sich „von seinem Druck befreit".

Offenbar löst heute ein erstes „emotionales Abtasten" die rationalen Diskussionen (eine Form der Abhängigkeit von vorher) von gestern ab.

Es wäre etwas übereilt, die Situation heute als konterdependent (Dissens) zu bezeichnen, zumindest aber deutet eine Reaktion eines Teilnehmers darauf hin, daß er sich auf dem Weg dorthin befindet:

D entschuldigt sich dafür, daß er gestern absolut die Führung in der Gruppe übernehmen wollte. War er gestern in der Abhängigkeit der Situation (Unstrukturiertheit der Gruppe durch Übernahme einer Führerposition zu strukturieren), tritt er heute in die Gegenabhängigkeit der Gruppe ein, d. h. fühlte er sich gestern genötigt, die Gruppe zu führen, fühlt er sich heute veranlaßt – da die Gruppe ihn ablehnt – jeden Führungsanspruch von sich zu weisen, um die Sympathien der Teilnehmer zu erwerben.

16.00 Uhr: Aquarium

Im Aquarium bilden zwei T-Gruppen konzentrische Kreise, der Innenkreis arbeitet und der Außenkreis beobachtet diese Arbeit. Nach einer Zeiteinheit von eineinhalb Stunden wird die Sitzordnung umgedreht, die Beobachter arbeiten im Innenkreis und werden von den bis dahin Arbeitenden beobachtet. Das Aquarium ist eines der effektivsten Feedback-Systeme, denn man wird durch dieses Design die halbe T-Gruppen-Zeit eines gruppendynamischen Laboratoriums zum Zuhören angehalten, und Zuhörenlernen ist ein sehr wesentlicher Aspekt gruppendynamischen Trainings und die Vorbedingung für möglichst differenziertes Feedback.

Der Außenkreis beobachtet die Arbeit des Innenkreises unter folgenden Aspekten:*

1. Welche Ziele hat die Gruppe explizit aufgestellt?
2. Was hat die Gruppe getan, um diese Ziele zu erreichen?
   Was hat sie vermieden?
3. Welche internen und externen Kräfte beeinflußten das Gruppenverhalten?

---

* nach Harold Bridger übersetzt von Hans Rosenkranz

4. Wodurch wurden Denken, Fühlen und Handeln gefördert oder behindert?
5. War es einfach oder schwierig, Beiträge in der Gruppe zu leisten?
   Wie wurden Beiträge aufgenommen?
6. Waren ständige oder wechselnde Untergruppen zu bemerken?
7. Sind für einige Zeit oder bleibend Normen, Standards, Gewohnheiten oder Konventionen entstanden?
8. Welche besonderen Konflikte oder Übereinstimmungen konnten in der Gruppe identifiziert werden?
9. Was wurde daraus gemacht?
   Förderten oder hinderten sie die Gruppenarbeit?
10. Wie wechselte die Führung innerhalb der Gruppe?
11. In wieweit waren Widersprüche zwischen dem, was in der Gruppe gesprochen wurde, und dem Gruppenverhalten vorhanden? („Text und Melodie" in Übereinstimmung?)
12. Wie wurden Schweigen, Humor, Witze und andere Formen des Verhaltens genützt?
13. Welche Wirkungen hatte das Verhalten der Trainer?
14. Welche Bedürfnisse und welche Frustrationen wurden in der Gruppe bekannt?
15. Was wissen die Gruppen des Seminars voneinander?

Die erste – innere – Gruppe (K, F, A, C, G, E) beschäftigt sich damit, mit C das „Psychiaterspiel" spielen zu wollen, nachdem C ein Problem aus seiner „Da- und Dort"-Situation schilderte. Die Gruppe geht darauf ein und flieht vor der Gegenwart.

Das Ziel, lediglich über die eigenen Beziehungen in der „Hier- und Jetzt"-Situation zu sprechen, wurde nicht erreicht.

Nachdem die innere die äußere Gruppe ablöste, wurde wiederum in der inneren Gruppe von Beginn an ein Wortführer deklariert, der durch den Wunsch an die anderen Mitglieder, ihre Gefühle zu ihm zu verbalisieren, die Gruppe auf der Prozeßebene in die „Hier- und Jetzt"-Situation brachte.

19.30 Uhr: Malen (Gruppenstrukturen)

Die Aufgabe dieser Übung ist es, die Gruppenstrukturen der letzten beiden Tage in zeichnerischer Weise darzustellen.

Nach Bildung von zwei Subgruppen – „zufälliger"-weise die gleichen wie in der Aquariumsübung – zeichnen die einen die Gruppenstrukturen in Form eines Kreises, die anderen in Form einer Matrix.

Deutlich wurden zwei Dinge:

1. Beide Bilder ignorieren die Trainer K und L („Wir meinten, die Trainer gehörten nicht zur Gruppe"). Die Trainer wurden demnach noch als „omnipotente" Wesen angesehen, die zwar am Training teilnehmen, dennoch aber lediglich eine Kontrollfunktion übernahmen.

2. Beide Bilder zeigten, daß die Gruppe noch auf einem *rationalen,* nicht aber auf einem *emotionalen* Level stand.

- *Gruppe 1 (A, B, C, D)* (Spalte) wählte nach „Anerkennung", „Ablehnung" und „Unentschieden" ihre Beziehungen zu den anderen Gruppenmitgliedern (Zeile). Die Matrix ist aufgebaut nach Selbst- und Fremdwahrnehmung. Während die erste (obere) Hälfte *Aussagen* darstellt, die diese Gruppe über die anderen Teilnehmer machen, stellt die untere Hälfte *Spekulationen* dar, wie die anderen Teilnehmer sie wohl sehen würden (vgl. Abb. 1).

Wähler ↓ / gewählt →	A	B	C	D	E	F	G	H	I	
A		+	0	+	0	0	+	+	+	Aussage
B	+		0	+	/	0	+	+	0	Aussage
C	+	0		0	0	0	+	0	0	Aussage
D	+	+	0		0	+	0	+	0	Aussage
E	0	+	0	0		0	+	+	0	Spekulation
F	+	+	0	+	+		+	0	0	Spekulation
G	+	+	0	/	+	0		0	0	Spekulation
H	+	+	0	0	0	0	0		+	Spekulation
I	+	+	+	0	0	+	+	+		Spekulation

\+ Anerkennung / Ablehnung 0 Neutral

Abb. 1: Gruppenstruktur nach Gruppe 1 (A, B, C, D)

- *Gruppe 2 (E, F, G, H, I)* drückte in der Segmentierung eines Kreises (für jedes Mitglied ein Segment) die Gruppenstruktur durch Anteile aus – Kommunikation, abgebaute Ängste, Zugehörigkeit und erhaltenes Feedback; je mehr die freie Fläche (grau) durch Anteile abgedeckt war, desto näher war der Teilnehmer der Lösung des Problemes und damit dem Ziel des Seminares gekommen (vgl. Abb. 2).

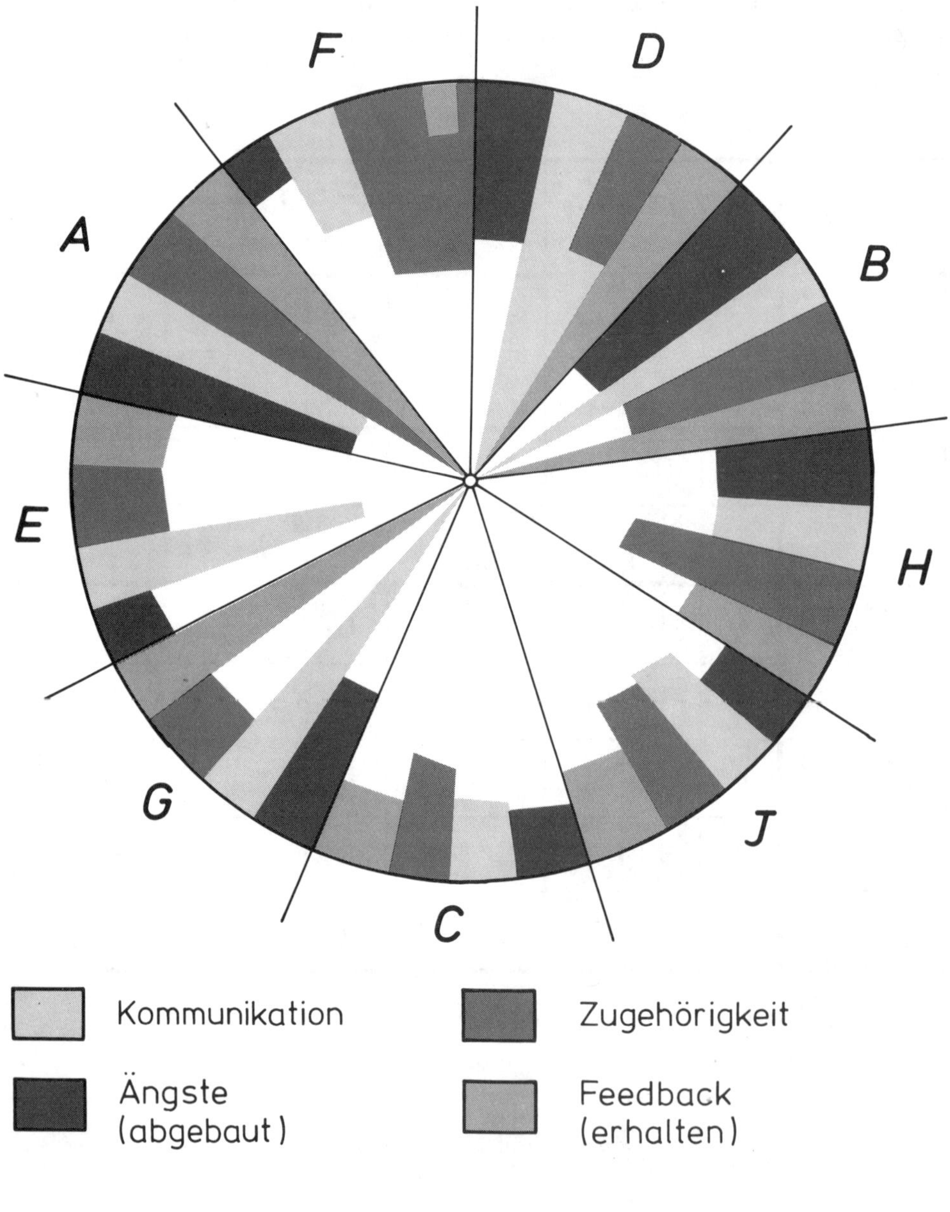

Abb. 2: Gruppenstruktur nach Gruppe 2 (E, F, G, H, I)

Das *Trainerbild*, von allen Teilnehmern nicht erwartet, zeigt das Seminar in den drei Phasen: Dependence, Counterdependence und Interdependence, von denen jedoch die Gruppe noch in der Dependence stecke. In der Annahme, die zwei Gruppen – Apfel und Zwiebel – seien auch am Nachmittag in der Aquariumübung zusammen gewesen, interpretieren die Trainer das Bild mit einem *scheinbar* gelösten Problem von B (Löcher im Apfel) und der vermeintlichen, aber zweifelhaften Hilfe der Gruppe gegenüber C. Der Anlaß, ein Trainerbild anzufertigen, lag wohl darin, durch provokative zeichnerische wie verbale Darstellungen die Gruppe in die Phase der Gegenabhängigkeit zu bringen (vgl. Abb. 3).

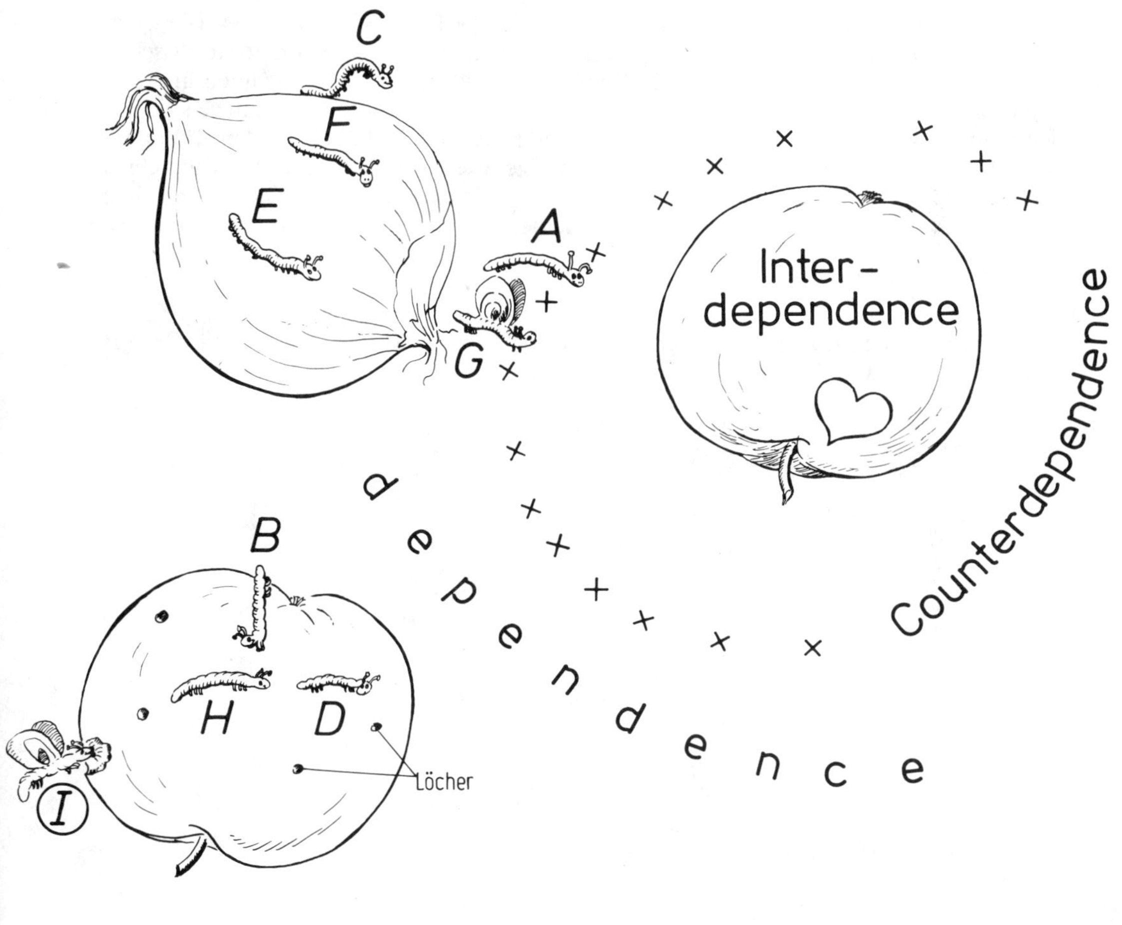

Abb. 3: Trainerbild

3. Seminartag

Der Höhepunkt des Seminars war wohl der dritte Tag, an dem die seit dem ersten Tag schwelende Autoritätskrise zwischen G und D und den Trainern aufgedeckt und besprochen wurde.

Am Morgen wurde eine nonverbale Kommunikationsübung angeboten. Paarweise sollten die Teilnehmer ohne zu sprechen, mit nur einem Bleistift, den sie zugleich benützten, ein Haus, einen Baum und einen Hund zeichnen. Aus dem Prozeß des Zeichnens, dem Bild und dem daraus folgenden Gespräch waren viele Anhaltspunkte für die Autoritätsbeziehungen der beiden Partner zu gewinnen.

Die Autoritätskrise der Gruppe entzündete sich wohl, als TK anbot, mit G diese Übung zu machen, wobei G versuchte, den Stift allein zu führen. Die Konfrontation zwischen beiden konnte auch als eine Konfrontation zwischen dem von G bevorzugten interpretierenden und andere analyisierenden und dem von dem Trainer benützten, sich auf Beobachtungen und Gefühle stützenden Kommunikationsstil gesehen werden. G konnte nur schwer dieses Feedback entgegennehmen. Sie wehrte sich dagegen, aus ihr einen „Sündenbock" machen zu wollen, nur weil sie sich als einzige aus der Gruppe mit dem Führungsanspruch von D am ersten Tag auseinandersetzte und darum „auffiel".

11.00 Uhr: Soziogramm

Am Beispiel des Soziogramms lassen sich einige Rollenfunktionen, die in der Gruppe auftraten, zeigen (vgl. Abb. 4–8).

	V	E	V_0	U_n	Σ
A	2	4	4	1	11
B	2	2	2	1	7
C	–	–	–	4	4
D	–	3	2	2	7
E	3	1	2	2	8
F	1	–	–	3	4
G	5	7	3	–	15
H	1	–	1	3	5
J	4	–	–	6	10
K	1	4	3	–	8
L	3	1	5	–	9
	22	22	22	22	

Abb. 4: Soziogramm

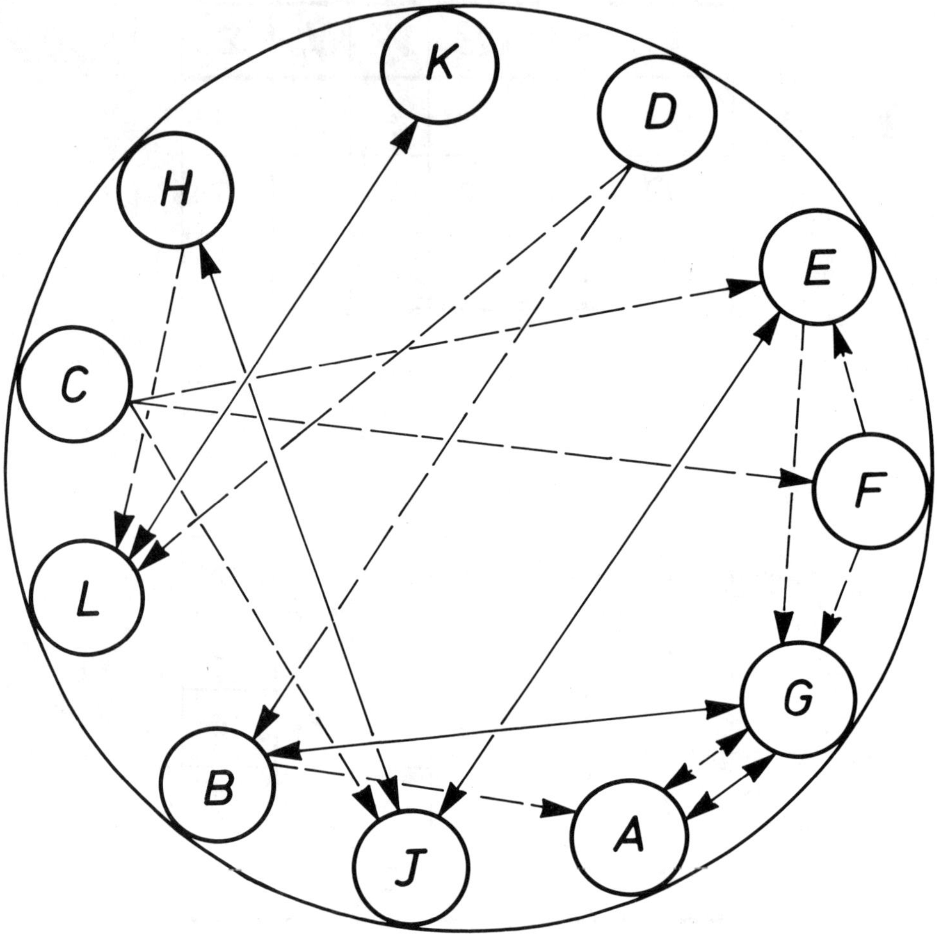

Abb. 5: Vertrauen. „Wem würdest Du vertrauen?"

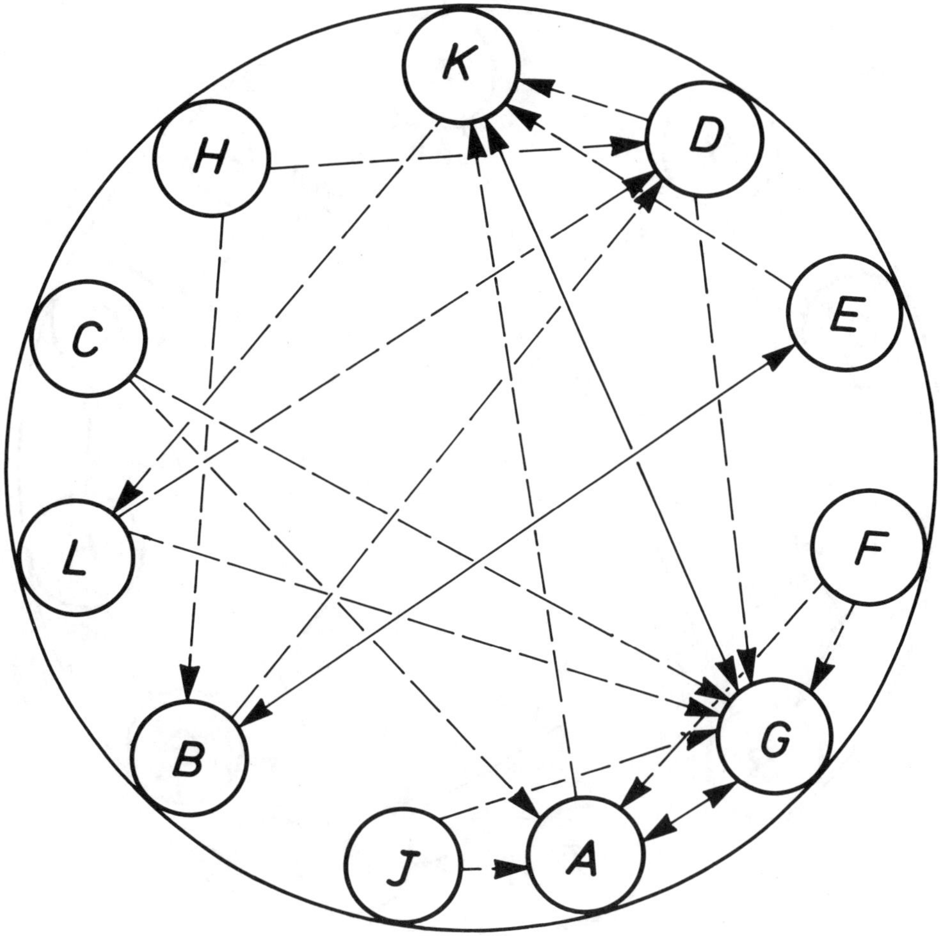

Abb. 6: Einfluß. „Wer hat Einfluß auf mich?“

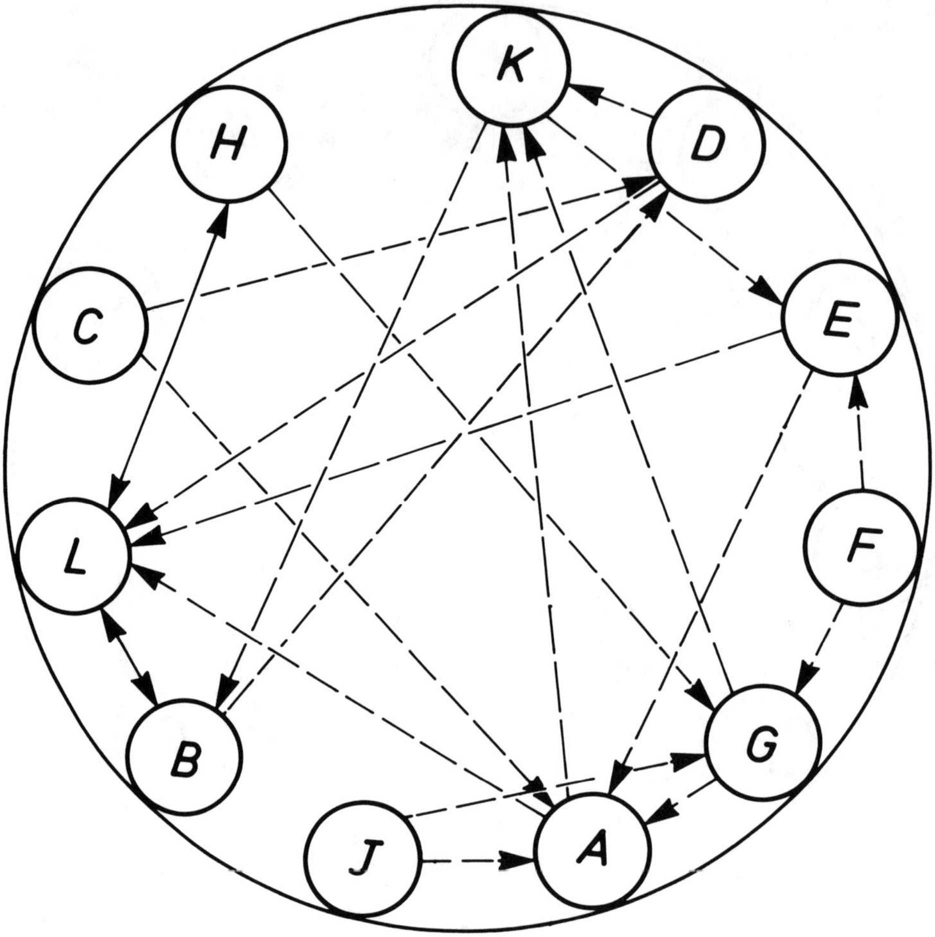

Abb. 7: Vorgesetzte(r). „Wen würdest Du als Vorgesetzte(n) haben wollen?“

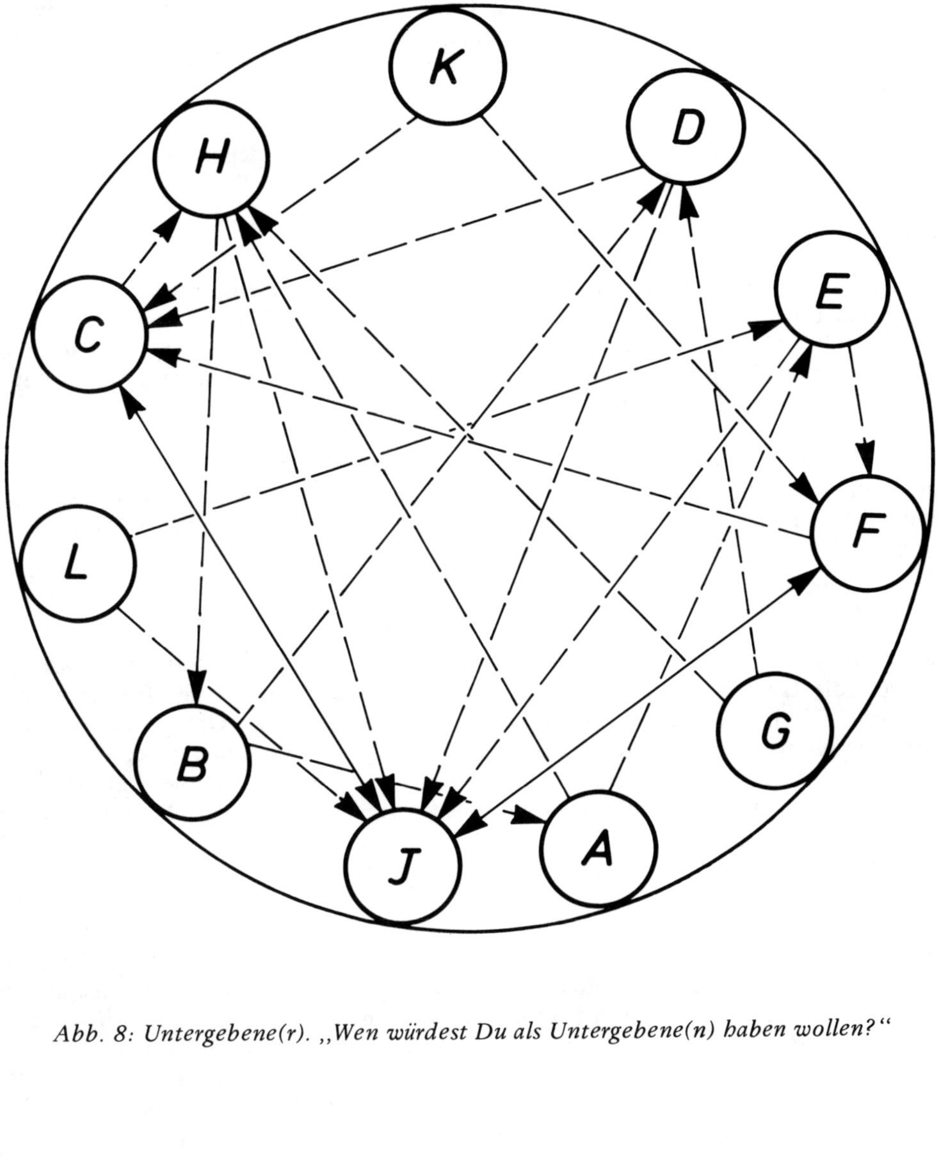

Abb. 8: Untergebene(r). „Wen würdest Du als Untergebene(n) haben wollen?"

G hatte den meisten Einfluß und das meiste Vertrauen in der Gruppe. Möglicherweise hat sie Stimmen bei der Auseinandersetzung mit D und dem Trainer (TK) gewonnen. D geriet in den ersten Tagen in die Position des „Gegners", der aber, wie im Soziogramm ersichtlich, unterliegt und wenig Einfluß auf die Gruppe ausübt. A übernimmt die Rolle des „Gefolgsmannes", während TK die Position des „kritisch Abwägenden" bezog. I und F nahmen die Position der „Außenseiter" ein.

Beim „Blitzlicht" (jeder sagt, wie er sich fühlt) fühlten sich alle Beteiligten, außer G, „wohl" in der Gruppe, „da sie in mindest einer der soziodeskriptiven Aussagen im Soziogramm genannt worden waren". Aus dem Soziogramm geht G als eine durch Stimmen und Stil identifizierte Repräsentantin der Gruppe hervor.

Es scheint, als ob das Soziogramm die Gruppe in der Counterdependence zu TK zeigt. Die Autoritätskrise stand zur Bearbeitung an.

16.00 Uhr: T-Gruppe

Die Lage spitzte sich nun vollends zu, weil jeder jedem Führungsansprüche nachsagte, TK aber Spekulationen und Interpretationen „satt" hatte, und TL bemerkte, daß ja auch Trainer Gefühle haben könnten – was bis dahin die Teilnehmer nicht akzeptiert hatten, G ihn (TL) aber als „omnipotenten Einschleicher" bezeichnete, von dem man nicht wußte, ob er *in* oder *außerhalb* der Gruppe stände.

Allmählich zog dann die Gruppe nach und stellte in Frage, ob die Trainer tatsächlich so „omnipotente Wesen" wären, oder ob sie nicht in ihrer Stellung versagt hätten – einige stellten die Ziele der Trainer in Frage, da sie, so A – „nicht mit unseren konform gehen, da ein (zu TK) gewisser Dirigismus von Ihnen ausgeht".

19.30 Uhr: T-Gruppe

Die Gruppe setzte ihre Auseinandersetzung mit den Trainern weiter fort. Wie es schien, fand sich die Gruppe im gemeinsamen Hinterfragen der Autorität der Trainer wieder zusammen. Durch die Analyse und Reflexion dessen, was in der Gruppe an Führungskampf und Konfrontation der Stile geschah, schien sich eine Versöhnung der Teilnehmer untereinander und auch der Gruppe mit den Trainern anzubahnen. Die Stimmung der Gruppe bewegte sich nach diesen Auseinandersetzungen auf eine euphorisch freudige Phase hin.

4. Seminartag

Am Morgen boten die Trainer im Vortrag ein vereinfachtes Erklärungsmodell für die Phasen der Entwicklung von Individuen und Gruppen an. Was für das Wachstum des Individuums die Trotzalter sind, ist für die Entwicklung der Gruppe die Auseinandersetzung mit den sogenannten Autoritäten, deren Abschaffung durch Revolution oder deren überprüfte Akzeptanz in Form von Zusammenarbeit. Diese Informationen halfen der Gruppe das an den Vortagen Erfahrene auch kognitiv zu verarbeiten, was auch weiterhin die Stimmung der Gruppe positiv beeinflußte.

Die nächste Phase des Lernens in diesem Seminar wurde nun eingeläutet. Wie könnten wir das mehr emotionell bestimmte Lernen im „Hier- und Jetzt"-Labor der T-Gruppe, die ja hauptsächlich der Abklärung sozialer Beziehungen diente, mit der aufgabenorientierten Inhaltsebene zusammenbringen? Das Programm des Seminars schien jetzt schon auf eine Berücksichtigung des Transfers aus dem Labor in die Realität hinzusteuern. Dazu diente die sogenannte Sonora-Übung.

In dieser Phase wurde es nicht vermieden, noch vorhandene emotionale Probleme einzelner Teilnehmer aufzuarbeiten.

16.00 Uhr: Sonora-Übung

Zunächst erstellte jeder Teilnehmer eine individuelle Reihung für eine Entscheidungsaufgabe, bei der die bei einem Flugzeugabsturz in der Sonorawüste übrig gebliebenen Gegenstände nach Wichtigkeit eingeordnet werden sollten. Anschließend sollten in zwei Sub-Gruppen zum gleichen Problem Gruppenentscheidungen per Konsens getroffen werden. Die Gruppen konnten Zeit und Verfahren frei bestimmen.

Während die erste Gruppe – E, G, F, A – nach zweistündiger Diskussion das Problem gelöst hatte, da einmal A die Führung (autoritär) übernommen hatte, zum anderen die Gruppe sich nicht mit den Abgestürzten identifizierte, was dazu führte, daß sie das Problem „rational" löste, sich aber nicht emotional in die Lage der Abgestürzten versetzte. A entschuldigte seine Haltung, indem er sagt, die Zeit wäre doch auf zwei Stunden Diskussionszeit festgelegt gewesen und jemand hätte die Sache in die Hand nehmen müssen. (Vorher war ausdrücklich von den Trainern darauf hingewiesen worden, daß Diskussionen über dieses Thema auch den Abend beanspruchen könnten.)

Die Kooperation in dem Team – das wichtigste in der Gruppenarbeit – war nur solange gewährleistet, wie A – aus hierarchisch autoritärem Familienunternehmen – sie zu seinen Gunsten auslegen konnte.

Durch Diskussion über das Für und Wider seines Führungsstils kam er zu der Erkenntnis, daß er wohl die anderen Gruppenmitglieder damit brüskierte, daß er sie häufig durch Suggestivfragen und Körpersprache in seinen Bann schlagen wollte. Das Feedback seiner eigenen Gruppenangehörigen half ihm zu verstehen, warum andere auf seinen Stil aggressiv reagierten. Dennoch betonte er, daß sich kooperative Verhaltensmuster nicht auf seine Betriebssituation anwenden ließen. (Wahrscheinlich war das ein Abwehrmechanismus, um sein Führerimage nachträglich zu rechtfertigen und sich selbst nicht auf das Risiko des Umlernens einlassen zu müssen.)

Die andere Gruppe identifizierte sich mit den abgestürzten Personen und kam dadurch zu einer Diskussion über „Leben und Tod" – die Dauer der Teamarbeit betrug sechs Stunden.

Die Sonora-Übung dient dazu, ein Problem sowohl rational als auch emotional in einer Gruppe zu lösen. In ihr sollen die Fähigkeiten der einzelnen Teilnehmer zur Kooperation, Kommunikation und Führungsübernahme erprobt und später durch eine Fernsehaufzeichnung analysiert werden.

Anhand der „Sozialpsychologischen Störfaktoren bei der Teamarbeit" (s. unten) traten bei der Gruppe 1 die Punkte 1, 8, 10, 12 und bei der Gruppe 2 die Punkte 1, 3, 10, 11, 2 stark in den Vordergrund.

Hans Rosenkranz

Sozialpsychologische Störfaktoren bei der Teamarbeit

Mangelnde Teamentwicklung führt manchmal zu unbefriedigenden Gruppenentscheidungen.

Gründe hierfür können sein:

1. weil die *Kommunikation nicht klappt*. Es redet mehr als eine Person zu gleicher Zeit. Die anderen können nicht verstehen, was gesagt wurde. Gruppenmitglieder mit weniger Durchsetzungsvermögen, Zungenfertigkeit und Sprechbereitschaft kommen nicht zu Wort und verzichten darauf, ihre Argumente einzubringen. Informationen und Argumente gehen verloren.

2. weil die Gruppe ihre *Autoritätsprobleme* nicht bearbeitet hat. Ein Gruppenmitglied wird mehr gehört, weil er einen höheren Rang in der Hierarchie hat (der Chef hat immer recht, auch wenn er nichts vom Problem versteht). Die größere soziale Geschicklichkeit, Durchsetzungsvermögen, ja sogar Schönheit führen oft dazu, Mangel an Fachkenntnissen, Informationen und Argumenten zum Problem zu verdecken. Sach- und problemfremde Momente gewinnen Einfluß und verschlechtern die Gruppenentscheidung.

3. weil *Beziehungsprobleme* zwischen den Gruppenmitgliedern dazu führen, daß Informationen und Argumente nicht gehört oder berücksichtigt werden. Beziehungsprobleme werden auf die Inhalts- und Sachebene übertragen („Da ich den anderen nicht leiden kann, überhöre und unterbewerte ich seine sachlich vielleicht ganz guten Argumente, nur weil sie von ihm kommen").

4. weil nicht vorher überlegt wurde, welche *Entscheidungen* wichtiger sind. So hat man für relativ unwichtige Entscheidungen anteilmäßig zu viel Zeit eingeräumt, die einem für die wichtigen Entscheidungen dann abgeht.

5. weil die Gruppe für das anstehende Problem nicht die angemessene *Geschäftsordnung* gefunden hat. Geschäftsordnungsprobleme wie Sitzordnung, Gruppenleitung und deren Befugnis, Entscheidungsmodus, Zeit, u. a. haben auf Teamarbeit wesentlichen Einfluß.

6. weil die Gruppe nicht bereit ist, von der Mehrheit *abweichende Meinungen* zu äußern und, falls sie eventuell doch geäußert werden, sorgfältig damit umzugehen. Oftmals geniale Einfälle werden so von den „billig, gerecht und normal Denkenden" lächerlich gemacht und unter den Tisch gebügelt. Man hat dann nicht mehr den Mut, das vorhandene Potential an Phantasie und Kreativität für ungewöhnliche Problemlösungen zu nützen. Es mangelt an konstruktiver Konfliktbereitschaft (Ich-Stärke.)

7. weil die Gruppe, obwohl die meisten Argumente auf dem Tisch sind, vor lauter Analyse nicht mehr den *Mut zu einer Wahrscheinlichkeitsentscheidung* findet.

8. weil sich die Gruppe selbst unter so starken *Zeit-, Leistungs- und Konkurrenzdruck* gesetzt hat, daß „vor lauter Wald die Bäume" nicht mehr gesehen werden. Besonders bei Entscheidungen unter hohem Risiko, die Langzeitwirkung haben, kann dies verheerende Folgen haben.

9. weil das Verhältnis von *Aufgaben- und Erhaltungsrollen* in der Gruppe nicht günstig ist. Häufig werden zielorientierte Aufgabenrollen mehr wahrgenommen als die nötigen Erhaltungsrollen. Daraus ergeben sich Frustrationen, da private Bedürfnisse und Sonderinteressen nicht befriedigt werden. Die Bereitschaft zur Mitarbeit an einer Gruppenlösung sinkt.

10. weil in der Gruppe die sogenannten *Systematiker* (solche, die verursachen, ein logisches System für eine Lösung zu finden) die spielerisch, mehr praktisch orientierten *Intuitiven* dominieren (oder umgekehrt). Manche Probleme lassen sich aber nur schnell und richtig im guten Zusammenspiel beider Typen lösen.

11. weil die Gruppe auf jegliche *Konfliktbearbeitung* verzichtet. Das gute Gruppenklima darf nicht gefährdet werden. Deswegen ist man ängstlich darauf bedacht, Argumente, Informationen und Meinungen zu vermeiden, die vielleicht einen Konflikt heraufbeschwören könnten. Konflikte können für bessere Gruppenentscheidungen konstruktiv sein.

12. weil die Gruppe noch nicht ihre ***Identität*** gefunden hat, d. h. die Gruppe ist für die Mitglieder noch nicht so attraktiv, daß sich jeder voll einbringen und mit den Gruppenentscheidungen identifizieren kann.

5. Seminartag

Am Morgen wurde die Sonora-Übung mit Hilfe der Trainer ausgewertet.

Dabei wurde bei beiden Gruppen festgestellt, daß die Gruppenrangfolge eine durchschnittliche Verbesserung des Ergebnisses brachte, obwohl in Gruppe 1 A die Führung übernommen hatte. In Gruppe 2 wurden mehr Konsensentscheidungen getroffen.

Insgesamt gesehen wurde durch die Gruppendiskussion die Gruppenentscheidung verbessert, was auch auf die Vorteile der Teamarbeit im Betrieb hindeutet, Voraussetzung dafür ist, daß auch eine Arbeitsgruppe ihre Beziehungsprobleme bearbeiten kann.

15.30 Uhr: Beratungsrunde

Die Gruppe teilte sich in Triaden auf. Ein Gruppenmitglied übernahm die Rolle des „Klienten“, der ein echtes Problem aus seiner Berufspraxis vortragen konnte, das zweite Triadenmitglied die Rolle des „Beraters“ und das dritte die des „Beobachters“.

Die Aufgaben sind kurz skizziert:

Klient:
Was erwarte ich und was erwarte ich nicht von meinem Berater? (z. B. Ratschläge, Hilfen bei der Selbstlösung meines Problems o. ä.). Dies wurde in einem Vertrag festgehalten.

Berater:

- Eine möglichst genaue Definition des Problems von dem Klienten verlangen;
- durch Zuhören und Ermunterung Informationen zum Problem sammeln helfen;
- helfen, Lösungsalternativen zu finden – möglichst vom Klienten selbst formuliert, wenn es nicht anders im Vertrag vereinbart wurde und
- bei der Auswahl einer Lösungsalternative helfen – nicht bewerten, sondern vom Klienten selbst bewerten lassen; erst dadurch kann ein Lösungsprozeß in Gang gesetzt werden.

Beobachter:
Der Beobachter hält sich zurück und beobachtet stumm den Gesprächsverlauf. In der Feedback-Phase teilt er dem Klienten und dem Berater mit, wie er den Gesprächsverlauf wahrgenommen hat.

Nach 20 Minuten Beratungsgespräch wurde der Dialog abgebrochen und weitere 10 Minuten Feedback vom Beobachter (5 Minuten Klient, 5 Minuten Berater) eingeholt. Dann wurde die Gesprächsrunde wieder 20 Minuten fortgesetzt und 10 Minuten Feedback gegeben. Im ganzen sollten die Rollen dreimal gewechselt werden, so daß jedes Triadenmitglied einmal Klient, Berater und Beobachter sein konnte.

Das Ziel der Übung war es, daß:

1. der Berater die Probleme des Klienten erkennen und verstehen lernt und durch Zuhören Hilfen bei der Lösung gibt;
2. der Klient seine Probleme so präzise wie möglich formulieren lernt und erkennt, daß nur er selbst sie wirksam lösen kann;
3. der Beobachter das partnerzentrierte Gespräch „genau“ beobachten lernt, um Feedback anbieten zu können und damit den Lernprozeß bei Klient und Berater fördert.

20.00 Uhr: T-Gruppe

Die zwischen G und D seit dem ersten Tag schwelende Rivalität um die Gunst der Gruppe, die aber lediglich von D dazu benutzt wurde, G als „pars pro toto“ darzustellen, sie zum „Sündenbock“ und damit zum Angriffsobjekt zu machen, da er von der Gruppe nicht akzeptiert worden war, brach jetzt von neuem aus.

Am Nachmittag, als sich die Triaden bildeten, lehnte es D auf Anfrage von G ab, mit ihr in eine Gruppe zu gehen (D: „Ehrlich gesagt, mit Ihnen lieber nicht“). D sagte, daß er dieses Problem nicht in der Gruppe besprechen wolle, da er kein Vertrauen zu ihr habe (siehe Soziogramm).

Nachdem sich nun alle Teilnehmer dagegen auflehnten und „die Vertrauensfrage (s. Soziogramm) aus seinem autoritären Verhalten stamme“ (F), wuchs bei D die Spannung. Er fühlte sich von allen nicht verstanden: „Das ist mein Lebensstil (autoritär), mit diesem komme ich wenigstens bei meinen Studenten durch. Ich bin skeptisch, ob ich die Gefühle, die ich der Gruppe gegenüber habe, auch ‚draußen‘ weiter vertreten kann“. (siehe 6. Tag)

Jeder Versuch der Gruppenmitglieder D zu bewegen, sich zu äußern, warum er sich unverstanden fühlte, wenn er das Angebot bekäme, statt „autoritär“ einmal „kooperativ“ zu agieren, schlug fehl. D äußerte aber dennoch etwas später: „Ich bin mit anderen Erwartungen hierher gekommen, nicht den Führungsstil, sondern die Methode eines Seminars kennenzulernen; ich habe gedacht, das wäre ein Lehrerseminar. Dann habe ich erkannt, daß dies nicht beabsichtigt war und habe mich umfunktionieren müssen – die Zeit war zu kurz.“

Schließlich zog sich D ganz auf sich selbst zurück; auch verschiedene Versuche von Gruppenmitgliedern und der Trainer, ihm den Weg in die Gruppe zu bahnen, schlugen fehl. Die Gruppe entschloß sich sodann, D zu ignorieren und war in der Lage, eine bessere Stimmung zu erreichen. Besonders A und F taten sich dabei hervor, durch Humor die Gruppe aufzumuntern. Sie nahmen wie auch schon in den ersten Tagen Erhaltungsfunktionen wahr.

Am Abend entschloß sich die Gruppe, ein Fest zu feiern und lud dazu auch die Trainer ein. Während des Festes beleidigte D den Trainer (TK) in peinlicher Weise und bezeichnete ihn als total inkompetenten Trainer. Dieser gab an die Gruppe die Frage zurück, wie sie ihn sähen. Der Rest der Gruppe hatte seine Konflikte mit dem Trainer bewältigt und erklärte ihn für o.k. Die Stimmung für diesen Abschlußabend war verdorben. Vielleicht half dies der Gruppe auch, die Phase der Euphorie zu überwinden und sich wieder auf die rauhe Wirklichkeit des Betriebslebens einzustellen.

6. Seminartag

Am Anfang des Seminars hatte sich jeder eine Person seines Vertrauens als „Seminarschatten" gewählt. Mit ihr hatte er einen Beobachtungsvertrag für das Seminar geschlossen. Wir schätzten unsere Einstellungen und Fähigkeiten am Anfang des Seminars ein und wiederholten nun am Ende diese Prozedur. Ferner baten wir den Seminarschatten nun um seine Fremdeinschätzung. In einem 30-minütigen Gespräch zwischen den beiden Partnern wurden konkrete Beobachtungen und Gefühle ausgetauscht (s. a. die folgende Aufstellung).

Der Zweck dieser Übung liegt darin, Hinweise zu erhalten auf vorhandene, zu verstärkende oder erst zu erwerbende soziale Fähigkeiten (soziale Kompetenz) und hilft zugleich, Lernänderungen während des Seminars festzustellen. Anschließend wurden die „Briefe an sich selbst" (siehe 1. Tag) von den Trainern mit dem Hinweis ausgeteilt: „Sollten Sie über Ihren Brief sprechen wollen, dann lesen Sie ihn vor und erklären Sie nichts, sondern sagen Sie, wie es war und wie es jetzt ist. Sagen Sie, ob sich Ihre Beziehung und wenn wie geändert hat."

Bei sehr vielen, von denen man vorher „Negatives" annahm, so z. B. über TL – omnipotent, Vatertyp usw. – wurde das Gegenteil gesagt; durch das Seminar waren also Veränderungen eingetreten. Die anfangs durch Vorurteile und Phantasien gekennzeichneten Beziehungen in der Gruppe hatten sich durch den Austausch von Wahrnehmungen und Gefühlen abgeklärt, sie waren überprüft worden und hatten sich neu etabliert.

Sogar die Beziehung von D zu dem Trainer (TK) hat schließlich noch eine Wende erfahren. Dies geschah so: TK war als erster morgens im Gruppenraum und legte eine Arbeitsunterlage „Abwehrmechanismen" auf die Stühle der Teilnehmer, über die dann später gesprochen wurde. D kam hinzu und bekam das Arbeitsblatt direkt von TK überreicht. Bei der Besprechung seines Briefes erzählte D, daß ihn der Vorfall vom Vortage die ganze Nacht über noch beschäftigt hat, er konnte nicht schlafen und hat schließlich in Freuds Buch über Abwehrmechanismen gelesen. Er war nun überrascht, als ihm TK am Morgen das Papier mit der gleichen Thematik überreichte, unterstellte ihm hellseherische Fähigkeiten und benützte dies als Anlaß, um seinen Frieden mit TK zu machen.

Hans Rosenkranz

Seminar-Schatten (Einige Dimensionen sozialer Kompetenz)

1. Führungswille:	übernehme Führung	helfe anderen, Führung zu übernehmen	kämpfe gegen jeden, der Führung übernimmt	akzeptiere Führung	passive Zurückhaltung	
2. Konflikt und Konfrontation:	Initiator	mache mit	Vermittler und Konfliktlöser	Selbstbewahrung	Vermeidung	
3. Kontakt:	Fusion	Intimität	Partnerschaft	Kooperation	Distanz	Isolation
4. Beraterrolle: (Hilfe geben)	keine Hilfe	verständnisvolles Zuhören	Hilfe bei der Selbstklärung des Problems + Feedback	Anregungen + Ratschläge (auf Anfrage)	drängt Ratschläge auf	
5. Klientenrolle: (Hilfe annehmen)	Ablehnung von Hilfe	wünscht verständnisvolles Zuhören	wünscht Hilfe bei der Selbstklärung des Problems, Diskussion und Feedback	wünscht Ratschläge zur kritischen Stellungnahme	übernimmt fremden Rat als Lösung	
6. Zeitorientierung:	Archäologie	mehr gestern als heute	lebt in der unmittelbaren Gegenwart	mehr morgen als heute	was bringt die Zukunft?	
7. Führungsstil:	direktiv (ich entscheide)	bürokratisch (ohne Regeln kann ich nicht entscheiden)	kooperativ (gemeinsame Überlegung und Entscheidung)	demokratisch (führe durch Mehrheit)	laissez-faire (führe nur auf Anfrage	

Die angeführten Dimensionen sind Aspekte sozialer Kompetenz. Zugleich beinhalten sie Hinweise auf vorhandene, zu verstärkende oder erst zu erwerbende soziale Fähigkeiten.

Versuchen Sie zunächst durch Selbsteinordnung, sich ein Bild über sich selbst zu machen. Später können Sie eine Person Ihres Vertrauens darum bitten, eine Fremdeinschätzung zu machen. Fragen Sie in dem Beratungsgespräch immer wieder nach, auf welche konkreten Beobachtungen und Gefühle Ihr Partner seine Einschätzung stützt.

SKALA =
1 außergewöhnlich oft
2 in vielen Situationen
3 manchmal
4 selten
5 kaum

Durch solche Sympathiebekundungen in der Gruppe trat eine Art „Geborgenheit, Wärme" in die Gruppenatmosphäre ein. In den Seminartagen war ein „Sichverstehen" meist nur nach den Gruppensitzungen am „Biertisch" möglich. An diesen stundenlangen Biertisch-Diskussionen fühlte die Gruppe sich unbeobachtet, da die Trainer zumeist nicht anwesend waren. Sie konnte „unbeschwert" Konflikte, die untereinander entstanden waren, austragen. Die Gruppe hatte sich also vom „Formalen" ins „Informelle" begeben, abseits von den (vermeintlichen) Werturteilen der Trainer über die Diskussionsform. So wurden auch von mehreren Witze darüber gemacht, daß „man ja jetzt nicht mehr unter ‚psychologischem Druck' stehen würde, sondern ‚frei' reden könnte" –sicherlich ein nicht ganz bewältigtes Autoritätsproblem gegenüber den Trainern.

Transfer

Die Trainer wiesen darauf hin, daß in der Klausur dieses Laboratoriums Beziehungen und neue Verhaltensweisen und eine spezielle Atmosphäre in der Gruppe entstanden sei.

TK: „Was passiert, wenn wir nach draußen gehen? "
„Wie werden sich die Personen draußen uns gegenüber verhalten?
„Wie werden wir uns ihnen gegenüber verhalten?"

Jeder hatte Gelegenheit, „seine" voraussichtlichen Transferprobleme zu erläutern und sie im Rollenspiel vorauszuleben, etwa: Vorgesetzter – Seminarteilnehmer, Familienmitglied – Seminarteilnehmer.

Ein Mitglied spielte die Person „draußen", ein anderes sich selbst; danach wurde in der Gruppe diskutiert, was das Rollenspiel bei den einzelnen verursacht hatte.

Bei den meisten war herauszuhören, daß sie Probleme haben würden, den Personen draußen zu erklären, was sie in den Seminartagen erlebt hatten. Die meisten waren unsicher, ob sie mit den im Seminar gelernten Einstellungen und Verhaltensweisen auch draußen zurecht kommen würden.

Nach einem Rollenspiel von A mit „seiner Frau" sagte A: „Ich habe Angst, nach draußen zu gehen, ich habe das Gefühl, mich um hundertachtzig Grad gedreht zu haben. Ich laufe woanders hin – ich kann jetzt *fühlen*, aber das ist in meinem Betrieb und in meiner Familie nicht gefragt".

In einem Rollenspiel zwischen B und „seinem Vorgesetzten" wurde von dem Vorgesetzten das Seminar etwas skeptisch betrachtet: „außer ein paar Blättern Papier brächte er ja nichts Sichtbares mit – und das für 1 000,– DM? "

Trifft der einzelne auf Vorgesetzte, die Vorurteile gegen ein gruppendynamisches Seminar haben (Seelenstriptease, Scharlatanerie etc.), und das Seminar in DM (Kostendenken) aufwiegen wollen, so stellen sich drei Fragen:

- Wieviel berichte ich?
- Wie berichte ich es?
- Wie gehe ich mit den Vorurteilen um?

So sollte der einzelne zum einen gegenüber dem Vorgesetzten das im Seminar Gelernte auf die Betriebssituation beziehen: „Jetzt habe ich das vorherrschende Problem erkannt und kann es besser lösen."

Zum anderen soll sich jeder auf das Kommunikationsniveau im Betrieb oder im Freundeskreis einstellen und von überraschenden, plötzlichen Änderungen absehen.

Die Arbeitskollegen würden ihn kaum verstehen und ihn „gegen eine Wand laufen lassen". Dadurch bekommt der einzelne negative Verstärkungen, die nur sehr schwer reduzierbar sind.

Daher:

Jeder soll sich einen Aktionsplan machen, in dem die Rollen der anderen eine Funktion übernehmen.

TK: „Jetzt müßten sie mit den Widerständen von seiten der anderen arbeiten und umgehen können."

Am Ende der Seminartage stellte sich die Gruppe zu einem Kreis auf, faßte sich bei der Hand, und ließ das Seminar Revue passieren.

Die meisten umarmten sich. Einige weinten. Dann ging die Gruppe auseinander.

Veränderungen im Anschluß an ein gruppendynamisches Seminar

Da dem Verfasser dieser Arbeit nicht die nötige Zeit zur Verfügung stand, einen Fragebogen über mögliche Veränderungen im Anschluß an ein gruppendynamisches Seminar (etwa nach sechs Monaten) den Teilnehmern auszuhändigen, wird an dieser Stelle Bezug auf die einschlägige Literatur genommen.

Im Laufe des letzten Jahrzehnts waren immer mehr Wissenschaftler (Bunker, Miles, Moscow, u. a.) daran interessiert, zu testen, wie effektiv gruppendynamische Seminare sind.

Das „gebräuchlichste" Forschungs-Design[1], die Effektivität von Seminaren abzuschätzen, ist, zwei ähnliche (Alter, Geschlecht, Berufstätigkeit etc.) Gruppen von Führungskräften zu bilden, von denen die eine an einem Seminar teilgenommen hatte, die andere hingegen nicht. Zehn Monate nach dem Training wurde eine Untersuchung darüber durchgeführt, ob sich die Führungskräfte seit Trainingsende in ihrer Arbeitswelt verändert hätten. Die Untersuchung erfolgte mittels einer Fragebogenaktion, in der sowohl die Führungskräfte selbst als auch fünf bis sieben ihrer Mitarbeiter befragt wurden. Die Summe der berichteten Veränderungen seitens der Führungskräfte, die ein Seminar besucht hatten, wurde mit denen verglichen, die kein Seminar besucht hatten. Bunker[2] fand heraus, daß 67 % der trainierten Gruppe berichtet hatte, sich verändert zu haben im Vergleich zu 33 % der untrainierten Gruppe.

---

1 o.A.d. Verf.: Group Dynamics, North Western Polytechnic.
2 Bunker, D. R.: in: North Western Polytechnic: a.a.O.

Beispiele für spezifische Verhaltensänderungen, die Bunker herausgefunden hatte, sind*:

- *„receiving communication“:*

  größere Bestrebungen, andere zu verstehen; mehr Aufmerksamkeit, zuzuhören.
- *„relational facility“:*

  verhält sich kooperativer, taktvoller, ist verhandlungsfähiger.
- *„increased interdependence“:*

  regt mehr Partizipation an, aktiviert andere, ist weniger dominant.
- *„Selbstkontrolle“:*

  ist mehr selbstdiszipliniert, weniger schnell mit Urteilen, „checks temper“.
- *„akzeptiert andere“:*

  ist nachsichtiger gegenüber Schwächeren, berücksichtigt Unterschiede zwischen Individuen, ist geduldig.
- *„tolerance of new information“:*

  ist bereit, neue Vorschläge anzunehmen, ist weniger dogmatisch und willkürlich in seinem Urteil.
- *„insight into self and role“:*

  ist sich seines eigenen Verhaltens mehr bewußt, paßt sich den Arbeitsbedingungen besser an.

Ebenso wie Bunker beschäftigte Miles[3] die Frage der Evaluierung gruppendynamischer Seminare. Er untersuchte sechs bis acht Monate nach Beendigung eines Seminares mögliche Veränderungen im Verhalten von 34 Volksschulrektoren.

Als Meßinstrument diente ihm eine Fragebogenaktion, die er, ähnlich wie Bunker, sowohl bei Teilnehmern selbst als auch bei acht ihrer Kollegen durchführte:

82 % der Teilnehmer, dagegen aber nur 30 % ihrer jeweiligen Kollegen, stellten Verhaltensänderungen bei sich fest; 47 % der Aussagen von Teilnehmern stimmten inhaltlich mit mindestens zwei ihrer Kollegen überein[4].

Miles fand unter anderem in seinen Studien heraus, daß bestimmte „Organisationsvariablen“ (Vorgesetzenverhalten, Organisationsstrukur etc.) beeinträchtigend wirken auf die Integration des Gelernten in die Betriebssituation.

Des weiteren ermittelte er, daß Teilnehmer, die eine gewisse Machtposition innehatten, mehr Chancen hatten, das neu Erlernte in die Berufssphäre zu transferieren.

---

* Um Verfälschungen durch eine Übersetzung aus dem Wege zu gehen, werden kritische Begriffe nicht übersetzt.

3 Miles, M. B.: in: Gebert, D h.: Gruppendynamik in der betrieblichen Führungsschulung, Berlin 1972, S. 71.

4 Miles, M. B.: in: Gebert, D h.: a.a.O., S. 72.

Die Schlußfolgerungen daraus sind, daß ein Individuum zwar in einem gruppendynamischen Seminar lernt, daß aber, wenn es in eine Situation zurückkehrt, die Veränderungen mißbilligt, der Nutzen für den Betrieb vermindert wird.

Schließlich sei noch auf eine Studie von Boyd and Elliss[5] verwiesen, die die Effektivität von Trainingsgruppen mit einem Vorlesungs- und Fallstudienseminar („lecture and case discussion course"), gehalten für ein kanadisches Dienstleistungsunternehmen, verglichen.

Sie stellten fest, daß der Prozentsatz der Teilnehmer, die angaben, sich verändert zu haben, in der Trainingsgruppe am höchsten war:

- T-Gruppe 70 %
- Vorlesungs- und Fallstudienseminar 52 %
- Nicht-Trainierte 36 %

Aus diesem Beispiel läßt sich ersehen, daß der Lernfaktor in einer Trainingsgruppe (und damit in einem gruppendynamischen Seminar) am höchsten ist und Veränderungen im Anschluß an ein gruppendynamisches Seminar wahrscheinlicher sind.

Meine eigenen Erfahrungen

Beeinflußt durch umfangreiche „intellektuelle" Studien über das Gebiet der Gruppendynamik als Führungstraining und einige Aussagen von Studienkollegen, die die Gruppendynamik belächelten (Scharlatanerie, Allheilmittel), ging ich mit „gemischten" Gefühlen in das Seminar – was mich dort erwarten und was ich dort überhaupt lernen würde.

In der ersten Seminarphase (Unsicherheit) sah ich mich dann neun Teilnehmern aus dem Mittleren-Management gegenüber, die, wie ich mir überlegt hatte, mir (als Student) weit überlegen sein müssen, da sie bereits mehrere Jahre Praxis hinter sich gebracht hatten und „diskussionsgeschult" wären.

Als ein Teilnehmer schließlich Führungsansprüche gegenüber der Gruppe geltend machen wollte, merkte ich, daß die vorgegebenen Praxisjahre doch keinen so großen „Bonus" darstellten, da sich, außer einem Mitglied, die Gruppe mehr oder weniger hilflos der Autorität gegenüber sah. Nachdem es zu einem offenen Konflikt zwischen G und D gekommen war, zogen mehrere Mitglieder nach, wobei ich, vielleicht im Schutze der anderen, meine aufgestauten Aggressionen gegenüber D formulieren konnte. Ich hatte, abgesehen vom Schutze durch die anderen, gelernt, daß es nicht richtig sei, sich einer Autorität bedingungslos zu unterwerfen, sondern sie zu hinterfragen, indem ich sie in Frage stelle. Hierfür bot das Seminar ein „sicheres" Trainingsfeld.

Hatte ich zu Anfang das Gefühl, den Praktikern im kognitiven Bereich unterlegen zu sein, bekam ich jetzt (durch die Gruppe) die Bestätigung, in diesem Bereich ihnen gleichrangig zu sein. Ich habe gelernt, daß es o.k. ist, Gefühle zu haben, sie zu äußern und die Gefühle anderer zu akzeptieren.

---

5 Boyd and Elliss: in: North Western Polytechnic: a.a.O. S. 6/4.

Nach der freundlichen Aufnahme durch die Gruppe fühlte ich mich imstande, meine Probleme zu definieren und am Gruppenprozeß teilzunehmen, ohne auf Ressentiments stoßen zu müssen.

Einerseits lernte ich ein neues Selbstbild in der Interaktion mit der Gruppe zu stabilisieren, andererseits auch ein neues Fremdbild in bezug auf die Gruppe wahrzunehmen. Hatte ich am Anfang der Seminartage die meisten Gruppenmitglieder als überheblich, von sich überzeugt abgestempelt, mußte ich doch jetzt, nach näherem Kennenlernen, mein Urteil revidieren.

In den Übungssituationen (Sonora, Aquarium) lernte ich, wie man kooperativ-kommunikativ interagiert und rationale wie auch emotionale Probleme bearbeitet.

Fehler wurden aufgedeckt und analysiert, so daß ich jetzt sagen kann, daß meine Fehler, was Kooperation angeht, weitgehend dezimiert worden sind.

Zusammenfassend kann ich sagen, daß mir die Möglichkeit im Seminar geboten wurde, folgendes zu lernen und einzuüben:

- differenzierte Selbst- und Fremdwahrnehmung,
- kritisches Auseinandersetzen mit Autoritäten,
- fremden Menschen ohne Vorurteile zu begegnen,
- reflektiertes Feedback geben und empfangen zu können,
- kooperativ zu agieren,
- zuzuhören und die Ideen anderer weiterzuverfolgen.

Das gruppendynamische Seminar stellte somit für mich eine wertvolle Hilfe dar, soziale Beziehungen besser zu gestalten und bewußter zu erleben. Gute Aussichten sehe ich für die Gruppendynamik dann, wenn das Training in den sozialen Kontext eines Betriebes integriert werden kann. Es besteht dann die Chance, nicht nur dem Individuum, sondern auch einer Gruppe (Organisation) selbst, besser als bisher, dabei zu helfen, mit betrieblichen Lern- und Organisationsproblemen fertig zu werden.

Teilnehmerbericht

Nils Peter Esmann

Notizen aus dem Wochenseminar:
„Gruppendynamik für Führungskräfte" in Vorauf.

Das Seminar beginnt mit einer „T-Gruppe", die Trainer ziehen sich dabei ins „Vakuum" zurück. Die Teilnehmer wissen mit dieser Situation nichts anzufangen und diskutieren ziellos durcheinander. Erstes Thema wird die Frage, ob über die Vornamen hinaus auch die Nachnamen und Berufe gegenseitig bekannt werden sollen. Obwohl ich es für richtig halte, nur die Vornamen zu verwenden, ist es für mich sehr ungewohnt, bis dahin fremde Menschen mit ihrem Vornamen anzureden. Die Gruppe braucht rund eine Stunde, bis sie zu einem Ergebnis kommt. Rückschauend betrachtet war es sehr gut, sich nur mit Vornamen anzusprechen, wir konnten leichter Kontakte zueinander aufbauen.

Die Übung „Aquarium" dient wohl dazu, das Geben und Nehmen von „Feedback" vorzubereiten. Sie zeigt deutlich, wie schwer es ist, sich selbst zu artikulieren, denn die meisten Teilnehmer reden immer von „wir" oder „man" und meinen aber „ich". Für mich ist diese Erscheinung deswegen interessant, weil bei mir im Dienst die Norm gilt, „wir-oder-man-Botschaften" zu benutzen. Vor einigen Jahren erst stellte ich meine Ausdrucksweise darauf ein, werde nun aber ab sofort wieder „ich-Botschaften" verwenden.

Erste Hinweise der Trainer auf unser Verhalten (Führungskämpfe) schärfen meine Beobachtungsfähigkeit für diese Situationen. Ich bin erstaunt, wie häufig, ja fast unausweichlich, ähnliche Abläufe in der Praxis – beruflich und privat – zu finden sind. Und wieviel Zeit dadurch ineffektiv vertan wird.

Die „Zeichen-Übung" zeigt zweierlei, einmal die Dinge, die manche von uns beschäftigen, zum anderen, daß einige noch nicht bereit sind, Fragen offenzulegen, die sie bewegen. Interessant, wie jeder seine Darstellung interpretiert (oft kommt der Hinweis auf mangelnde Zeichenfertigkeit) und wie die mündlichen Informationen von den gezeichneten abweichen. Ich denke dabei an die Zeichnung von Ralf. Gut finde ich den „Kreislauf" der Bilder, jeder bekommt dadurch eine Sammlung von Gedanken und Bemerkungen aller anderen Gruppenmitglieder, somit auch eine Form des Feedback.

Das „Drei-Ebenen-Schema" ist für mich theoretisch ohne weiteres verständlich, praktisch in einer sozialen Beziehung aber schwer faßbar. Ich werde künftig besonders aufmerksam beobachten. Hans bemerkt, wir würden uns „immer noch" auf der Inhaltsebene bewegen. Ich finde, daß es am zweiten Seminartag auch noch nicht anders zu erwarten ist und werte seine Bemerkung mehr als provokatives Aufrütteln der Gruppe. Es ist wieder einer der kaum merklichen Eingriffe der Trainer, um den Ablauf des Seminars zu steuern.

Ähnlich ist es auch, als etwas später Hans einleitet, Martin zu einem ersten Feedback zu bewegen. Den Fragen schließen sich auch andere an, aber Martin weicht aus, redet um den heißen Brei herum, er „mauert" – wie er selbst zugibt. Die Spannung wird in dieser Situation spürbar und steigert sich gewaltig, als Traudi den Martin direkt um Feedback bittet. Zu meiner Überraschung gibt Martin kein unmittelbares Feedback – vielleicht ist es aus der Tatsache heraus erklärbar und verständlich, daß er als erster im Seminar in dieser Situation war – sondern überschüttet Traudi äußerst aggressiv mit Fragen, die meinem Empfinden nach weit über den Rahmen des Seminars hinausgehen. Sein Verhalten ist völlig konträr zu seinem bisherigen Verhalten und auch zu dem Bild, das ich mir von ihm gemacht hatte. Ich kann ihn in diesem Moment nicht verstehen (das einzige Mal während des ganzen Seminars) und bin nahe daran, in den Disput mit Traudi einzugreifen. Mich hält nur zurück, daß sie sich sehr gut selbst ihrer Haut zu wehren weiß. Die Frage – ich weiß nicht mehr, wer sie stellte –, ob Traudi zu jemand in der Gruppe Vertrauen habe, beantwortet sie mit „ja". Unausweichlich folgt die Frage, wer das sei. Traudi nennt die Namen von Willi und mir, worauf in der Gruppe eine atemlose Stille eintritt. Ich bewundere ihren Mut, sich in dieser Situation so offen auszudrücken. Ihre Emotion macht sich in Tränen Luft, einige reagieren – wohl verstärkt durch die herrschende Stille – etwas unangenehm berührt. Die Gruppe geht relativ schnell zu einem anderen Thema über.

Der Sinn der „Tanz-Spiele" ist mir zunächst nicht ganz klar. Ich begreife sie aber schnell als neuen Aspekt des Themas „Führung" und gewinne neue, positive Eindrücke. Völlig anders geartet ist das „Kampf-Spiel", bei dem ohne vorherige Absprache ein Gruppenmitglied durch körperlichen Einsatz herausgedrängt werden muß. Diese Aufgabe wird erst von den Trainern gestellt, nachdem sich die Gruppen aus „gegenseitig sympathischen" Mitgliedern gebildet haben. Ich finde dies Verfahren richtig, obwohl dadurch der Entschluß, wen ich eigentlich hinausdrängen soll, sehr schwer wird. Unsere Gruppe besteht aus Sylvia, Peter, Martin und mir. Die anderen Gruppen haben jeweils drei Mitglieder. Nach ziemlich kurzem Kampf läßt sich Peter überraschend leicht verdrängen. Die anschließende Analyse des Geschehens – ohne Peter – dauert sehr lange und stärkt unser „Wir-Gefühl". Peter wird später wieder miteinbezogen und ich glaube, daß er sich nicht mehr ausgeschlossen fühlt.

Das „Soziogramm" ist für mich eines der stärksten Erlebnisse des Seminars. Ich kenne so etwas aus Büchern, war aber noch nie dabei, wenn ein Soziogramm entsteht. Ich vergebe meine Karten für die Bereiche „Vertrauen", „Einfluß", „Vorgesetzter" und „Untergebener" jeweils unabhängig voneinander und versuche auch keine Erwartungen in meine Überlegungen hineinzunehmen. Die Ergebnisse werden auf dem Flip-chart sichtbar gemacht in Form einer Tabelle. Ich glaube, daß es nicht nur mir, sondern auch anderen sehr nahe gegangen ist, wie plötzlich die sozialen Beziehungen der Gruppe offengelegt worden sind. Jedenfalls interpretiere ich das anschließende Schweigen so. Das Interesse der Gruppe konzentriert sich dann auf Sepp, der keine Stimme und auf Karlheinz, der nur eine Karte bekommen hat. Beide setzen sich nacheinander auf Vorschlag von Hans in die Mitte und holen sich von einigen von uns Feedback. Mir imponiert das, denn es ist sicher nicht leicht, sich von anderen anzuhören, warum man keine Karten bekommen hat. Sehr hilfreich ist bestimmt die von den Trainern vorgeschlagene „Feedback-Formel". Mir fällt das Feedback-geben sehr schwer, besonders als Sepp die Runde gegen den Uhrzeigersinn macht und er mich als zweiten darum bittet. Ich habe den Eindruck, als ob sich – mit einer Ausnahme – die meisten Feedback-geber bei den beiden dafür entschuldigten, daß sie ihnen keine Stimme gegeben hatten. Ich kann mich auch nicht ganz davon ausnehmen, obwohl der Vorgang eigentlich ganz normal ist, denn jeder von uns hatte ja nur zwei Karten zu vergeben. Derlei Gedanken wirken auch bei anderen nach, so fragt mich beispielsweise bei anderer Gelegenheit am Nachmittag Ralf ganz direkt, warum ich ihm keine Karte gegeben habe, und bittet mich um Feedback. Er schließt in seine Frage die Feststellung mit ein, daß wir bisher noch so gut wie keinen Kontakt miteinander hatten. (Es ist für mich etwas überraschend, daß Ralf offensichtlich Kontakt zu mir sucht – warum gerade jetzt? – ich registriere es nur als Tatsache, ohne zunächst mein Verhalten darauf einzustellen.) In meinem Feedback versuche ich Ralf verständlich zu machen, daß er eben nicht unter den ersten beiden Positionen in den jeweiligen Bereichen war, ohne ihm allerdings sagen zu können, – weil es mir selbst nicht klar ist – an wievielter Stelle ich ihm eine Karte gegeben hätte (lediglich bei „Einfluß" hatte ich ihn in meinen Überlegungen mitbedacht). Ferner mache ich ihm deutlich, daß bei zuvielen Kontakten in der Zeit bisher – es ist erst der dritte Seminartag – zwangsläufig alle nur oberflächlich sein müßten, und daß ich es vorziehe, lieber weniger Beziehungen zu haben, diese dafür aber intensiver und tiefer, ohne daß ich deswegen andere vor den Kopf stoßen möchte.

Wir lernen auch Gruppenkonflikte kennen. Als die Soziogramme grafisch dargestellt werden, zeigt es sich, daß zwischen manchen Gruppenmitgliedern gegenseitige Beziehungen bestehen. Bei einigen ist es sogar zweifach der Fall: Traudi, Willi, Sylvia, Martin und ich. Hans bittet uns, in einer Kleingruppe zu überlegen, wie es dazu gekommen sein kann. Wir gehen hinaus, ich gehe mit in der Annahme, daß die anderen drei Bereiche des Soziogramms ähnlich analysiert werden sollen. Doch die Trainer lassen den Rest der Gruppe wieder einmal im „Vakuum" und erreichen damit, daß uns die anderen nicht mehr „mögen". Als wir zurückkommen, haben sie sich demonstrativ in eine Ecke zurückgezogen und schicken uns wieder heraus. Brav marschieren wir wieder vor die Tür und beraten über die neue Lage. Erst beim zweiten Anlauf werden wir wieder „aufgenommen". Die Diskussion über die Konfliktsituation ist sehr aufschlußreich, es war eigentlich für keinen aus unserer Runde mit einem positiven Gefühl verbunden, daß einige von den anderen getrennt wurden. Es zeigt, wie stark das Gruppengefühl bereits ist, wobei die getrennten Gruppen – jede für sich – vorübergehend sich noch stärker solidarisierten.

Das „Wüsten-Spiel" wird in zwei Gruppen durchgeführt. Nach der Lösung der Aufgabe durch jeden Einzelnen finden sich Martin, Alfred, Christian, Sepp, Sylvia und ich in einer Gruppe zusammen mit Udo als Beobachter, da er das Spiel schon kennt. Die anderen bilden die zweite Gruppe. Bei uns setzt sich zunächst Alfred sehr stark dafür ein, daß wir nach der „Bruchlandung" beim Flugzeug bleiben. Er übernimmt damit fürs erste die Führung in einer Weise, die für die anderen akzeptabel ist. Später hält er sich wieder zurück, es hat wechselnd jeder Gelegenheit, die Teamarbeit zu führen, so daß wir relativ leicht in den meisten Entscheidungen zu einem Konsens kommen. Nur bei Sepp habe ich manchmal das Gefühl, daß er nicht überzeugt, sondern eher „demokratisch" einem Vorschlag zustimmt. Jedenfalls sind unsere Überlegungen stets von sachlichen Gesichtspunkten getragen, aber auch davon, daß wir den Argumenten einzelner zuhören konnten. Das Ergebnis spiegelt unsere Arbeit wieder. In der anderen Gruppe gab es Konflikte, die möglicherweise das Resultat negativ beeinflußt haben. Interessant, daß sich bei der Besprechung des Verlaufs der Gruppenarbeit diese Konflikte fast in gleicher Weise wiederholten. Die Trainer brechen sie ab und lenken unsere Gedanken auf die Frage, wie sich Konflikte lösen lassen.

Wie nötig es ist, sich in der Konfliktlösung zu üben, zeigt eine der nächsten T-Gruppen, in der nach kurzen Umwegen der Konflikt zwischen Peter und Traudi diskutiert wird. Sehr schnell wird deutlich, daß es sich ganz stark um Peters Probleme handelt, die hier zu Tage treten. Er manövriert sich immer mehr in eine Außenseiterposition hinein, aus der er im Augenblick wohl nicht mehr allein herausfinden kann. Vielleicht verläuft die ganze Entwicklung so kraß, weil ihm die ganze Gruppe ehrlich helfen möchte, er sich aber in die Enge getrieben fühlt. (Einmal sagt er: . . . ihr wollt mich ja nur zum seelischen Offenbarungseid zwingen . . . oder ähnlich.) Hans malt eine Dreiecksbeziehung "Retter – Verfolger –Opfer" an die Tafel und zeigt auf, wer in der Diskussion gerade welche Rolle einnimmt. Es ist geradezu faszinierend, wie Peter je nach Lage zwischen Verfolger und Opfer hin- und herpendelt. Wir anderen spielen immer die Retter. Einmal steigt Hans selbst in ein Spiel mit Peter ein und zeigt dann Ärger. Auch das bleibt bei Peter ohne Wirkung, worauf sich Reinhard ins Geschehen einschaltet, eine neue Variation ins Gespräch bringt. (Dies ist auch ein Beispiel, wie gut sich unsere Trainer ergänzen und unabgestimmt in der aktuellen Situation miteinander harmonieren.) Etwas später schlägt Hans vor, Peter solle sich zwei Mitglieder aus der Gruppe wählen, zu denen er Vertrauen habe, und mit ihnen dann die ganze Sache noch einmal besprechen. Peter wählt Martin und mich, wir gehen hinaus. Peter sagt spontan, er habe die Argumente der Gruppe wohl eingesehen, sie aber nicht akzeptieren wollen. Martin und ich spielen uns im Gespräch mit Peter gegenseitig die Bälle zu, irgendwann habe ich den Eindruck, daß Peter „geknackt" ist, daß er einsieht, nur selbst etwas an seinem Zustand ändern zu können. Viele Gedanken sprudeln nur so aus ihm heraus. Als kurz darauf Traudi zu uns herauskommt, weiß ich, daß der Konflikt gelöst ist, Martin und ich kehren zur Gruppe zurück.

Die Gespräche und die sozialen Beziehungen untereinander werden immer dichter. Ich bin erstaunt, wie sehr ich dadurch körperlich tangiert werde, manchmal gehe ich richtig ausgepumpt zum Essen.

Die Übung „Nonverbale Kommunikation" wiederholt die Gruppensituation vom ersten Seminartag, Vorschläge werden eingebracht, teils aufgegriffen, teils nicht beachtet, durch andere ersetzt. Das ganze artet zum Schluß zur reinen Toberei aus, intensive Kommunikation stellt sich nicht ein, nur einmal ist die ganze Gruppe beisammen, ansonsten nur kleine, in der Zusammensetzung stets wechselnde Grüppchen. Die Trainer bescheinigen uns hinterher viel Kreativität und Spontanität, ich sehe den Sinn dieser Übung eher in einer Art „Dampf ablassen" nach den zurückliegenden Vorgängen.

Mit der Übung, mich in einen Gegenstand hineinzuversetzen, kann ich nicht viel anfangen, Martin ging es offensichtlich ähnlich („Ich konnte mir nicht vorstellen, ein Ringbuch zu sein."). Bei den Fingerkontakten sind meine Eindrücke gemischt. Der Kontakt zu Christian – ich weiß erst hinterher, daß er es ist – hinterläßt eine positive Empfindung bei mir, es ist fast schade, als wir uns einen anderen Partner suchen müssen. Die anderen Begegnungen berühren mich nicht weiter, vielleicht liegt es daran, daß ich in einen „Viererclub" hineinkomme, d. h. an der rechten und linken Hand jeweils einen anderen Partner habe und mich auf keinen so recht konzentrieren kann. Insgesamt finde ich, daß diese Übung nicht so gut in den Rahmen des Seminars mit hineingehört.

Wir haben uns am ersten Seminartag einen „Seminar-Schatten" ausgesucht. Martin und ich haben uns eine Woche gegenseitig beschattet. Am letzten Tag steht uns etwas mehr als eine Stunde zur Verfügung, um unsere Gedanken und Beobachtungen auszutauschen. Das

Gespräch bei einem Spaziergang in der unmittelbaren Umgebung unserer Seminarstätte verläuft genauso zwanglos und selbstverständlich wie alle unseren bisherigen Kontakte. Ich glaube, wir haben beide zueinander die Einstellung „Ich bin o. k. – Du bist o. k.". Obwohl wir gar nicht so häufig miteinander Kontakte hatten, ist unsere Übereinstimmung so groß, ist unsere Kommunikationsbasis so breit, daß ich mir oft überlege, wie sie in den wenigen Tagen entstanden sein möge. Ich beende das Gespräch einerseits mit einem sehr positiven Gefühl, habe aber auf der anderen Seite das Bedürfnis nach einer Fortsetzung.

Die „Briefkastenstunde" – wir lesen die am ersten Tag an uns selbst geschriebenen Briefe mit Eindrücken über die anderen Teilnehmer sowie Prognosen über die erwarteten Kontakte zu ihnen vor – bringt mir zusätzliche Erfahrungen. Die meisten von uns revidierten ihre ersten Einschätzungen über viele Gruppenmitglieder. Für mich selbst am frappierendsten ist meine Bemerkung über Traudi. Ich hatte sie als oberflächlich und nur auf Äußerlichkeiten bedacht bezeichnet und nur am Rande zu ihr Kontakt erwartet. Heute weiß ich, daß in allen Punkten das ganze Gegenteil der Fall ist. Andere meiner ersten Eindrücke haben sich bestätigt. In vielen Fällen wird das Vorlesen der Briefe zum Feedback. So spüre ich z. B., daß Karlheinz – er gab mir im Soziogramm eine Vertrauenskarte – etwas enttäuscht ist von mir. Als Ralf mit seinem Brief zu mir kommt, weiß ich aus seinen Worten, daß er ernsthaft und ehrlich eine Beziehung zu mir aufbauen wollte und noch will. Insgesamt erzeugt die Briefkastenstunde bei den meisten eine sehr starke Abschiedsstimmung. Das ist ganz deutlich aus vielen Bemerkungen und aus den bewegten Stimmen zu spüren. Bis ins Innerste bewegt bin ich, als Sylvia nicht in der Lage ist, ihren Brief vorzulesen. Sie hat wohl durch das Seminar den Anstoß bekommen, ihr gesamtes bisheriges Verhalten zu verändern. Diese Erkenntnis hat sich bei ihr wohl in den Schlußminuten konzentriert, und das ist mehr, als ein Mensch normalerweise ertragen kann. Es ist hart, aber absolut richtig, daß Hans keine Hilfe aus der Gruppe zuläßt. Sylvia wird so aus eigener Kraft den Weg finden und so gleich ein positives Erlebnis haben. Außerdem hat sie nach Schluß des Seminars noch verständnisvolle Gesprächspartner.

Die „Nach-Hause-Übung" hinterläßt bei mir einen starken Eindruck, sie ist gleichzeitig ein positives Erlebnis. Sie ist unbedingt wichtig im Seminar. Die Rollenspiele nehmen Situationen zu Hause vorweg. Traudi ist gleich zweimal dabei, einmal als „Ehefrau" und einmal – zusammen mit Reinhard – als „Kind". Es ist kennzeichnend für sie – ich bewundere das immer wieder – wie sie den Mut aufbringt, sich neuen Situationen zu stellen, und wie sie sich darin bewährt. (Reinhard und Traudi waren für Sylvia bestimmt „gute" Kinder, die ihr die Rückkehr-Situation erleichterten.) Bei der Übung „Offener Posten" ist es für mich gar keine Frage, noch einmal mit Ralf zu sprechen. Er weiß jetzt, daß auch ich mit ihm den Kontakt ausbauen möchte.

Das anschließende Mittagessen ist in seinen Gesprächen deutlich geprägt vom Geschehen unmittelbar davor (auch die oft nur halb gegessenen Portionen zeugen davon). Da das Seminar länger als geplant dauert, muß ich sofort nach dem Essen abreisen – schade, aber der Sprung ins kalte Wasser hat auch etwas für sich.

Gruppendynamisches Training in Organisationen

Gerhard Schwarz

- Elimination oder Bewältigung von Widersprüchen
- Individuum und Paar
- Paar und Gruppe
- Gruppe und Organisation

Elimination oder Bewältigung von Widersprüchen?

Das klassische System der Hierarchie scheint heute die Grenze seiner Leistungsfähigkeit erreicht zu haben. Komplexe Aufgaben verlangen immer selbständigere Mitarbeiter. Die pluralistische Gesellschaft mit ihren großen Spielräumen, aber auch großen Unsicherheiten verlangt immer freiere Menschen. Das Wirtschaftsystem verlangt nicht mehr notwendig die Einteilung in Obertanen und Untertanen, um funktionieren zu können. Vielen Menschen erscheint der Preis, den die Hierarchie für ihr Funktionieren verlangt, nämlich Herrschaftsstruktur zu akzeptieren, einfach zu hoch.

Auf der anderen Seite erweist sich die Hierarchie als praktikables, ja vielleicht sogar notwendiges Ordnungsprinzip. Wie kann eine arbeitsteilige Gesellschaft anders organisiert werden als durch Über- und Unterordnung? Wie können viele verschiedene Meinungen und Bedürfnisse auf einen Nenner gebracht werden, außer dadurch, daß eine zentrale Instanz entscheidet?

Die beiden Prinzipien widersprechen einander. Man könnte meinen, eine komplexe Gesellschaft braucht immer freiere Menschen, die gemeinsam über die wichtigsten Probleme des Zusammenlebens entscheiden. Aber er gibt auch das Gegenteil: eine komplexe Gesellschaft braucht immer übersichtlichere und zentralere Informations- und Entscheidungsstrukturen, um Ordnung aufrechterhalten zu können.

Die subjektive Seite dieses Widerspruchs erleben wir täglich: wir tauschen unsere Freiheit (des Handelns, der Zeiteinteilung, der Meinungsäußerung) gegen die Sicherheit eines Arbeitsplatzes ein. Mehr Freiheit bedeutet weniger Sicherheit. Dies könnte man als die goldene Regel der hierarchischen Ordnung bezeichnen. Jeder von uns *balanciert* diesen Widerspruch irgendwie in seinem Leben aus. Um die Karriere nicht zu gefährden, arbeitet der eine länger oder mehr, als ihn eigentlich freuen würde. Oder um doch noch mit der Familie sein zu können, verzichtet der andere auf ein karrieristisches Fernziel, das er vielleicht sowieso nicht erreicht hätte.

Die arbeitsteilige Hierarchie und das mit ihr notwendig verbundene Leistungsprinzip (denn es hat keinen Sinn, den Blinden auf den Ausguck und den Schwerhörigen auf einen Horchposten zu entsenden), bringt uns in einen Grundwiderspruch: Wie können wir unsere Bedürfnisse zugleich mit der von uns geforderten Leistung verwirklichen?

In der Schule haben wir das Lösungsprinzip gelernt, das Hierarchien für Widersprüche anbieten. Man nennt es logisch und es besagt: Von zwei einander widersprechenden Aussagen ist mindestens eine falsch. Das heißt: bei Auftreten eines Widerspruchs haben wir uns zu entscheiden, welche der beiden Seiten ist richtig und welche ist falsch. Das Problem dabei ist: wir müssen dieses Prinzip auch anwenden, wenn wir nicht genau wissen, welche nun eigentlich die richtige und welche die falsche Seite ist. Es kommt in unserem Leben sogar oft vor, daß beide Seiten für uns eine gewisse Richtigkeit haben. Die der Organisation verpflichtete Logik verlangt jedoch: Entscheide dich für eine der beiden Seiten: „Entweder – oder!"

Mit dieser Elimination des Widerspruchs wird nur sehr oft auch ein Teil der Realität unterdrückt oder eliminiert. Er bleibt als unbewältigter Rest in unserem weiteren Handeln, wird oft verdrängt oder „magerlt" und quält uns weiter: Wäre die andere Entscheidung nicht vielleicht doch besser gewesen?

Dazu ein Beispiel: In den gruppendynamischen Sitzungen tritt oft schon am Anfang das Autoritätsproblem auf, etwa in der Form: „Sollen wir einen Diskussionsleiter wählen oder nicht?" Der Trainer, von dem am Anfang meist die wichtigste Autoritätsfunktion erwartet wird, ist in diesem Punkt aber abstinent und bringt die Gruppe damit in einen Widerspruch: Sie erwartet Hilfe von einer Autorität sozusagen außerhalb der Gruppe (dies gelänge auch durch „Hinauswählen" eines Gruppenmitgliedes in eine Diskussionsleiter = Autoritätsfunktion), will aber gleichzeitig das Problem selber lösen. Wie immer die Entscheidung fällt, eine Seite des Widerspruchs ist eliminiert worden, und es dauert nicht lange bis sich „herausstellt", daß es die falsche war. Meist gibt es in diesem Punkt wie auch, in vielen anderen zwei Parteien in der Gruppe, die jeweils exclusiv eine Seite des Widerspruchs vertreten. Selbst bei noch so „demokratischer" Abstimmung ist es meist ein Leichtes für die unterlegene Partei, im Nachhinein zu zeigen, wie „falsch" die getroffene Entscheidung war und wie richtig vermutlich die verworfene Seite des Widerspruches gewesen wäre.

Nehmen wir an, die Gruppe hat sich entschieden, ein Mitglied der Gruppe als Autorität anzunehmen, und folgt nun seinen Vorschlägen, etwa: „Jeder soll seinen Beruf nennen und beschreiben." Die neue Autorität wird das Problem der Gruppe (Umgang mit Widersprüchen) sicher nicht lösen und damit kommt die Autorität notwendig wieder ins Wanken.

Die Gruppe hätte sich aber genauso anders entscheiden können: „Wir bestimmen keinen Diskussionsleiter." Ohne daß diese Funktionen wahrgenommen werden, kommt die Gruppe nur noch tiefer und rascher in eine Krise, in der sicher Stimmen laut werden: „Hätten wir doch einen Diskussionsleiter gewählt."

Damit wird für viele Menschen zum ersten Mal in einem Gruppendynamikseminar sichtbar und erlebbar, daß die von unserer Logik verlangte Elimination der Widersprüche keine Bewältigung dieser Situation darstellt.

Die Methode, diesen Lernprozeß einzuleiten, ist die dynamische Reflexion der „Hier- und Jetzt"-Situation und wird „feedback" genannt.

Diese Methode wird von den meisten, vor allem von jenen, die sie das erste Mal erleben,als schwierig und anstrengend empfunden. Die zu einer bestimmten Situation im Augenblick vorhandenen Gefühle und Meinungen, „sollen" – „dürfen"(?) geäußert werden. Dies ist zumeist ungewohnt. Denn die Gefühle der Menschen können in hierarchischen Organisationen, wo es um „Sachen" geht, nicht sehr berücksichtigt werden. Sie sollen als einer der wichtigsten Widerspruchserzeuger eben besser ausgeklammert bleiben. Mehr oder weniger deutlich ausgesprochen gibt es das Vorurteil, daß die Effizienz hierarchischer Strukturen unter anderem darauf beruht, sich gerade nicht um die Bedürfnisse und Wünsche der in der Hierarchie Organisierten zu kümmern, sondern eher diese einem übergeordneten Ziel unterzuordnen. Die Zustimmung der Menschen wird auf dem Weg der Abhängigkeit („wenn es ihnen nicht paßt, können sie ja gehen") und ohne Diskussion der Probleme auf breiter Basis erreicht.

In hierarchischen Organisationen „soll" deswegen möglichst wenig über die Struktur oder über die „Hier- und Jetzt"-Situation diskutiert werden. Statt dessen steht das Ziel sachlicher Arbeit an erster Stelle.

Gruppendynamische Laboratorien bringen den Teilnehmer hingegen insofern in eine Ausnahmesituation, als gerade dieses Tabu durchbrochen wird. Die „Hier- und Jetzt"-Situation und damit der Widerspruch ist Thema und eigentlich Ziel der Diskussion. Was dabei gelernt werden kann, ist nicht die Elimination, sondern die Bearbeitung und daraus folgend die Bewältigung von Widersprüchen, die besonders im Bereich der zwischenmenschlichen Beziehungen unvermeidbar, ja sogar höchst notwendig sind. *Anders ausgedrückt:* Die einem Gruppenprozeß unterworfenen Mitglieder einer Gruppe lernen sich einer neuen Logik zu bedienen, die von der hierarchischen Organisation zu unterscheiden ist.

Diese neue Logik soll auch widersprüchliche Gefühle zulassen wie etwa, daß jemand selbständig sein will und dennoch gerne die Sicherheit einer Autorität hätte. Oder daß er sich vor einem Gruppenmitglied fürchtet und dennoch gerne näher mit ihm/ihr bekannt sein möchte usw.

Um solche Situationen bewältigen zu können, müssen sie zunächst bewußt und zugelassen werden. Unsere Kultur hat uns in dieser Hinsicht stark geprägt. Ich habe festgestellt, daß gruppendynamische Prozesse in anderen Kulturkreisen mit diesen Prägungen („entweder–oder") viel weniger zu kämpfen haben als bei uns. Am Anfang jeder T-Gruppe stehen bei uns langwierige Prozesse, um dahinter zu kommen, nicht was das Ziel (rational) ist, sondern wo die Bedürfnisse liegen. Nicht immer zu sagen, was „man" will, sondern was „ich" will usw.

Viele haben gelernt, sich selbst altruistisch zurückzunehmen. Aber es ist eine Illusion zu glauben, daß dies wirklich möglich ist. Irgendwo, unter Umständen sehr versteckt, kommt das Ego doch wieder heraus. Warum dann nicht gleich damit in die Gruppe gehen? Doch bis dahin ist ein weiter Weg.

Die Methode, mit deren Hilfe es gelingen soll, auch ambivalente oder widersprüchliche Identitäten bei sich und bei anderen zuzulassen, ist die Reflexion des Hier und Jetzt. Dabei stellt sich heraus, daß schon das Thematisieren der Situation, erst recht das *Besprechen und Bearbeiten der angebotenen Emotionen, die Situation selber verändert.* Am deutlichsten wird dies meist beim Soziogramm. Würde man eine Stunde nach der Veröffentlichung eines Soziogrammes ein zweites machen, so hätte sich die Position vieler Gruppenmitglieder bereits wieder verändert und zwar „allein" durch die Besprechung der Situation. Die Rückkoppelung einer Struktur an die Mitglieder dieser Struktur verändert die Situation. Eine neuerliche Rückkoppelung der also veränderten Situation verändert diese wieder usw. Der so entstehende Veränderungsprozeß heißt in der Gruppendynamik: *Gruppenprozeß*. Betrifft die so zustande gekommenen Veränderung eine Organisation, wird sie gruppendynamische Organisationsentwicklung oder auch „Organisationsdynamik" genannt.

Der durch Rückkoppelung erzeugte Gruppenprozeß kann sowohl für Lernprozesse in gruppendynamischen Laboratorien als auch für die Veränderungen von Gruppen und Organisationsstrukturen verwendet werden. Am effizientesten ist die Kombination beider: Als Voraussetzung für eine Organisationsentwicklung wird den Hauptakteuren zunächst der Besuch eines oder mehrerer Gruppendynamiklaboratorien empfohlen.

Das Thematisieren der „Hier- und Jetzt"-Situation sowie das Zulassen von Emotionen und Widersprüchen hat bei uns eine sehr große Hemmschwelle zu überschreiten. Sie zu überwinden ist die Aufgabe der ersten zwei bis drei Tage eines gruppendynamischen Laboratoriums. Sie findet sich als Frustrations- oder Leerlaufphase in fast allen Teilnehmerbeurteilungen wieder. Von dem einfachen Vorschlag, die ersten zwei Tage einfach wegzulassen bis zu den verschiedensten Experimenten über den Anfang einer T-Gruppe, gibt es eine große Auswahl von Versuchen und Überlegungen, diese „Frustrationsphase“ zu mildern oder zu vermeiden.

Es ist jedoch zu vermuten, daß gerade in dieser Phase sehr wichtige Lernprozesse – oft auch für den Trainer weniger sichtbar – stattfinden. Die allererste Sitzung fällt hier insofern aus dem Rahmen, als sie etwas wie eine Ouvertüre darstellt. In ihr klingen alle Themen an, die später im Laufe der Woche für die Gruppe wichtig werden. Man kann durch eine genaue Analyse der ersten Sitzung schon über die Themen, teilweise über die Art ihrer Behandlung, sicher aber über die Konstellation der Personen und über die Struktur der Gruppe ziemlich genaue Aussagen bzw. Voraussagen machen.

Von der zweiten Sitzung an beginnen die Widerstände wirksam zu werden. Es gibt keine Gruppe, die nicht einmal flüchtet. Sogar eine Gruppe von gruppendynamischen Trainern, an der ich einmal teilnahm, unterlag dieser Gesetzmäßigkeit.

Diese Fluchttendenz hat viele Gründe. Ich habe sicher erst einige davon verstanden. Einmal die ungewohnt neue Situation. Meist wird die Gruppe ja neu zusammengestellt, und es sind Mitglieder dabei, die man nicht kennt. Unsicherheit in neuen Situationen pflegen die Menschen leichter auszuhalten, wenn es ihnen gelingt, dabei altbekannte und geübte Verhaltensweisen anzuwenden (bis hin zu den Übersprungshandlungen, die beruhigen, weil sie gewohnte Tätigkeiten sind). Gerade dies wird aber vom Trainer unterbunden; die traditionellen Konferenzsituationen (mit Vorsitz, Thema, Wortmeldungen) sollen nicht über die Unsicherheit hinweghelfen. Was von der Gruppe verlangt wird, ist die neue Situation auch mit neuen Verhaltensweisen zu beantworten. Dagegen entwickelt sich meist Widerstand.

Weiter wird, wie schon erwähnt, das Tabu der Hierarchie durchbrochen, indem über die „Hier- und Jetzt“-Situation sowie über Strukturen gesprochen wird.

Die ungenügende Übernahme von Gruppenfunktionen durch den Trainer sowie die Angst, sich zu exponieren, dürften weitere Gründe für den Widerstand sein. Die Befürchtung, mehr feedback zu bekommen, als einem lieb ist, dürfte schließlich nicht nur bei Gruppenmitgliedern, sondern auch beim Trainer ein weiterer Grund sein, sich eher zurückzuhalten.

Hauptquelle des Widerstandes sind aber vermutlich die Ambivalenzen im Bereich der Gefühle und die Widersprüchlichkeit der Situation. Der gewohnte Ausweg, Eindeutigkeit herzustellen, wird vom Trainer destruiert oder gar verhindert. So bewirkt etwa das bewährte Mittel der Abstimmung oft das Gegenteil von dem, was es soll: Differenzen werden nur noch deutlicher. Der Verdeutlichung der – so vorhandenen – Gegensätze dienen auch die verschiedenen Übungen, die die T-Gruppensitzung unterbrechen: Aquarium, Zeichnen eines Bildes oder Darstellen der Situation durch die Gruppen.

Die Institution der Seminarorganisation wirkt mit all diesen Interpretationen analytisch, reflektierend und Widersprüche aufdeckend. Sie steht damit im Gegensatz zur entlastenden Funktion der Institution in hierarchischen Organisationen. Die von der institutionellen Logik verlangte Eindeutigkeit entlastet den Einzelnen von seinen eigenen Ambivalenzen und Widersprüchen ja auch dann, wenn dabei wesentliche Anteile geopfert werden müssen. Sicherheit geht hier vor Reichtum.

Das Erlebnis der Widersprüchlichkeit auch in sich und in der Gruppe wirkt dagegen eher belastend. Viele Teilnehmer von gruppendynamischen Seminaren berichten über nervliche Belastung während des Seminars.

Welche sind aber nun die Widersprüche im Menschen in der Gruppe und in Organisationen, die durch einen reflexiven Gruppenprozeß herausgearbeitet werden?

Zunächst sind es die unterschiedlichen Gefühle und Bedürfnisse, aber auch Projektionen, die ein Gruppenprozeß bei den Teilnehmern auslöst. Wenn es um ein gemeinsames Sachthema geht, etwa in einer Konferenz, in der die Gefühle und Interessen nicht oder nur über Sachen verschleiert geäußert werden dürfen, kann eine Gruppe eine viel einheitlichere Meinung entwickeln, als wenn es um Gefühle, Bedürfnisse oder Projektionen geht.

Durch die Gruppenprozesse werden bei den Mitgliedern der Gruppe Emotionen aktiviert, die oft weit in die Vergangenheit und gelegentlich auch in tiefere Schichten der Persönlichkeit reichen, als dies bei Sachthemen je der Fall sein kann. Wie Untersuchungen ergeben, pflegen sich Teilnehmer an affektive Gruppensituationen oft viele Jahre nachher ziemlich genau zu erinnern, während kognitiv Gelerntes – das oft im Augenblick sogar eine bessere Bewertung bekommen hat – nach wenigen Monaten aus dem reproduzierbaren Gedächtnis verschwunden ist.

Auf der anderen Seite besteht gerade durch den affektiven Prozeß die Möglichkeit, eine Einheit in der Gruppe herzustellen, wie es wieder ein Sachthema nicht zu leisten vermag. Die emotionale Partizipation, von der Anteilnahme an den Gefühlen der anderen bis zu einer weitestgehenden gefühlsmäßigen „Gleichschaltung" einer Gruppe (z. B. einem Außenstehenden gegenüber), kommt irgendwann in jeder guten Gruppe; dies ist der Punkt, an dem alle das Gefühl haben dazuzugehören. Irgendjemand sagt immer: „Nun sind wir eine Gruppe".

Doch auch dieses Gefühl der weitgehenden Harmonie währt nicht lange, wenn der Gruppenprozeß weitergeht. Erneut werden die Beziehungen widersprüchlich und problematisch.

In einem weiteren Bereich treten Widersprüche auf: durch das feedback. Das „normale" rituelle feedback in unserer Öffentlichkeit, auch Höflichkeit genannt, bemüht sich herauszufinden, was der Interaktionspartner gerne hört, um ihm dies dann zu sagen. Sinn der Höflichkeit ist es, ein gutes Kooperationsklima zu schaffen und von den persönlichen oder zwischenmenschlichen Problemen abzusehen. Dies ist auch oft notwendig, wenn es um eine Sache geht. Man sagt seinem Gegenüber nicht, was man sich wirklich denkt, sondern versucht, sein eigenes Selbstbild zu verstärken. Dadurch werden die Widersprüche eliminiert, die sofort auftreten, wenn Selbstbild und Fremdbild (im feedback) nicht übereinstimmen. Besonders intensiv erleben diese Widersprüche alle jene Vorgesetzten, denen die Untergebenen, die ja abhängig sind, sich nicht zu sagen trauen, was sie sich denken. Die Teilnehmer eines gruppendynamischen Laboratoriums haben diese Zurückhaltung weniger – sie sind ja auch nicht abhängig, wodurch dieser Widerspruch oft mehr aktiviert wird, als dem Betroffenen recht ist.

Dazu kommt, und dies ist der nächste notwendige Widerspruch, daß man in der Gruppe zunächst auf einen Reifezustand zurückfällt, den man längst glaubt überwunden zu haben. Es stellt sich nämlich heraus, daß viele Teilnehmer eines gruppendynamischen Lernprozesses am Beginn aus einem Kindheits-Ich heraus argumentieren. „Geben Sie uns doch bitte ein Thema!“, „Definieren Sie doch bitte das Ziel!“, „Was sollen wir denn hier (alleingelassen von Vater und Mutter) machen? “ Sie begeben sich auch vielfältig in das Stadium: „Du bist o.k., ich bin nicht o.k.“ der Autorität oder der Gruppe gegenüber. Es ist wichtig zu wissen, daß in diesem Dependenzstadium echtes feedback noch nicht möglich ist, obwohl es oft verlangt wird: „Die Gruppe soll mir sagen, wie sie mich findet.“ Nimmt weder der Trainer noch irgendein anderes Gruppenmitglied diese Vater/Mutterrolle an, kommt die Gruppe rasch in die einer Art Gegenabhängigkeit. „Ich bin nicht o.k., aber du bist auch nicht o.k.“ ist die Devise des Zweifels an sich und der Autorität. In diesem Stadium kann man Äußerungen hören wie: „Alles was der Herr K. (oder der Trainer) sagt, ist Unsinn, wir sollten nicht darauf hören, der will uns höchstens provozieren usw.“

Der Widerspruch besteht darin, daß man gerne aus dem Erwachsenen-Ich heraus argumentieren möchte (Ich bin o.k., du bist o.k.), dies aber nicht zustande bringt, weil man noch nicht die Funktionen übernehmen kann, die dafür notwendig sind. Der Reifeprozeß – übrigens nicht nur in der T-Gruppe – muß immer durch den Widerspruch hindurch, daß ich die Instanz, von der ich Hilfe erwarte und auch erhalte, zugleich ablehne und überwinden muß, um reif zu werden. Nur wenn ich Entscheidungen auch gegen den ausdrücklichen Wunsch (oder Befehl) einer Autorität treffen kann, bin ich mir sicher, selbständig zu sein. Daß diese Opposition um der Opposition willen (besser um der Selbständigkeit willen) nicht Dauerzustand sein kann, ergibt sich aus der Tatsache, daß meist ein gemeinsames Ziel existiert, das nicht auf dem Wege der Opposition allein erreicht werden kann. (Siehe dazu auch den Beitrag: Jöbges, S. 26 3. Seminartag)

Die wichtigsten Widersprüche kommen aber aus der Konstellation der sozialen Interaktion selber. Sie sind meines Erachtens unvermeidlich und nur mit großen Kunststücken zu eliminieren. Es bestehen Widersprüche zwischen den Individuen, dem Paar, der Gruppe und der Organisation.

Individuum und Paar

Paarbildung bedeutet auf Teile seiner Individualität verzichten. Individualität bedeutet eine Paarbildung in Frage stellen. Das Paar widerspricht als soziale Assoziation einer ausgeprägten Individualität und umgekehrt. Auf der anderen Seite – und dies ist ein neuer Widerspruch – entspricht das Paar den Bedürfnissen des Individuums, z. B. nach Einheit. Etwas, was zwei gemeinsam erleben oder wollen, gibt dem Individuum mehr Sicherheit als das, was er allein will. Paarbildung entspricht und widerspricht gleichzeitig dem Individuum.

In der Gruppe tritt dieser Widerspruch meist dann auf, wenn jemand eine von der Gruppe abweichende Meinung vertritt und für diese einen Bundesgenossen sucht. „Pairing“ ist zugleich Abwehr von Individualität und Überwindung von Einsamkeit. Einsamkeit ist sozusagen die negative Seite der Freiheit des Einzelnen. Die Freiheit muß der Paarbeziehung geopfert werden, um die Vorteile der Zweisamkeit zu genießen. Die Paarbeziehung muß geopfert werden, um die Vorteile des Alleinseins genießen zu können.

Paar und Gruppe

Noch viel eifersüchtiger als ein Ehemann auf den Nebenbuhler ist eine Gruppe auf eine Paarbeziehung in ihr. Hier leuchtet bei fast allen Gruppenmitgliedern ein Alarmlicht auf. Wenn zwei sich absondern, immer gemeinsam auftreten, womöglich sich außerhalb der Gruppe treffen oder sogar Strategien absprechen, wird dies als Zerstörung der Gruppe empfunden. Man hat das Gefühl, „die zwei" halten die Gruppe nicht aus und ziehen sich in eine intime Zweisamkeit zurück. Die Zweisamkeit schützt gleichzeitig vor Einsamkeit und vor der Gruppe. Andererseits gewährt die Gruppe auch wieder sowohl dem Einzelnen gegen die Individualität zu sehr einschränkender Paarbeziehung Schutz als auch gegen die „Einsamkeit" einer Zweierbeziehung, die immer nur kurze Zeit im „luftleeren Raum" existieren kann.

Gruppe widerspricht und entspricht sowohl dem Einzelnen als auch dem Paar. Was im Erleben und in der Bearbeitung dieser Widersprüche gelernt werden kann, ist beim Paar zunächst die Beziehung. Das Ausbalancieren zwischen Selbstbestimmung und Aufgabe der Freiheit. Die Freiheit muß man allerdings erst einmal haben, um sie in einer Paarbeziehung aufgeben zu können. Dies ist die Funktion des Ablösungsprozesses von den Eltern.

Die Gruppe mit ihren Widersprüchen stellt eine neue Dimension des sozialen Lernens für einen Menschen dar: *er lernt, Beziehung von Beziehung zu erleben und zu bearbeiten.* Diese Konstellation ist im Grunde ja schon in der Familie angelegt. Der Nebenbuhler, auf den ein Ehemann eifersüchtig ist, kann ja auch ein Kind sein, dem die Mutter plötzlich mehr Zuwendung gibt als dem Ehemann. Nicht selten haben Ehemänner, wenn sich die Zuwendung der Frau von ihm weg und zum Kind hin entwickelt, den Eindruck, sie haben bisher nur an Kindes Statt die Zuwendung bekommen.

In diesem Fall beeinflußt die Beziehung der Mutter zum Kind die Beziehung des Mannes zur Frau. Widersprüche treten nicht zwischen Menschen auf, sondern zwischen Beziehungen. Dies ist, weil wesentlich mehrdimensionaler, in jeder Gruppe der Fall. Im Verlauf des Gruppenprozesses, aber frühestens nach dem Soziogramm, kommen diese Widersprüche zur Sprache. Das Soziogramm kann sowohl individuell ausgewertet werden („Welche Position habe ich in der Gruppe?") als auch im Hinblick auf Paarbeziehungen („Wer hat mir Vertrauen gegeben und wer nicht?") als auch im Hinblick auf Gruppenstrukturen („Welche Doppelbindungen hängen zusammen? "). Man erhält in diesem Fall das Beziehungsgeflecht der Gruppe. Die Entwicklung dieses Beziehungsgeflechtes wird am besten in einer Reihe aufeinanderfolgender Soziogramme (z. B. jeden Tag am Abend) untersucht, wie es in den Seminaren über Organisationsdynamik gemacht wird. Die Widersprüche zwischen Individuum, Paar und Gruppe sind Gegenstand der Gruppendynamik.

Gruppe und Organisation

Gruppen haben eine viel stärkere Tendenz, sich in sich abzuschließen als Paare. In der Form von Stammesverbänden waren Großgruppen sicher viele hunderttausende von Jahren das stabilste Element menschlichen Zusammenlebens überhaupt. Die Koordination von verschiedenen Gruppen in Organisationen ist eine sehr späte Leistung der Kultur gewesen, und bis heute ist fraglich, ob sie nicht überhaupt nur gelungen ist um den Preis der Zerstörung von Gruppen und Stammesverbänden.

Denn zwischen Gruppen und Organisationen dürfte der schärfste Widerspruch überhaupt existieren. Ich vermute, daß Gruppen in sich überhaupt keinen Grund haben, sich mit anderen Gruppen zu koordinieren. Der Grund muß immer von außen kommen, z. B. ein gemeinsames Ziel einer Organisation. In diesem Fall muß ein Abhängigkeitsverhältnis zwischen Gruppe und Organisation bestehen, damit Koordination möglich wird.

Der Widerspruch zwischen denen, die zur Gruppe gehören, und „den anderen" kann nur bearbeitet werden, wenn es gelingt, ihn in die Gruppe zu tragen. Dies ist etwa in einem Delegiertensystem der Fall. Ein solches System stellt ja auch die hierarchische Organisation dar. Allerdings ist in diesem Fall meist überproportional das Ziel der Organisation im Vordergrund, wogegen die Bedürfnisse der Gruppe in den Hintergrund treten. Dies geht soweit, daß viele hierarchische Organisationen sich von Gruppenbildung schon als solcher gefährdet fühlen. Organisationen zerstören Gruppen, Gruppenbildungen gefährden Organisationen. In Organisationen so ähnlich wie in Gruppen einen Reflexions- und Selbstbestimmungsprozeß in Gang zu bringen, ist wesentlich schwieriger, da die Möglichkeit, daß alle mit allen kommunizieren, nicht gegeben ist. Es geht dies daher nicht ohne System von Repräsentation. Eines der möglichen Repräsentationssysteme ist die Herrschaft. Man kann unterstellen, daß selbst in den ärgsten Sklavenhaltergesellschaften die Herren auch irgendwie den Bedürfnissen der Sklaven entgegengekommen sein müssen, weil sonst dieses System nicht funktioniert haben würde.

Die Frage ist nun die: Gibt es arbeitsteilige aber herrschaftsfreie Repräsentationssysteme, die den Widerspruch von Gruppen und Organisationen bearbeitbar machen?

Um diese Frage beantworten zu können, ist zunächst zu untersuchen, wie Gruppen mit dem Widerspruch der Repräsentation fertig werden können.

Repräsentation bedeutet, daß ein Mitglied der Gruppe zugleich dieser Gruppe und einer anderen Gruppe angehört. Es vertritt z. B. in der Gruppe I die Interessen der Gruppe II und in der Gruppe II die Interessen der Gruppe I.

Nimmt man an, daß mehrere Delegierte verschiedener Gruppen sich zu einem Entscheidungs- oder Informationsmeeting treffen, dann geht der Delegierte weg als Vertreter seiner Gruppe und kehrt zurück als Vertreter der Delegiertengruppe, sofern wir annehmen, daß nicht alle Gruppen die gleichen Meinungen und Interessen vertreten.

Wie man sieht, ist die Hierarchie auch nur eine Weise, diesen Widerspruch zu organisieren. In ihr wird festgelegt, daß im Zweifelsfalle der Delegierte als Repräsentant der Gruppe I gegenüber der Gruppe II recht hat (Vorgesetztensystem). Entschieden wird von oben nach unten. Die Linie von unten nach oben, die dieser widerspricht, wird meist vernachlässigt. Der Preis dieser Vernachlässigung oder der Elimination dieses Widerspruchs ist die wesentlich geringere Flexibilität der Hierarchie in allen Fragen, in denen die Akzeptanz einer Entscheidung durch die Mitarbeiter eine Rolle spielt. Sehr eindrucksvoll führen ja die Asiaten (besonders die Japaner) die Vorteile der Zweibahnsysteme in Hierarchien vor.

Hierarchien eliminieren den Widerspruch in der Frage: Wer hat recht, der Repräsentant einer Gruppe I in der Gruppe II oder der Repräsentant der Gruppe II in der Gruppe I? Wir vermuten, daß nicht die Elimination, sondern die Pflege und schließlich die Bearbeitung dieses Widerspruches einen wichtigen Beitrag zur Flexibilität einer Organisation darstellt (vergl. dazu Erlebnisstudie der Sparkassenorganisation in diesem Band).

Die organisations-dynamische Lösung dieses Widerspruches besteht zum Beispiel in den Installationen von Delegiertensystemen, die Streitfragen aufgreifen, ihre Hintergründe analysieren, mit diesen Analysen wieder in ihre Gruppen gehen, dort Lösungsvorschläge erarbeiten und mit diesen wieder in die Delegiertengruppe gehen. Dort werden die einzelnen Lösungsvorschläge modifiziert und wieder in die Gruppe zurückgegeben. Dies solange, bis Konsens in einer Sache erreicht wird. Bestimmte Widersprüche, wie der zwischen Außendienst und Innendienst oder der zwischen Technik und Verkauf, erweisen sich dabei oft als Dauerbrenner. In diesem Fall ist es das Ziel der Organisationsdynamik, die ständige Bearbeitung dieses Widerspruches zu institutionalisieren.

Teil 2

Trainingsentwicklung

Trainingsentwicklung am Beispiel eines Seminars*

Reinhard Breuel/Hans Rosenkranz

- Durch Verhaltenstraining werden Marketing-Konzeptionen effizienter
- Die Ziele des AV-Verkaufstrainer-Grundlehrganges
- Die inhaltliche und methodische Konzeption des Lehrganges
- Checklist – Kompetenzen sozialen und pädagogischen Handelns und Verhaltens

* Dieses Seminar wird mittlerweile durch das Trainer-Centrum-München, offen für Industrie, Banken, Versicherungen u. a. angeboten.

Durch Verhaltenstraining werden Marketing-Konzeptionen effizienter

Das Verkaufstraining für Mitarbeiter hat in den letzten Jahren große Bedeutung für die Durchsetzung der Marketing-Konzeption eines Unternehmens gewonnen. Wie Gerhard Schwarz in seinem Beitrag „Gruppendynamisches Training in Organisationen“ (s. S. 51) aufzeigt, stößt die herkömmliche Strategie eines Unternehmens, Probleme zu lösen, nämlich die Entscheidung von oben nach unten, an ihre Grenzen, wenn die Akzeptanz einer Entscheidung durch die Mitarbeiter eine wesentliche Rolle spielt. Ohne Zweifel ist dies dort der Fall, wo es um das Verhalten der Mitarbeiter innerhalb der Marketing-Konzeption geht: beim Service, der Kundenbetreuung, bei der Beratung und Bedienung.

Was nützt der bestmögliche Einsatz von Werbung und Verkaufsförderung, wenn am Point of Sale halbherzig agiert wird.

Ein Beispiel:

In einer Sparkasse ist eine Aktion „Plus-Sparen“ geplant. Die Instrumente Werbung durch Plakate, Prospekte, PR durch Vorstellen des neuen Produktes in Zeitungen und auf Pressekonferenzen, Verkaufsförderung durch einen Mitarbeiterwettbewerb werden dazu eingesetzt. Als Vertriebsweg sind Schreiben an die entsprechenden Zielgruppen und die Direktansprache am Schalter vorgesehen. Trotz aller Maßnahmen ist das Ergebnis enttäuschend. Die Ergebnisanalyse zeigt, daß die Mitarbeiter trotz internen Wettbewerbs vom Produkt „Plus-Sparen“ nicht überzeugt waren. Die schriftliche Information, verbunden mit Zielvorstellungen über die erwarteten Abschlußzahlen, überzeugte sie nicht von der Bedeutung des neuen Produktes für Kunden und Sparkassen. Hinzu kommt die Furcht vor Widerständen und Einwänden der Kunden. Ihre Unsicherheit spiegelt sich in ihrem Verkaufsverhalten wider.

Deswegen ist ein gut geführtes und auf die Aktion abgestimmtes Training das Zentrum vieler Marketingstrategien. Allerdings ist Training ohne die anderen Marketinginstrumente für Verkaufsaktionen ebensowenig sinnvoll.

Besserer Service, mehr Marktanteile und erfolgreiche Verkaufsaktionen sind die Argumente für marketingorientierte Schulung. Sie setzt qualifizierte Verkaufstrainer voraus. Mit ihnen steht und fällt erfolgreiches Verkaufstraining.

Vor einigen Jahren wurde in der Deutschen Sparkassenorganisation immer weiter zu ergänzendes Schulungsmaterial – Videofilme, programmierter Unterricht, Rollenspielunterlagen, Arbeitshefte u. a. als Bausteine zusammengefaßt – eingeführt, das eine Hilfe für dezentrales Training in den einzelnen Sparkassen bietet. Diese Arbeitsmaterialien sind sehr aufwendig konzipiert. Sie bilden die Grundlagen eines Systems des Verkaufstrainings. Sie werden auch AV-Pakete oder AV-Training (AV = audiovisuell) genannt.

Dieses sogenannte AV-Training hat sich seit seiner Einführung in drei Stufen entwickelt. Die Abhängigkeit des Trainers vom Medium AV-System/AV-Paket nahm von Stufe zu Stufe ab. In den einzelnen Stufen lief der Umgang mit dem neuen Schulungssystem wie folgt ab:

1. Stufe:

Die AV-Systeme werden ausgeliefert, die zukünftigen „Trainer" in der Gerätebedienung geschult. Meist erhielten Mitarbeiter aus dem Werbebereich der Sparkassen diese Ausgabe zusätzlich übertragen. Der Geräteeinsatz beschränkt sich auf offizielle Anlässe, da der „Nebenbei-Trainer" wichtige andere Aufgaben zu erledigen hat. Zur Schulung werden die Geräte nur begrenzt eingesetzt.

Das erste AV-Paket wird ausgeliefert. Es besteht aus Videofilm, Arbeitsunterlagen für die Teilnehmer, Rollenspielunterlagen und einem Trainerbegleittext. Der Trainer setzt es in einer Schulung ein. Die Teilnehmer sind skeptisch. Der „Trainer" zeigt sich als guter „Gerätebediener", der programmierte Unterweisungen austeilen kann. In der anschließenden Diskussion zeigt er entweder selber sehr starke Zweifel am Inhalt des Paketes oder verteidigt hart und unnachgiebig die Angaben im AV-Paket. Folge: Die Teilnehmer stehen mehr oder weniger skeptisch der AV-Schulung gegenüber. Rollenspiele werden als nicht praxisbezogen empfunden und deshalb nicht durchgeführt.

Erste Schulungserfahrungen werden in der Folgezeit beim Training von Auszubildenden gesammelt. Andere Mitarbeitergruppen werden nur selten oder überhaupt nicht zur AV-Schulung eingeladen. Diese ersten Schulungen mißglücken vielfach, da die Leiter nicht über ausreichende pädagogische Fähigkeiten verfügen. Es fehlt eine gezielte Qualifizierung zum Trainer.

2. Stufe:

Die Sparkassen entsenden Mitarbeiter zu den Trainerschulungen der Verbände. Trotzdem ändert sich der Ausbildungsstand der Trainer im Durchschnitt nur geringfügig, da die für AV-Schulung zuständigen Mitarbeiter der Sparkassen häufig wechseln, bzw. erworbenes Wissen nicht in die Praxis umgesetzt werden kann, weil Schulungen nur sporadisch durchgeführt werden.

In den meisten Sparkassen, ausgenommen einige Großsparkassen, wird die Traineraufgabe nebenbei wahrgenommen. Hauptaufgaben der „Trainer" waren und sind meist noch die Werbung, Anlageberatung oder Innenrevision. Viele Vorstandsassistenten nehmen auch Trainingsaufgaben wahr.

Die Qualität der AV-Pakete steigt ständig. Sowohl Filmbeispiele als auch schriftliches Begleitmaterial für die Teilnehmer wird praxisorientierter und teilnehmerbezogener.

Die Trainerleitfaden erreichen einen hohen Grad an Perfektion. Dem Trainer wird jeder Handgriff vorgeschrieben. Dies stellt einerseits eine große Erleichterung für den Trainer dar, hindert ihn aber andererseits, individuelle Ziele der Sparkasse und Probleme der Teilnehmer in entsprechendem Umfang zu berücksichtigen.

Je mehr der Trainer vom Trainerleitfaden abweicht, desto stärker verspürt er pädagogisches Defizit. Dies zeigt sich für ihn besonders dann, wenn er von der Wissensvermittlung zum Training von Verhaltensweisen übergeht. Der richtige Umgang mit der Gruppe tritt immer mehr in den Vordergrund.

3. Stufe:

Durch die Lösung aus der Abhängigkeit vom AV-Material tritt Verunsicherung beim Trainer ein. Er versucht verstärkt die individuellen Ziele der Sparkasse in die Schulung einzubringen. Dies erfordert aber eine Loslösung vom strengen Ablauf des Trainerleitfadens des AV-Paketes. Der entstehende Freiraum muß mit eigenen Ideen und Fähigkeiten ausgefüllt werden.

Die neuen AV-Pakete kommen diesen Bedürfnissen entgegen. Sie bieten den nötigen Spielraum. Der Ablauf des Seminares wird weniger durch den Trainerleitfaden, mehr durch die Vorstellungen des Trainers selber gesteuert. Dies aber setzt entsprechende Qualifikation des Trainers voraus. Er muß in der Lage sein, bewußt und geplant auf die Dynamik der Seminargruppe Einfluß zu nehmen.

Bei der Einführung der Kontoeröffnungs-Konzeption zeigte es sich dann besonders, daß Sparkassen mit einem gut ausgebildeten, womöglich noch hauptberuflichen Trainer im Vorteil sind. Diese Trainer mußten nicht mehr von Trainingsmethoden und pädagogischen Grundsätzen überzeugt werden. Sie konnten sich voll auf die Umsetzung der neuen Konzeption in der Schulung konzentrieren. Hier wurde die Erkenntnis bestätigt, daß Marketing-Konzeptionen nur dort erfolgreich eingesetzt werden, wo die Mitarbeiter entsprechend motiviert und geschult sind. Hier wurde besonders deutlich, wie eng die Entwicklung der Institute mit der Fähigkeit, Mitarbeiter auf den Organisations- und Marktwandel vorzubereiten, verknüpft ist. Organisationsentwicklung und Trainingsentwicklung gehen Hand in Hand.

Viele Argumente sprechen für einen hauptamtlichen Trainer. Bei kleineren Instituten bietet es sich an, dem Trainer zusätzliche Aufgaben, wie Verkaufsförderung, Marktforschung etc. zuzuordnen. Diese Trainer sollen mit den geschäftspolitischen Problemen der Organisation vertraut sein und die Aufgabenstellung der von ihnen trainierten Mitarbeiter kennen. Sie müssen über pädagogische Fähigkeiten verfügen, um Mitarbeiter zu trainieren.

Die Ziele des AV-Verkaufstrainer-Grundlehrganges

Der Erfolg des Lehrganges hängt davon ab, ob die Ziele der Beteiligten abgestimmt werden können. Beteiligt sind im weiteren Sinne die Institute, die Dozenten und die Teilnehmer selbst.

Die Ziele der Sparkasseninstitute:

Ziel der Institute ist es, nach dem Seminar den Trainer sofort für Schulungsveranstaltungen einzusetzen. Dabei wird es der Sparkasse darauf ankommen, einen Trainer einzusetzen, der

- Trainingsmaßnahmen im geschäftspolitischen Gesamtzusammenhang sieht,
- mit anderen an der Planung und Durchführung von Marketingaktionen konstruktiv zusammenarbeiten kann und deren Anteil am Erfolg einer Aktion einschätzen und sich darauf einstellen kann,
- selbständig Schulungskonzeptionen vorbereiten kann,

- Mitarbeiter im Training motivieren und von der Wichtigkeit der Trainingsmaßnahmen überzeugen kann,
- von den Führungskräften akzeptiert wird und mit ihnen zusammenarbeiten kann,
- Schulungsveranstaltungen planen und durchführen kann, wobei er auch selbst als Trainer tätig werden soll.

Auf diese Ziele hatten sich die Teilnehmer und Dozenten bei der Planung und Durchführung des Lehrganges einzustellen.

Die Ziele der Berater:

Das Seminar wurde von Anfang an unter der Leitung von zwei Beratern durchgeführt. Beide kennen sich bereits seit etlichen Jahren. Sie führten schon mehrere Seminare gemeinsam durch. Der eine kommt selbst aus der Sparkassenpraxis. Der andere ist als selbständiger Unternehmensberater und Trainer tätig. Er war früher Assistent an einem wirtschaftspädagogischen Universitätsinstitut. Beide sind Trainer für gruppendynamische Seminare. Eine Basis für genügend Gemeinsamkeit an Ideen und Erfahrungen, wie auch die nötige Unterschiedlichkeit, waren gegeben.

Ihre Zielsetzung für das Seminar läßt sich charakterisieren in einer Katalysationsfunktion. Sie wollen durch ihre Tätigkeit Lernsituationen anbieten, zur Selbsttätigkeit anregen und möglichst nahe an der Praxis bleiben. Sie wollen Hilfen zum Selbstlernen für die Teilnehmer bieten. Ihre Konzeption ist auf Erfahrungs- und Verhaltenslernen abgestellt. Diese Auffassung von Training wurde den Teilnehmern an einem Lehr-Lernregelkreismodell erklärt, das sich sowohl auf die Lehrgangssituation wie auch das Training in den Sparkassen bezieht.

Sowohl Trainer wie auch Adressaten stehen unter dem Einfluß gesellschaftlicher, organisatorischer, kultureller u. a. Bestimmungsfaktoren. Von daher werden die Ziele des Trainings bestimmt. Andererseits beeinflussen sowohl Trainer als auch Adressaten durch die eigenen, bewußt formulierten oder durch praktisches Handeln aktualisierten Ziele das gemeinsame Ziel des Trainings. Schon dieser Zielbildungsprozeß geschieht durch Lernen und Verhalten. Bewußt beeinflußt nun der Trainer durch sein eigenes Verhalten in der Wahl der Thematik, der Methoden und Medien sowie durch seine sozialen Aktionen und seinen Verhaltensstil das Verhalten und Lernen der Verkäufer. Diese wiederum beeinflußen die Ziele sowohl des Instituts, des Trainings wie auch rückwirkend die Ziele der Trainer.

Den Beratern liegt daran, den Beziehungszusammenhang dieses Prozesses zu verdeutlichen und damit das Bewußtsein für die persönliche Wirkung (insbesondere des Trainers) zu schaffen. Das ist die Voraussetzung, um reflektierte Verhaltensänderungen und Lernen bei den Trainern anzubahnen.

Das gleiche gilt es beim praktischen Training in den Sparkassen zu erreichen. Der Lehrgang versteht sich daher auch in vielen Elementen als eine Musterlösung für Verkaufstraining in Sparkassen.

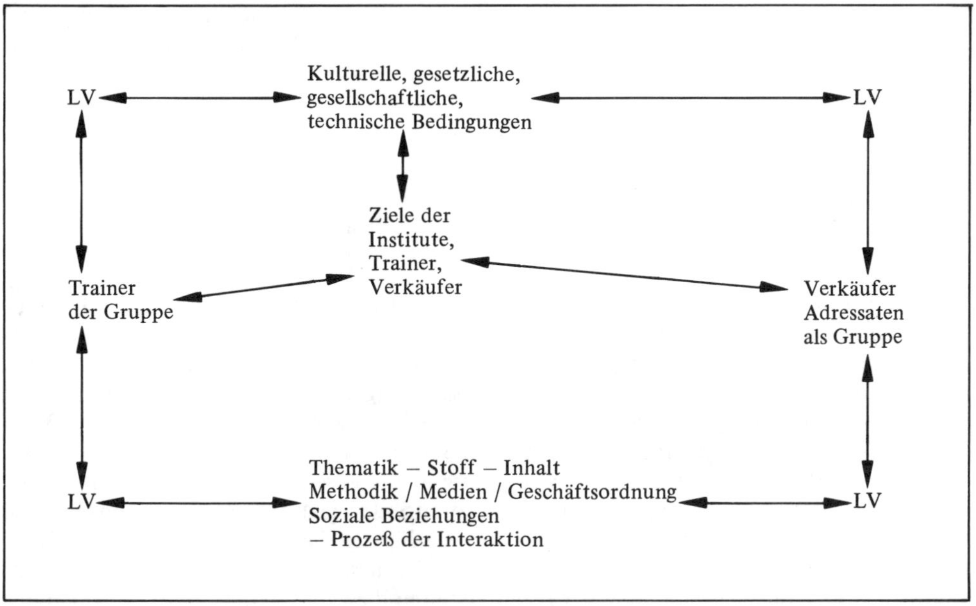

Abb. 9: Ziele der Institute, Trainer, Verkäufer

Die Ziele der Teilnehmer:

Die Teilnehmer kommen gewöhnlich mit recht globalen Zielen und Erwartungen zu dem Lehrgang. Einige sind vom Vorstand ausersehen, das AV-Training zu übernehmen. Sie haben meist nur vage Vorstellungen, was sie erwartet und was man auf dem Lehrgang lernen könne. Viele haben noch keine pädagogische Vorbildung. Andere sind schon längere Zeit bei der Ausbildung von Lehrlingen eingesetzt, haben die Ausbildereignungsprüfung absolviert und waren auch schon hauptberuflich als Trainer und Ausbildungsleiter erfolgreich. In allen Lehrgängen sind die Teilnehmergruppen gewöhnlich von der pädagogischen Erfahrung und Vorbildung her sehr heterogen. Die methodische Arbeitsform wird daher so gewählt, daß die unterschiedlichen Vorerfahrungen und Fähigkeiten der Teilnehmer sich nicht hindernd, sondern fördernd auf den Gesamtlehrgang auswirken. Der Lehrgang wird daher als Projekt organisiert, zu dem jeder beitragen kann, was er vermag und in dem jeder in der Entfaltung seiner Aktivität auch seine persönlichen Lernziele erreichen kann.

Dimensionen sozialer und pädagogischer Kompetenz

Die beiden Berater sehen es als ihre Hauptaufgabe an, die Teilnehmer methodisch zu unterstützen, ihre eigenen Verhaltensweisen zu analysieren und möglichst konkret formulierte Verhaltens- und Lernziele für sich selbst aufzustellen. Dieser Prozeß ist langwierig und dauert über den ganzen Lehrgang hinweg. An dem ersten Analyse- und Vorbereitungstag erhielten die Teilnehmer einen sogenannten Kompetenzbogen aus dem Führungstraining. Auf diesem Bogen sind acht Kategorien dargestellt und in Einstellungs- und Verhaltensbereiche weiterhin untergliedert. Als Beispiel sei die Kategorie Führungsstile aufgeführt:

Führungsstile:

direktiv	bürokratisch	kooperativ	demokratisch	laissez faire
(ich entscheide)	(ohne Regeln kann ich nicht entscheiden)	(gemeinsame Überlegung und Entscheidung)	(führe durch Mehrheit)	(führe nur auf Anfrage)

Den Teilnehmern des ersten Lehrgangs wird als Aufgabe gestellt, einen Bogen mit Kategorien aufzustellen, der wichtige Einstellungen und Verhaltensweisen von Verkaufstrainern beschreibt. Die Vorschläge der Teilnehmer werden von den Beratern überarbeitet und zu einem Bogen zusammengefaßt, der im Lehrgang unter dem Stichwort „Dimensionen sozialer und pädagogischer Kompetenz" verwendet wird. Am 2. Analyse- und Vorbereitungstag wird die Zusammenfassung den Teilnehmern vorgelegt. Jeder kann nun den Bogen durcharbeiten und abschätzen, wie häufig er die beschriebenen Einstellungen und Verhaltensweisen in der Praxis an sich selbst vorzufinden glaubt. Aus dieser Einzelarbeit werden dann mindestens 10 persönliche Lernziele für den Lehrgang formuliert. In Beratungsgesprächen konkretisieren und operationalisieren die Teilnehmer diese Lernziele. Während des Lehrganges, am letzten Tag der ersten und zweiten Woche, wird diese Übung wiederholt. Die Teilnehmer können überprüfen, ob sie ihre Lernziele erreicht und wie sich ihre Ziele verändert haben. Zielfindungs-, Zieländerungs- und Lernprozeß gehen so ineinander über. (Ein Beispiel für den Kompetenzbogen siehe S. 84)

Prinzipien des Lehrganges

Die Berater halten einige Lernprinzipien für effizient. Dies sind:

- das Prinzip der größtmöglichen Teilnehmeraktivität,
- das Prinzip der Praxis- und Medienorientiertheit,
- das Prinzip des Verhaltenslernens durch Selbsterfahrung und Feedback.

Die Berater versuchen, diese Prinzipien den Teilnehmern nahezubringen. Der Lehrgang wird als Übungsfeld für die spätere praktische Trainingstätigkeit der Teilnehmer angesehen. So führen sie selbst die Analyse der Trainingsbedürfnisse ihrer zukünftigen Adressaten – nämlich Schalterkräfte – mit einer Feldstudie am ersten Tag durch.

Schalterkräfte werden in der Praxis beobachtet und ihr Verhalten wird diskutiert. Diese Beobachtungen bildeten die Basis für die Beantwortung der Frage: „Welche Fähigkeiten müssen wir als Trainer haben, um den Schalterkräften zu helfen, ihr Verkaufsverhalten zu verbessern?" Daraus leiten die Teilnehmer ihre eigenen Lernziele und die Ziele des Lehrgangs ab. Diese Lernziele sind Planungsgrundlagen für das Programm, die Methodik und die Organisation der beiden Seminarwochen. In dieser Phase bringen auch die beiden Berater stärker ihre Erfahrungen und Vorschläge in den Planungsprozeß mit ein. An dem Lehrgang als Projekt sind die Teilnehmer bereits an der Planung selbst so weit wie möglich beteiligt und haben damit bereits auch schon ihre erste Lernerfahrung bei der Planung von Lehrgängen gewonnen.

Schließlich werden die Programmvorschläge zusammengefaßt und koordiniert. In jedem der folgenden Lehrgänge wird das Programm und neuerdings auch das Protokoll des vorangegangenen Lehrgangs den Teilnehmern zur Diskussion, Veränderung und Anpassung vorgelegt. Vieles wird übernommen, einiges aber auch geändert. An den zweiten Vorbereitungstagen wird gewöhnlich eingehend über folgende Fragen diskutiert:

- Welche Grundsätze sollten im Lehrgang verwirklicht werden?
- Welche Organisation wünschen Sie?
- Welche Themen müssen unbedingt enthalten sein?
- Welche Methoden sollen im Lehrgang angewendet werden?

Die Aktivität der Berater erstreckt sich auf den Vorschlag, an den Vormittagen sogenannte thematische Einheiten zur Psychologie und Pädagogik anzusetzen, daraus möglichst Verhaltensweisen heraus zu entwickeln, die für einen Trainer notwendig sind. An den Nachmittagen werden diese Verhaltensweisen im Rollenspieltraining unter Verwendung des Videorecorders in kleinen Gruppen eingeübt. Die Mitwirkung und Hilfestellung des Beraters in der Gruppe wird im Laufe der 14 Tage immer weiter zurückgenommen, so daß die Teilnehmer letztendlich ihr Lernen immer stärker selbst steuern.

Die Vorbereitung auf die thematischen Einheiten, die am zweiten Vorbereitungstag gewählt werden, erfolgt durch Literaturstudium zu Hause. Bei dem Lehrgang erfolgt eine Abstimmung in der Gruppe hinsichtlich Thematik und Methodik. Ein Berater ist mit dabei, gibt Informationen darüber, wie er sich die Einheit vorstellt, gibt weitere Hinweise auf Filme, Arbeitsblätter und Methodik, überläßt aber dann die endgültige Fassung und Durchführung den Teilnehmern. Während der Einheit wird er manchmal mit eingeplant, meist wirkt er aber lediglich als „Sicherheitsnetz" im Hintergrund. Spezialeinheiten, für die keine Eintragungen vorliegen, werden von den Beratern übernommen.

Die thematische Einheit wird im Team an den Abenden durchgesprochen, inhaltlich und methodisch geplant und an den Vormittagen vorgetragen. Die Lehrgangsteilnehmer lernen in den Vorbereitungsdiskussionen schnell, wie Lernsituationen zu organisieren sind, wie Wissen in Gruppen erarbeitet, wie problemlösendes Lernen angeregt und Verhalten geübt werden kann. Mit der Entwicklung dieser sozialen Fähigkeiten formt sich auch die Gruppe des Lehrgangs. Soziale Strukturen entstehen. Die Aktivität der Teilnehmer ist auf die Bewältigung einer klar definierten Aufgabe gerichtet: Durch diese gemeinsame Aufgabe ergibt sich meist auch fördernder Gruppenzusammenhalt und ein angenehmes Leistungsklima. Wie bei anderen Seminaren erwarten die Teilnehmer viel Freizeit bei diesen Lehrgängen. Ohne Druck entsteht eine Arbeitsstimmung, die für die meisten überraschend ist. Häufig wird bis Mitternacht an der Vorbereitung der Einheiten gearbeitet. Daneben wird auch noch in kleinen Gruppen über offene Probleme, manchmal auch persönlicher Art, intensiv diskutiert.

Viele Teilnehmer beschäftigen sich zum erstenmal mit pädagogischen und psychologischen Problemen und stehen zum erstenmal vor einer Gruppe. Sie haben den Rückhalt in ihrem Team und der gemeinsamen Vorbereitung. Bald entwickelt sich ein „Wirverständnis" in der Lehrgangsgruppe. Konflikte untereinander und zu den Beratern werden aufgegriffen und bearbeitet. In aller Regel findet während des Seminars, meist zu Beginn der zweiten Woche, eine Autoritätskrise statt. Die Krise wird nicht unterdrückt. Sie stellt eine Möglichkeit dar, aufzuzeigen, wie mit Konflikten im Seminar umgegangen werden kann. Wenn die Konfliktbearbeitung gelungen ist, werden die Berater akzeptiert. Es wird anerkannt, daß auch die Berater selbst Lernende sind und sich ihre Stellung in der Seminargruppe erwerben müssen. In der Auseinandersetzung mit den Beratern formt sich die Gruppendynamik des Seminars. Die Teilnehmer machen sich den Lehrgang zu eigen. Es entsteht lernfördernde Kooperation und Interdependenz. Man erwirbt Verständnis für die Rolle des Trainers und die Schwierigkeiten, die mit ihr verbunden sind. So ist man auch bereit, die Rolle des Leiters des Lehrgangs nun unter kritischen Perspektiven der selbst ausgeübten Trainerfunktion zu messen.

Das Prinzip der Praxis- und Medienorientiertheit realisiert sich in der Tatsache, daß der Lehrgang selbst als die Praxis des Trainers betrachtet wird. Die meisten Komponenten, die im Lehrgang vorgefunden werden, sind draußen im betrieblichen Training zumindest in ähnlicher Form vorhanden. Selbstverständlich muß abstrahiert werden. So wird versucht, Praxisabweichungen im Rollenspiel und durch Simulation zu kompensieren. Es wundert nicht, daß der Lehrgang von den Teilnehmern als Praxis erlebt wird. In der Seminarbeurteilung fand sich kein einziges Mal der ansonsten bei Seminaren sehr beliebte Kritikpunkt: „Praxisfremd“ oder „Theorie, für uns nicht zu gebrauchen.“

Schließlich wird in Projektgruppen unter Berücksichtigung des in der ersten Woche Gelernten erarbeitet, wie ausgewählte AV-Pakete (Filme, programmierte Unterweisungen, Rollenspiel usw.) in die Praxis umgesetzt werden können. Auch dies wird im Lehrgang selbst simuliert. Bei allem Geschehen im Lehrgang stehen viele Medien zur freien Verfügung. Vom Buch angefangen, Filme, Tonbildschauen, OH-Projektoren, Flipcharts, Metaplanwände, und bis zu drei Videorecorder werden eingesetzt und methodisch kombiniert. Jeden Tag hat ein Teilnehmer die Aufgabe der Medienbedienung und -betreuung. Durch Ausprobieren und durch Anleitung werden die Geräte vertraut. Vorhandene Widerstände werden spielend überwunden.

Der Lehrgang ist als Verhaltenstraining angelegt. Trainieren von Verkäufern, die Führung von Gruppen und schließlich das Verkaufen und das Beraten selbst ist Verhalten. Der Lehrgang stellt daher besonders darauf ab, wie soziales Lernen angebahnt werden kann, um Verhaltensänderungen bei sich selbst und anderen zu erreichen. Soziales Lernen geschieht durch Selbsterfahrung. Der Trainer kann sich nur der Wirkung seines Verhaltens bewußt werden, wenn er Informationen und Erfahrungen darüber sammeln kann, welche Konsequenzen sein Verhalten auf andere hat. Der Lehrgang will daher den Teilnehmern möglichst oft die Möglichkeit bieten, diese Erfahrungen zu sammeln. Alle thematischen Einheiten sind deswegen auf Grundwissen hin zentriert, das für Verhaltensänderungen nötig ist. Dieses Wissen wird in den Vormittagseinheiten erarbeitet, an den Nachmittagen geübt. Bei den Lehrgängen hat jeder Gelegenheit, eine oder mehrere Unterrichtsproben zusammenhängend anzubieten und dann darüber mit dem Rest der Gruppe zu diskutieren. Einzelne rhetorische und pädagogische Elemente wurden dann aufgegriffen und im Rollenspieltraining geübt, wenn sie als Schwachstellen in den Unterrichtsproben erschienen sind und wenn der Wunsch geäußert wurde, daran zu arbeiten. In den späteren Seminaren wird dazu übergegangen, parallel zu den Themen am Vormittag schwierige Verhaltensprobleme an vorgegebenen Fällen zu probieren. Wenn z. B. das Lehrgespräch oder Gruppenunterricht am Vormittag Thema ist, werden nachmittags Rollenspiele zum Einüben von Lehrgesprächen oder zur Einführung und Organisation von Gruppenunterricht angeboten.

Die Teilnehmer haben ca. 5- bis 6mal Gelegenheit, zu ihren Trainingsversuchen „Feedback" zu erhalten. Die Berater empfehlen, daß beschreibendes, nicht wertendes Feedback durch die Teilnehmer gegeben wird. Feedback wird darüber hinaus lediglich auf Wunsch gegeben. Dennoch ist Lernen durch Feedback anstrengend und manchmal auch streßvoll. Es ist daher notwendig, eine vertrauensvolle und offene Atmosphäre in der Lehrgangsgruppe zu schaffen. Den Teilnehmern wird versichert, daß durch die Berater keine Prüfungen abgehalten werden und keine Beurteilungen an Vorgesetzte weitergegeben werden. Lernen steht also in jedermanns eigener Entscheidung. Ab Mitte der ersten Woche wird das Feedback zu den Rollenspielen auch von den Teilnehmern selbst geleitet, da sie ja im Verkaufstraining im Betrieb diese besonders schwierige Rolle zu übernehmen haben. Gerade hier wird von „Ungelernten" viel Porzellan zerschlagen. Auch die Feedbackleitung wird mit der Gruppe besprochen.

Im folgenden sind die Inhalte des Seminars geschildert.

Die inhaltliche und methodische Konzeption des Lehrganges

In jedem Lehrgang wird das Programm geändert. Dennoch lassen sich die Inhalte eines typischen Lehrgangs skizzieren.

1. Vorbereitungstag:

- 10.00–13.00 Uhr:

– Übungen zum Kennenlernen
– Gespräche über die Erwartungen der Teilnehmer und Berater
– Feldstudien in umliegenden Kreditinstituten mit Auswertung des Istzustandes: Welches Verkäufer- und Beraterverhalten wurde beobachtet? Sollzustand (wird in Gruppen erarbeitet): Welches Verkäuferverhalten ist anstrebenswert?

- 14.30–16.00 Uhr:

  Gruppenarbeit zur Frage: Welche Fähigkeiten als Trainer brauchen Sie, um Verkäufern zu helfen, ihr Verhalten zu ändern?

Arbeitsvorschläge für die Arbeit zu Hause:

1. Einlesen in Grundliteratur.
2. Beschäftigung mit Videogerät und einem AV-Paket.
3. Interviewe 5 Verkäufer in deiner Sparkasse. Frage sie: Welche Probleme haben Sie als Verkäufer in unserem Institut? Wie kann Ihnen Verkaufstraining helfen?

   Interviewe den zuständigen Vorstand in deiner Sparkasse. Frage ihn: Wie sehen Sie den Stellenwert des Verkaufstrainings in unserem Institut?

   Frage dich selbst: Was halte ich vom Verkaufstraining?
4. Finde heraus, welche Medien im Institut vorhanden sind. Ergänze sie.

5. Fülle Kompetenzbogen mit einer Person deines Vertrauens aus. (Kompetenzbogen S. 84 ff.)
6. Konkretisiere deine Lernziele.
7. Welche Abänderungswünsche hast du an das Seminarprogramm?

BLITZLICHT: Jeder sagt, wie er sich fühlt, was er gelernt hat und wie es weitergehen soll.

2. Vorbereitungstag:

Etwa 4 bis 6 Wochen nach der ersten Zusammenkunft und ca. 3 bis 5 Wochen vor Seminarbeginn:

- 10.00–11.00 Uhr:

Übungen zur neuerlichen Beziehungsherstellung. Teilnehmer sitzen sich in 2 Kreisen paarweise gegenüber und sprechen über:
– Wie siehst du mich?
– Meine/deine Stärken bzw. Schwächen?
– Ziele/Erwartungen
– Wer bin ich?

- 11.00–11.30 Uhr:

In Gruppen berichten die Teilnehmer über ihre Interviews in den Instituten und stellen Gemeinsamkeiten und Unterschiede kurz im Plenum dar.

- 11.30–11.45 Uhr:

In Einzelarbeit werden die individuellen Lernziele fixiert.

- 11.45–12.15 Uhr:

Informationen der Berater über bisher gelaufene Programme. Fragen der Teilnehmer.

- 12.15–12.45 Uhr:

In Gruppen diskutieren Teilnehmer, wie ihre individuellen Ziele mit dem vorliegenden Programm erreicht werden können. Änderungen werden vorgeschlagen.

- 12.45–13.00 Uhr:

Gruppen berichten im Plenum.

- 14.00–14.30 Uhr:

Gruppen berichten im Plenum über ihre Änderungswünsche (Fortsetzung).

- 14.30–15.00 Uhr:

Plenumsdiskussion und Abstimmung des Programms. Entscheidungen der Teilnehmer für ihre Mitarbeit an 2 Themen an den Vormittagen und an der Aufbereitung eines AV-Paketes.

• 15.00–16.00 Uhr:

Informationsstände der Berater über die Themen mit Literatur- und Planungshinweisen. BLITZLICHT

Die erste Seminarwoche

Montag:

• 10.00–11.30 Uhr:

Begrüßung; Organisation der Zusammenarbeit. Medienverantwortliche und Protokollanten für die zwei Seminarwochen werden eingeteilt. Eine Wandzeitung wird zur Kommunikation angeboten.

Einführungsübung zur neuerlichen Beziehungsaufnahme, z. B. wird in wechselnden Paaren über die Fragen:

- Wer bist du?
- Welche Stärken/Schwächen hast du?
- Was hast du bisher verschwiegen?

diskutiert.

Meist wird eine das Verhaltenstraining vorbereitende gefühlsintensive Übung gewählt.

• 11.30–13.00 Uhr, 15.00–16.30 Uhr:

Planung von Training

Diese Einheit wird unter folgenden Schwerpunkten diskutiert:

- Welche Kriterien bestimmen global die Planung von Training?
- Wie plane ich das Training für ein Jahr und stimme es mit den Marketingaktivitäten ab?
- Wie plane ich ein Seminar?
- Wie plane ich eine Unterrichtseinheit?
- Wie gehe ich nach Ablauf dieses Seminares konkret an die Planung von Training in meiner Sparkasse heran?

Besonders wird bei dieser Trainingseinheit auf die Abstimmung von Zielen, Inhalten, Methoden, Medien und Erfolgskontrollen geachtet. Notwendige praktische Fähigkeiten, wie z. B. die Formulierung von Gliederungsfragen, werden betont.

Bevor in Gruppen praktisch geübt wird, wählen sich die Teilnehmer ihren Seminarschatten. Ohne schon miteinander zu verhandeln, schreibt jeder Teilnehmer die Namen von 2 anderen Seminarteilnehmern auf eine Karte, die für ihn als Seminarschatten in Frage kommen. Jede Wahl wird mit einem Satz bzw. einigen Stichworten auf der Karte kurz begründet. Anschließend wird reihum die Wahl und die Begründung bekanntgegeben. Danach verhandeln die Teilnehmer, wer mit wem einen gegenseitigen Beobachtungs- und Feedbackkontrakt eingehen will. Diese Übung hat soziogrammähnlichen Charakter. Einmal regt sie dazu an, sich mit den Seminarkollegen intensiv zu beschäftigen; sie gibt weiterhin Anlaß, darüber nachzudenken, warum ich als Seminarschatten erwünscht bzw. nicht gefragt bin. Schließlich animiert sie dazu, zu beobachten. Besonders setzen wir sie aber deswegen ein, weil sich die Seminarschatten gegenseitig Schutz und Streicheln gewähren.

- 17.00–19.00 Uhr:

Folgende praktische Übungen werden im Rollenspieltraining mit Hilfe des Videorecorders alternativ in den verschiedenen Seminaren geübt. Dabei ist die Gesamtgruppe entsprechend der Zahl der Berater in Gruppen geteilt:

- Gewöhnungsübungen an den Videorecorder
- Vorgehen im Unterricht mit Hilfe vorgeplanter Gliederungsfragen
- Einstiegsübungen zu einer Unterrichtseinheit

Die Feedbackleitung liegt am ersten Tag bei den Beratern.

Dienstag:

- 8.30–13.00 Uhr:

Lernen in Gruppen und Trainingsstile

In dieser Einheit werden folgende Fragen behandelt:

- Wie geht soziales Lernen in Gruppen vor sich?
- Wie muß die Kommunikation auf der stofflich-inhaltlichen-methodischen und Beziehungsebene gestaltet sein, damit Lernen gefördert wird?
- Welche Bedeutung hat Feedback als die Mitteilung von Beobachtungen und Gefühlen für das soziale Lernen?
- Welche Feedbackregeln erweisen sich als nützlich?
- Welche Traningsstile beeinflussen in welcher Weise die Dynamik der Gruppe und den Lernerfolg?

- 15.30–19.00 Uhr:

In kleinen Gruppen werden im Rollenspiel kooperative Stilformen des Verhaltens geübt.

- 20.00–21.30 Uhr:

Bei entsprechendem Interesse der Seminargruppe kann am Abend eine Filmdiskussion über den Film „Erziehungsstile" nach Kurt Lewin angeboten werden. In diesem Film wird anhand dreier Kindergruppen, die nach drei unterschiedlichen Erziehungsstilen angesprochen werden, die Effektivität der Stile untersucht.

Mittwoch:

- 8.30–9.15 Uhr:

Überblick über Methoden und Medien

Behandelte Fragen:

– Welche Methoden und Medien kenne ich?
– Wie setzte ich sie ein?
– Wie können Methoden und Medien als mein verlängerter Arm die Lernwirksamkeit des Seminars verbessern?
– Welche Methoden und Medien erscheinen mir für welchen Zweck geeignet?
– Wie kombiniere ich am besten Methoden und Medien?

• 9.30–11.15 Uhr:

Das Unterrichtsgespräch

Nach dem Überblick über die Methoden werden einzelne methodische Interventionen behandelt. Der Lehrvortrag wird gestreift. Schwerpunkt wird auf das Lehrgespräch gelegt, wobei auf die Schwierigkeit, ein Lehrgespräch mit problemlösendem Charakter zu führen, hingewiesen wird.

Behandelte Fragen:

– Welche Schwierigkeiten ergeben sich beim Lehrgespräch?
– Welche Fragen sollen gestellt und welche vermieden werden, um das Lehrgespräch nicht zu einem Scheingespräch zu machen?
– Welche anderen – sprachlichen und nonverbalen – Steuerungsmittel gibt es, um durch das Lehrgespräch problemlösendes Lernen anzuregen?

• 11.30–13.00 Uhr, 15.30–16.30 Uhr:

Gruppenunterricht

– Welche Formen des Gruppenunterrichts habe ich bisher in diesem Lehrgang erlebt und welche Wirkung hatten sie auf mich?
– Welche Vor- und Nachteile hinsichtlich der Lerneffektivität sehe ich beim Gruppenunterricht im Vergleich zu Lehrvortrag und Lehrgespräch?
– Wie organisiere ich Gruppenunterricht am besten?

Von den Beratern werden gruppenpädagogische Verfahren wegen der großen Teilnehmeraktivität und des damit verbundenen Lernerfolgs favorisiert. Die Berater haben sehr bewußt den Lehrgang in dieser Richtung beeinflußt.

• 16.30–19.00 Uhr:

In den Rollenspielen wurden geübt:

– Führung von Lehrgesprächen,
– das Stellen offener Fragen,
– der Einsatz von Körpersprache beim Unterricht,
– das Stellen von Aufgaben für den Gruppenunterricht, die Gruppeneinteilung und das Auswerten und Zusammenfassen der durch die Gruppen präsentierten Ergebnisse.

Donnerstag:

• 8.30–12.00 Uhr:

Fallstudien und Rollenspiel. Auswertung mit Hilfe des Videorecorders. Feedbackleitung.

– Wie erstelle ich Fallstudien und Fallbeispiele, und was muß ich dabei beachten?

– Wie setze ich die Arbeit mit Fallstudien aller Art im Seminar ein?
– Welche Formen des Rollenspiels kann ich im Seminar einsetzen?
– Wie baue ich ein Rollenspiel als Verhaltenstraining auf?
– Wie kombiniere ich Gruppenunterricht, Fallstudie und Rollenspiel?
– Wie kann ich den Videorecorder einsetzen ohne Angst zu erregen?
– Wie leite ich das Feedback nach Rollenspielen?

• 15.30–19.00 Uhr:

Folgende Fähigkeiten wurden geübt:

– die Einführung von Rollenspielen,
– das alternative Vorspielen von Lösungsansätzen,
– die Feedbackleitung,
– das Schützen ängstlicher Teilnehmer beim Rollenspiel,
– die Anleitung, das Rollenspiel als Spaß und Freude zu empfinden und spielendes Lernen anzuregen.

Das Rollenspiel ist die Methode, die den Verkaufstrainern erfahrungsgemäß die meisten Schwierigkeiten in der Praxis bereitet. Meist entstehen die Schwierigkeiten, weil Verkäufer schlechte Erfahrungen mit Rollenspielen hatten. Gewöhnlich haben sie Angst vor Kritik. Die Trainer waren nicht in der Lage, eine Stimmung in dem Seminar zu erzeugen, in dem gespielt und hilfreiches Feedback gegeben wurde.

Da das Rollenspiel ein unverzichtbares Element des Verhaltenstrainings ist, haben wir versucht, den Lehrgang selbst als Rollenspiel für Trainer zu planen und durchzuführen, damit Trainer spielend mit dem Rollenspiel umgehen lernen.

Freitag:

• 8.30–11.30 Uhr:

Die Analyse der Beziehungen zwischen Trainer und Verkäufer (Transaktionsanalyse)

– Von welchen Ichzuständen aus agieren Trainer und Verkäufer?
– Welche Ichzustände benütze ich nicht besonders und an welchen will ich arbeiten?
– Welche Transaktionen laufen im Unterricht?
– Welche psychologischen Spiele spielen Trainer und Adressaten miteinander? Aus welchen Gründen?
– Wie kann ich damit umgehen?
– Wie wirkt sich mein Skript auf die Führung des Seminars aus?
– Wie kann ich mein Skript und meinen Unterricht ändern?

Transaktionsanalyse regen wir an, da sie ein einfaches und schnelles Hilfsmittel für die Diagnose von Unterrichts- und Beratungssituationen anbietet. Die Teilnehmer zeigen gewöhnlich großes Interesse daran und beschäftigen sich aufgrund dieser Einheit später meist auch noch mit der Thematik.

- 11.30–12.30 Uhr:

Gespräch mit dem Seminarschatten.

- Welche Ziele habe ich erreicht?
- Welche haben sich geändert?
- Woran will ich in der kommenden Woche arbeiten?
- Welchen „Vertrag“ mache ich?

- 12.30–13.00 Uhr:

BLITZLICHT

Die zweite Seminarwoche

Die zweite Seminarwoche ist konzentriert auf Spezialthemen und besonders die Anwendung des Gelernten bei der Planung und Durchführung von Verkaufstraining im Betrieb. Die in der Sparkassenorganisation zur Verfügung stehenden AV-Pakete werden dabei kritisch untersucht. Was brauchbar erscheint, wird verwendet. Unser Ziel ist vor allem, die Trainer sensibel für die Verwendung von Lernmethoden und Lernmedien zu machen. Die Trainer sollen solche Übungen, Folien, Filme u. a. aus den AV-Paketen auswählen, die zu einem erfahrungsorientierten Arbeitsstil passen.

Montag:

- 10.00–12.30 Uhr:

Gesprächsleitung – Moderation

- Welche gesprächsordnenden Moderationstechniken kann ich im Seminar einsetzen?
- Welche Möglichkeiten bietet aktives Zuhören bei der nondirektiven Gesprächsführung?
- Wie aktiviere ich die Gesprächsteilnehmer?
- Wie gehe ich mit schwierigen Gesprächssituationen um?

- 15.30–18.30 Uhr:

In kleinen Gruppen zu ca. 4–5 Mitgliedern wird ein 1- bis 3tätiges Seminar von den Teilnehmern unter Verwendung eines AV-Paketes geplant. Besonders wird darauf geachtet, daß realistische Zeiten, Lernziele, Inhalte, Methoden und Medien und Erfolgskontrollen pädagogisch sinnvoll abgestimmt werden.

Jeder Teilnehmer bereitet eine ca. 5 Minuten dauernde Trainingsprobe vor, bei der er Gelegenheit hat, an seinen individuellen Lernzielen zu arbeiten. Jeder Teilnehmer leitet einmal das Feedback für eine Lehrprobe und erhält dafür auf Wunsch von der Gruppe Feedback. Die Gruppe wählt einen Moderator. Als Themen, zu denen AV-Pakete vorhanden sind, werden meistens gewählt:

- „Verhandeln mit Kunden“
- „Kundenbeschwerden“
- „Die Kontoeröffnungskonzeption“
- „Die Intensivierungskonzeption“.

Dienstag:

- 8.30–12.00 Uhr:

Umgang mit Konflikten

- Wie entstehen Konflikte?
- Wie kann ich Konflikte so bearbeiten, daß keiner der Konfliktpartner eine Niederlage erleidet?
- Welche Fähigkeiten brauche ich zu solcher Konfliktbearbeitung?
- Was mache ich, wenn ich selbst an dem Konflikt beteiligt bin?
- Wie verhalte ich mich als Konfliktmoderator?

Die thematische Einheit „Umgang mit Konflikten" bietet oftmals Anlaß, die im Seminar vorhandenen Konflikte aufzugreifen und zu bearbeiten. Thematik und Seminar- und Lebenspraxis sollen übereinstimmen. Die Einheit bietet Erklärungs- und Handlungsmodelle für Konfliktbearbeitung (s. besonders auch Gordon, Lehrer-Schüler-Konferenz, Hamburg 1977). Bereits ausgetragene Konflikte werden anhand dieser Modelle nachanalysiert.

- 15.30–18.30 Uhr:

Die Gruppe präsentiert das geplante AV-Seminar und führt Trainingsproben durch. Die anderen Gruppen spielen mit und geben Feedback.

Mittwoch:

- 8.30–12.00 Uhr:

Umgang mit Streß
- Wie wirkt Streß?
- Welches Streßprofil habe ich?
- Wie gehe ich mit Streß um?

Hier werden u. a. auch Anregungen zum autogenen Training, zur Meditation, Yoga, Bioenergetik und Biodynamik von den Beratern gegeben.

- 15.30–18.30 Uhr:

Weitere Präsentation eines AV-Seminars und Trainingsproben durch eine Gruppe wie am Vortag.

Donnerstag:

- 8.30–12.00 Uhr:

Theorie sozialen Handelns

- Wie stimmen meine Ziele für soziales Handeln mit meinen ausgeübten Strategien überein?
- Neige ich zu Kooperations- oder Konkurrenzverhalten?
- Wie kann ich meine persönlichen Ziele mit meinem Verhalten zusammenbringen?

Diese Fragen wurden an einer Übung behandelt, die von den Teilnehmern schon vor dem Seminar gemacht und von den Beratern kommentiert wurde.

• 15.30–18.30 Uhr:

Präsentation eines AV-Seminars und Trainingsproben. Die übrige Zeit wird für Rollenspieltraining verwendet.

Freitag:

• 8.30–11.00 Uhr:

Erfolgskontrolle

- Welche Möglichkeiten sinnvoller, pädagogischer Erfolgskontrollen kenne ich für das Verkaufstraining?
- Wie kann ich Erfolgskontrolle als Feedback lernwirksam machen?
- Wie können wir den Lernerfolg dieses Seminars kontrollieren?
- Wie können wir programmierte Tests für dieses Seminar erstellen?

• 11.00–12.00 Uhr:

Individuelle Reflexion

- Was habe ich gelernt?
- Wie haben sich meine Lernziele im Laufe des Seminars geändert?
- Woran will ich weiterarbeiten?
- Welchen Vertrag will ich mit mir machen?
  (Gespräch mit dem Seminarschatten)
  Gesprächshilfe stellt wiederum das Blatt zur sozialen und pädagogischen Kompetenz dar (siehe Seite 84).
- Schreiben eines Briefes an mich selber.

Als Form der Erfolgskontrolle bitten wir die Teilnehmer, Erfahrungs- und Lernberichte zu schreiben.

• 12.00–13.00 Uhr:

Weiterplanung und Informationen zur Weiterbildung und anschließend Seminarabschlußdiskussion.

Checklist – Kompetenzen sozialen und pädagogischen Handelns und Verhaltens

Die angeführten Dimensionen sind Aspekte sozialer und pädagogischer Kompetenz. Zugleich beinhalten sie Hinweise auf vorhandene, zu verstärkende oder erst zu erwerbende soziale Fähigkeiten und Einstellungen des Trainers und Ausbilders/Lehrers.

Versuchen Sie zunächst durch Selbsteinordnung sich ein Bild über sich selbst zu machen. Später können Sie eine Person Ihres Vertrauens darum bitten, eine Fremdeinschätzung zu machen. Fragen Sie in dem Beratungsgespräch immer wieder nach, auf welche konkreten Beobachtungen und Gefühle Ihr Partner seine Einschätzungen stützt.

Tragen Sie in das 1. Kästchen ein, wie Sie sich selber sehen:

1 = nie 2 = selten 3 = manchmal 4 = häufig 5 = immer.

Im 2. Kästchen können Sie die Eindrücke, die ein Dritter von Ihnen hat, festhalten (1–5).

Im 3. Kästchen kreuzen Sie die Punkte an, an denen Sie in der nächsten Zeit bewußt arbeiten wollen.

Sie können die einzelnen Bereiche um weitere eigene Punkte ergänzen.

	wie sehe ich mich	wie sehen mich andere	woran will ich arbeiten
1. Autorität			
akzeptiert die Autorität von Vorgesetzten und Experten	☐	☐	☐
hinterfragt die Autorität von Vorgesetzten und Experten	☐	☐	☐
ausgewogenes Verhältnis von eigener und fremder Autorität	☐	☐	☐
läßt die Hinterfragung der eigenen Autorität zu	☐	☐	☐
verläßt sich auf eigene Autorität	☐	☐	☐
2. Trainingsstil			
direktiv (ich entscheide)	☐	☐	☐
bürokratisch (ohne Regel kann ich nicht entscheiden)	☐	☐	☐
kooperativ (gemeinsame Überlegung und Entscheidung)	☐	☐	☐
demokratisch (führe durch Mehrheit)	☐	☐	☐
laissez-faire (führe nur auf Anfrage)	☐	☐	☐
3. Aktivität			
alle Aktivitäten beim Trainer	☐	☐	☐
mehr Aktivität beim Trainer als bei der Gruppe	☐	☐	☐
ausgewogene Aktivität Trainer/Gruppe	☐	☐	☐
mehr Aktivität bei Gruppe als bei Trainer	☐	☐	☐
alle Aktivität bei der Gruppe	☐	☐	☐

4. Fachwissen

benützt Fachwissen zum eigenen Schutz	☐	☐	☐
dosiert Fachwissen für das Niveau der Gruppe	☐	☐	☐
kann durch Fachwissen das soziale Lernklima der Gruppe fördern	☐	☐	☐
kann ohne viel Fachwissen mit einer Gruppe arbeiten	☐	☐	☐
aktiviert das Fachwissen der Gruppe für das Training	☐	☐	☐

5. Anerkennung

findet, wo der Erfolg für die Teilnehmer etwa schwerer zu erreichen ist, Bereiche, in denen Leistung anerkannt werden kann	☐	☐	☐
verstärkt positives Verhalten der Teilnehmer mit einem Erfolgserlebnis	☐	☐	☐
lobt häufig, geht aber mit Kritik sparsam um und beschränkt sich dabei lediglich auf die Richtigstellung des Sachverhaltes	☐	☐	☐
verteilt weder Lob noch Kritik	☐	☐	☐
lobt nie, sondern kritisiert nur	☐	☐	☐

6. Kritik

übt Kritik	☐	☐	☐
übt Kritik, wenn es angebracht ist	☐	☐	☐
läßt auch Kritik an sich selbst zu (z. B. Beurteilungsbogen)	☐	☐	☐
kritisiert nie (Scheu)	☐	☐	☐
läßt sich nicht kritisieren (Angst vor negativer Kritik)	☐	☐	☐

7. Vertrauen

gewinnt alle Herzen im Flug	☐	☐	☐
weiß, wie man das Vertrauen der Teilnehmer gewinnt	☐	☐	☐
ausgewogenes Verhältnis von Selbst- und Fremdvertrauen	☐	☐	☐
traut sich selbst mehr zu als anderen	☐	☐	☐
kann auch ohne das Vertrauen der Teilnehmer trainieren	☐	☐	☐

8. Motivation

versucht fremde Motive herauszufinden	☐	☐	☐
versucht eigene Motive zu erkennen	☐	☐	☐
motiviert nur sekundär (Noten, Belohnung u. a.)	☐	☐	☐
motiviert sekundär und primär ausgewogen	☐	☐	☐
motiviert nur primär durch Übertragung der eigenen Begeisterung	☐	☐	☐
versucht, Hilfen zur Selbstmotivation zu geben durch bewußte Zurückhaltung, Aufgabenübertragung u. a.	☐	☐	☐

9. Einfühlungsvermögen bei Lernschwierigkeiten

erkennt Lernschwierigkeiten der Gruppe	☐	☐	☐
erkennt Lernschwierigkeiten einzelner	☐	☐	☐

geht auf Lernschwierigkeiten der Gruppe ein	☐	☐	☐
geht auf Lernschwierigkeiten einzelner ein	☐	☐	☐
benützt Training, um mit den Lernschwierigkeiten der einzelnen und der Gruppe zu arbeiten	☐	☐	☐

10. Kontakt und Distanz

schneller Kontakt zur Gruppe	☐	☐	☐
Kontakt zu einigen Gruppenmitgliedern	☐	☐	☐
findet ein ausgewogenes Verhältnis zwischen Kontakt und Distanz	☐	☐	☐
Distanz zu einigen Gruppenmitgliedern	☐	☐	☐
distanziertes Verhältnis zur Gruppe	☐	☐	☐

11. Konflikt und Konfrontation

Initiator von Konflikt und Konfrontation	☐	☐	☐
ist bereit, Konflikte und Konfrontation aufzugreifen	☐	☐	☐
kann Konflikte und Konfrontation konstruktiv machen	☐	☐	☐
Selbstbewahrung (wie schütze ich mich vor einem Konfliktrisiko)	☐	☐	☐
Vermeidung (kann Konflikte und Konfrontation stehen lassen)	☐	☐	☐

12. Mimik/Gestik

kennt die Wirkung seiner Mimik und Gestik	☐	☐	☐
lebhafte Mimik und Gestik	☐	☐	☐
kann Mimik und Gestik situationsgemäß verändern und einsetzen	☐	☐	☐
kontrolliert Mimik und Gestik	☐	☐	☐
geht mit Mimik und Gestik sparsam um	☐	☐	☐

13. Beraterrolle

akzeptiert Beraterrolle nur bei konkretem Vertrag	☐	☐	☐
ist in der Lage, Beraterrolle abzulehnen	☐	☐	☐
verständnisvolles Zuhören	☐	☐	☐
Hilfe bei der Selbstklärung des Problems durch offene Fragen	☐	☐	☐
Anregungen und Ratschläge (auf Anfrage)	☐	☐	☐
drängt Ratschläge auf	☐	☐	☐

14. Planung und Improvisation

kann planen	☐	☐	☐
hält sich strikt an Planung	☐	☐	☐
kann Planung und Improvisation verbinden	☐	☐	☐
geht von der Planung ab, um zu improvisieren	☐	☐	☐
kann improvisieren	☐	☐	☐

15. Methodik

Methodik ist wichtiger als der Inhalt	□	□	□
kennt viele Lehr- und Lernmethoden und setzt sie variabel ein	□	□	□
entwickelt aus alten Methoden neue und setzt sie situationsgemäß ein	□	□	□
hat sich für zwei oder drei Methoden entschieden und setzt diese ein	□	□	□
Inhalt ist wichtiger als die Methode	□	□	□

16. Medieneinsatz

durch die Medien wird der Inhalt bestimmt (Pädagogikingenieur, Medienfetischist)	□	□	□
nur bestimmte Medien werden eingesetzt	□	□	□
findet ein angemessenes Verhältnis von Medieneinsatz und Inhalt	□	□	□
Inhalt ist wichtiger als Medieneinsatz	□	□	□
lehnt Medien ab	□	□	□

17. Gesprächsbeginn

zeigt in der ersten Minute Autorität	□	□	□
beginnt das Gespräch locker und zwanglos	□	□	□
zeigt kühle Zurückhaltung	□	□	□
beginnt sofort, sein Wissen an den Mann zu bringen; geht nicht auf Fragen ein, um den „roten Faden" zu behalten	□	□	□
regt gleich zu Beginn durch eigene Begeisterung zur Diskussion an	□	□	□

18. Gespräch lenken

kann Gespräch durch Worte und Blickkontakt lenken	□	□	□
Gespräch entgleitet gelegentlich	□	□	□
kann Gespräch wieder in gewünschte Richtung bringen	□	□	□
kann Gespräch zusammenfassen und abschließen	□	□	□
kann Gespräch laufen lassen	□	□	□

19. Fragen

stellt mehrere Fragen hintereinander	□	□	□
stellt Fragen, die nur mit ja oder nein beantwortet werden können	□	□	□
stellt eine Frage und wartet die Antwort ab	□	□	□
stellt Fragen und beantwortet seine Fragen selbst	□	□	□
stellt offene Fragen	□	□	□

20. Argumentation

argumentiert nicht	□	□	□
hat immer Argumente	□	□	□
ausgewogenes Verhältnis von Argument und Gegenargument	□	□	□
kann durch seine Argumente Gegenargumente hervorlocken	□	□	□
ist in der Lage, Gegenargumente anzuerkennen	□	□	□

21. Anschaulichkeit

kann auch komplizierte Gedankenvorgänge anschaulich und klar ausdrücken . . . . ☐ ☐ ☐
spricht zur Veranschaulichung mehrere Sinnesorgane gleichzeitig an . . . ☐ ☐ ☐
stellt Beziehungen zur Praxis her . . . . ☐ ☐ ☐
kann abstrakt formulieren . . . . ☐ ☐ ☐
verwendet Beispiele . . . . ☐ ☐ ☐

22. Redetempo (Sprache)

Tempo nach eigenem Bedürfnis . . . . ☐ ☐ ☐
richtet sich vor allem nach den äußeren Umständen . . . . ☐ ☐ ☐
redet den Zuhörern und den Umständen angemessen schnell . . . . ☐ ☐ ☐
richtet sich vor allen Dingen nach den Zuhörern . . . . ☐ ☐ ☐
läßt alle äußeren Umstände außer Acht, stellt sich nur auf den Zuhörer ein ☐ ☐ ☐

23. Lautstärke

redet leise auch bei großen Teilnehmerzahlen, bzw. laut auch bei kleineren Teilnehmerzahlen . . . . ☐ ☐ ☐
redet nicht laut, erwartet absolute Ruhe, Teilnehmer sollen sich so setzen, daß sie besser hören . . . . ☐ ☐ ☐
redet dem Raum und der Teilnehmerzahl angemessen . . . . ☐ ☐ ☐
organisiert den Raum so, daß alle verstehen können . . . . ☐ ☐ ☐
setzt Hilfsmittel ein, damit alle auch bei Zwischenbemerkungen hören können . . . . ☐ ☐ ☐

24. Gefühlsausdruck

überschwenglich, mitreißend, leidenschaftlich . . . . ☐ ☐ ☐
drückt Gefühle kontrolliert aus . . . . ☐ ☐ ☐
zeigt bei der Vermittlung von Informationen auch persönliche Reaktionen ☐ ☐ ☐
ist mit dem Einsatz von Gefühl vorsichtig . . . . ☐ ☐ ☐
ohne erkennbare eigene Betroffenheit – sachlich – . . . . ☐ ☐ ☐

25. Leistungsmaßstab

überfordert alle Teilnehmer (zu hohes Leistungsniveau) . . . . ☐ ☐ ☐
überfordert die meisten Teilnehmer, da keine Homogenität der Gruppe (Azubis, Angestellte, Abteilungsleiter) . . . . ☐ ☐ ☐
„erdrückt" die Teilnehmer mit Informationen wegen Zeitdruck (schlechte Planung des zeitlichen Ablaufs) . . . .
Stellt nur gelegentlich Anforderungen an die Gruppe; arbeitet nach „Schema F" . . . . ☐ ☐ ☐
unterfordert die Gruppe, da jede kreative Mitarbeit der Teilnehmer unterbunden wird (betrachtet Teilnehmer als „Befehlsempfänger") . . . . . . ☐ ☐ ☐

Ein Lehrgang zur Ausbildung von Verkaufstrainern
(Erlebnisbericht)

Reinhard Stettner

Mein Betrieb beabsichtigt – wie auch viele andere – die Aus- und Fortbildung in Zukunft noch intensiver zu betreiben. Während für die Ausbildung zum großen Teil Spezialisten aus den einzelnen Fachgebieten herangezogen werden (wobei ein Mitarbeiter der Marketingabteilung die Koordination übernimmt), ist es für die Fortbildung unumgänglich, gut ausgebildete Trainer einzusetzen. Bis vor kurzem stand nur ein solcher Trainer zu Verfügung. Langfristig ist jedoch beabsichtigt, daß insgesamt 4 Trainer die Fortbildung der Mitarbeiter übernehmen. Da ich mich sehr für die Fortbildung interessiere und die Aus- und Fortbildung außerdem in der Marketingabteilung, in der ich arbeite, durchgeführt wird, erhielt ich Gelegenheit, an einem sog. AV-Trainer-Grundlehrgang teilzunehmen.

1. Analysetag

Zusammen mit 13 anderen Kollegen aus ganz Bayern fanden wir uns im Schulungszentrum zum 1. Vorbereitungstag auf das eigentliche Seminar ein. Nachdem wir zunächst unsere beiden Referenten kennengelernt haben, machten sich auch die Teilnehmer untereinander bekannt. Zu diesem Zweck führten wir eine sog. Vorstellungsübung durch. Wir teilten uns in Dreiergruppen auf, wobei wir folgendermaßen vorgingen:

A interviewt B, C beobachtet

B interviewt C, A beobachtet

C interviewt A, B beobachtet

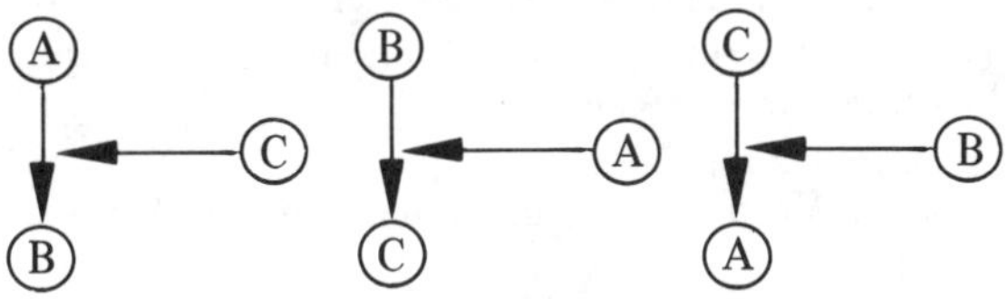

Nach einer Viertelstunde berichtet im Plenum:

A über B B über C C über A

Anschließend führten wir eine Feldstudie durch. In Zweiergruppen besuchten wir Filialen von umliegenden Instituten, um uns dort über verschiedene Geschäfte beraten zu lassen. Jeweils einer der beiden Teilnehmer hatte die Aufgabe zu beobachten, wie sich die Schalterkräfte verhalten und darüber im Plenum zu berichten. Der andere Teilnehmer schilderte den Inhalt des Beratungsgespräches. Die Zuhörer im Plenum sollten dazu Vorschläge machen, wie das Verhalten und das Auftreten des Schaltermitarbeiters zu verbessern sei.

Als nächstes arbeiteten wir in Dreier- bzw. Vierergruppen die Eigenschaften heraus, die einen guten Trainer auszeichnen. Daraus leiteten wir unsere eigenen Ziele ab. Als Hilfsmittel hierzu erhielten wir einen sog. „Kompetenzbogen“, der uns unsere Zielfindung erleichtern sollte, an dem wir zu Hause arbeiteten. Ich fühlte mich hierbei momentan etwas hilflos und überfordert. Die Bedeutung eines solchen Kompetenzbogens wurde mir erst viel später klar, nämlich am letzten Seminartag, zum Teil auch erst wieder zu Hause. Diese Aufgabe hatten wir bis zum zweiten Analysetag zu lösen.

2. Analysetag

Hauptthema dieses Tages war die Erarbeitung unseres Seminarprogrammes für zwei Wochen. Wir konnten unsere Meinung äußern

- welche *Themen* wir haben wollten,
- welche *Methoden* angewendet werden sollten,
- wie wir uns die *Organisation* des Seminars vorstellen,
- welche *Grundsätze* im Seminar gelten sollten.

Anschließend diskutierten wir über die Schwerpunkte im Seminar. Als Diskussionsgrundlage benützten wir das Programm früherer Seminare. Obwohl wir dieses Programm entsprechend unseren Bedürfnissen ändern konnten, hätten wir doch lieber unser eigenes erstellt. Dazu reichte aber die Zeit nicht aus.

Einer der Grundsätze des Seminars sollte sein, möglichst viele theoretische Einheiten durch die Teilnehmer selbst gestalten zu lassen. Deshalb wurden am zweiten Analysetag die einzelnen Themen verteilt, wobei sich ein Thema mindestens zwei, höchstens jedoch vier Teilnehmer teilen sollten. Zum Schluß dieses zweiten Analysetages erhielten wir als freiwillige Hausaufgabe eine Übung zur eigenen Theorie sozialen Handelns (vergleiche dazu 9. Seminartag).

Zwar konnte ich damit nicht viel anfangen, machte aber eher aus Neugierde mit. Als wir die Übung am vorletzten Seminartag kommentiert zurückerhielten, herrschte eine stark gedrückte Stimmung. Den Sinn verstand ich auch jetzt noch nicht; erst nach der Lektüre des Buches „Ich bin o. k., Du bist o. k." wurde mir alles klarer.

Nach diesen beiden Analysetagen waren die Vorbereitungen für das 14tätige Seminar abgeschlossen. Das Ergebnis war:

- Die Teilnehmer brauchten sich nicht mehr zu beschnuppern, sie kannten sich bereits;
- Thematische Einheiten konnten vorbereitet werden;
- Durch den Kompetenzbogen war für jeden Teilnehmer die Ausgangsbasis festgelegt (zumindest was den Lernzielkatalog betraf).

1. Seminartag (Montag)

Zu Beginn machten wir eine Übung mit zum Teil kniffligen Fragen:

- „Was mir an Dir/Ihnen gefällt"
- „meine Stärken"
- „meine Schwächen"
- u. a.

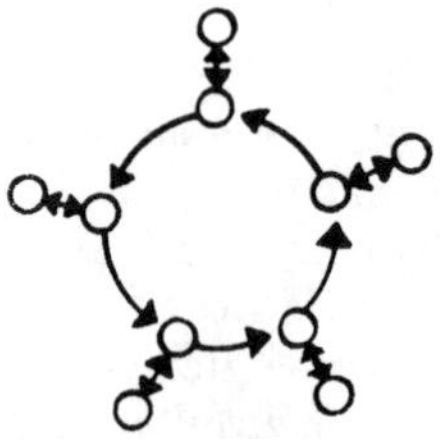

Dabei wurde von Frage zu Frage jeweils der Partner gewechselt. Für mich war es erstaunlich, daß trotz dieser Fragen, die zum Teil die Imtimsphäre berührten, eine zunehmend gelöstere Atmosphäre herrschte. Es machte Spaß, wir bauten Hemmungen ab und überwanden Unsicherheiten.

Dazu trug auch bei, daß wir hinterher darüber sprachen:

- Wie habe ich mich bei der Übung gefühlt?
- Was halte ich von der Übung?
- Kann die Übung in der Praxis eingesetzt werden?

Die Trainingseinheit, die dann folgte, befaßte sich mit der Trainingsplanung. Zunächst ging es um grundsätzliche Fragen, z. B.

- geschäftspolitische Zielsetzung
- Stellung des Trainers
- Zielgruppen
- Soll-Ist-Zustand
- Kostenfragen

Die Frage, welche Inhalte im Rahmen eines Trainings behandelt werden sollen, werden durch die jeweilige Situation des einzelnen Instituts bestimmt. Ferner ging es um die Frage, wie die Trainingsplanung für

- 1 Jahr
- 1 Seminar
- 1 Trainingseinheit (TE)

aussehen soll.

Ein Trainingsvorbereitungsbogen, wie er von den Trainern verwendet wird und auch uns empfohlen wurde, kann hierzu wertvolle Hilfe leisten. Lernziele, Lerninhalte und ihre Veranschaulichung durch Medien und Methoden werden darin sehr gut festgehalten.

Verschiedene Möglichkeiten des Einstiegs in eine Trainingseinheit beendeten den theoretischen Teil am ersten Tag. Diese Problematik wurde am Nachmittag, bei dem wir uns – wie auch an den folgenden Nachmitttagen der ersten Woche – in zwei Gruppen aufteilten, trainiert.

Jeder Teilnehmer konnte vor der Gruppe einen Einstieg zu einem selbstgewählten Thema präsentieren; dies wurde aufgezeichnet und anschließend besprochen. Zum ersten Mal in diesem Seminar machten wir Bekanntschaft mit „Feedback“ und „Mikroteaching“, Methoden, die wir in den nächsten Tagen noch näher kennenlernen sollten.

2. Seminartag (Dienstag)

Mit dem Thema „Lernen in Gruppen“ begannen wir. Die größere Effizienz von Gruppen gegenüber dem einzelnen konnte mit Hilfe der Übung „Wieviele Dreiecke können Sie erkennen? “ eindeutig unter Beweis gestellt werden. Bei dieser Übung kam es darauf an, die Wahrnehmungen des einzelnen durch Teilnahme an der Diskussion in einer Gruppe zu verbessern. Dies gelang überzeugend, da in der Gruppe wesentlich mehr Dreiecke erkannt wurden als zuvor durch den einzelnen Teilnehmer.

Nach dieser Einstimmung folgte eine theoretische Einführung in das Problem von Gruppenprozessen. Trainer erläuterten das sog. Johari-Fenster, ein einfaches graphisches Modell, daß die Veränderung von Selbst- und Fremdwahrnehmung im Verlauf eines Gruppenprozesses darstellt. Dabei sind die folgenden Bereiche zu unterscheiden

a) der Bereich, der sowohl mir selbst als auch anderen bekannt ist,

b) der Bereich, der mir selbst bekannt, anderen Gruppenmitgliedern jedoch unbekannt ist,

c) der Bereich, der anderen bekannt, mir jedoch selbst unbekannt ist (Blinder Fleck) und

d) der Bereich, der sowohl mir selbst als auch anderen unbekannt ist.

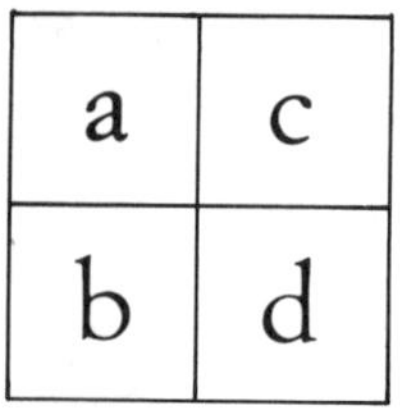

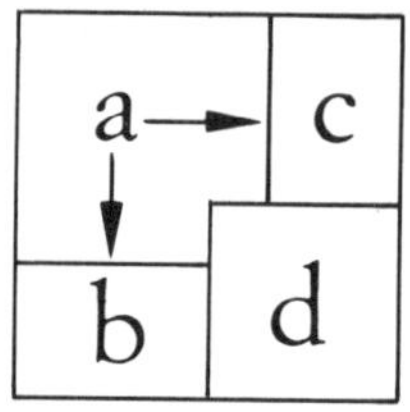

Der Bereich d) ist ein Problem der Tiefenpsychologie, wurde im Seminar deshalb im weiteren Verlauf nicht behandelt und kann somit als konstant angenommen werden. Die anderen drei Bereiche spielten für den weiteren Seminarverlauf eine ungemein wichtige Rolle. Es kam darauf an, den Bereich a) zu Lasten der Bereiche b) und c) zu vergrößern.

Die Vergrößerung von a), dem Bereich, der jedem bekannt ist, zu Lasten von c), dem Bereich, der anderen bekannt, mir jedoch unbekannt ist, spielte in diesem Seminar die dominierende Rolle, ist es doch mit der Feedback-Technik sehr gut möglich, Hinweise und Hilfen für das eigene Verhalten und den eigenen Trainingsstil zu erhalten.
Die Feedback-Technik wurde sowohl an den Vormittagen als auch an den Nachmittagen eingesetzt. Andererseits erlangte die Vergrößerung von a) zu Lasten des Bereichs b), d. h. der Teil des Verhaltens, der anderen verborgen ist, vor allem in der Beziehung eines Teilnehmers zu seinem Seminarschatten Bedeutung.

An diesem Tag lernten wir außerdem, welche Gruppenprozesse stattfinden und welche Rollen dabei auftauchen. Dies wurde deutlich, als eine Gruppe die Aufgabe gestellt bekam, einen Stadtplan des Seminarortes zu zeichnen. Jene Teilnehmer, die nicht in dieser Gruppe waren, hatten die Aufgabe, stattfindende Gruppenprozesse zu beobachten. Wertvolle Hilfe hierzu leistete ein Fragebogen zur Beurteilung von Gruppenarbeit.

Es stellte sich heraus, daß es sog. Erhaltungs- und Aufgabenrollen gibt. Es wurde herausgearbeitet, daß es ferner eine Inhalts-, eine Prozeß- und eine Geschäftsordnungsebene gibt, auf der die Gruppenmitglieder agieren. Da so etwas natürlich nicht beim erstenmal „sitzt", wurde geübt, d. h. einige Teilnehmer erhielten in den folgenden Tagen noch mehrmals die Funktion des Prozeßbeobachters zugewiesen. Die Beobachtung von Gruppenprozessen ist auch deshalb sehr wichtig, weil sie die Basis für den Eingriff und die Lenkung einer Gruppe liefert.

Für mich persönlich erschien es hier sehr wichtig, daß der Trainer bei der Vergabe von Gruppenarbeiten der Gruppe möglichst exakte Anweisungen erteilt: was, wie, in welcher Zeit. Dieser Gesichtspunkt sollte in den kommenden Tagen noch mehrmals auftauchen.

Gruppenprozesse und ihre Beobachtung durch den Trainer haben unmittelbare Auswirkungen auf den jeweils anzuwendenden Trainingsstil. Wichtig hierbei sind die Fragen: Welches Trainerverhalten ruft welches Lernverhalten, welche Wirkung, welche Reaktion in der Gruppe hervor?

In der darauffolgenden theoretischen Lerneinheit befaßten wir uns mit den verschiedenen Trainingsstilen:

- Autoritär
- Kooperativ
- Laissez faire

Nach dieser theoretischen Lektion über die Trainingsstile (wir glaubten, jetzt solche Stile unterscheiden zu können) erhielten wir am Nachmittag ausreichend Gelegenheit, Führungsstile zu üben.

In einer Kleingruppe von 7–8 Personen sollte jeweils ein Teilnehmer einen der drei Trainingsstile praktizieren. Dies wurde wieder mit der AV-Kamera aufgezeichnet.

Jeder der „Spieler“ erhielt zunächst Gelegenheit, sich selbst im Fernseher zu betrachten. Anschließend wurde analysiert und zwar in der Form des Feedback. Zunächst erhielt der Hauptakteur Gelegenheit, sich zu äußern. Im Anschluß daran geben ihm die übrigen Teilnehmer ihr Feedback. Dabei sollte er sich nach Möglichkeit nicht rechtfertigen. Daher war es sehr wichtig, daß ein Kandidat nicht nur „zerlegt“ wurde, sondern auch, bzw. gerade seine positiven Verhaltensweisen zur Sprache kamen. Das Feedback sollte dem Kandidaten zeigen, wie er sich als Trainer verhalten hat. An diesen ersten beiden Tagen übernahm die Leitung des Feedback noch einer unserer beiden Trainer. Später erhielten wir selbst ausreichend Gelegenheit, Feedback-Leitung zu praktizieren.

Wir Teilnehmer waren zunächst vollständig verwirrt, was Trainingsstile und ihre Unterscheidung anging. Ich persönlich habe heute noch Schwierigkeiten, einen Stil eindeutig einer Richtung zuzuordnen. Jedenfalls bin ich sehr vorsichtig bei der Beurteilung eines Trainingsstils. Als unumgänglich für Feedback und Analyse erwies sich der Videorecorder, der vom ersten Tag an als Medium eingesetzt wurde. Interessant war hierbei, daß jeder Referent, als er sich selbst sah, anders über sein Verhalten urteilte als ohne Videorecorder.

3. Seminartag (Mittwoch)

Das Trainingsverhalten steht natürlich nicht isoliert im Raum. Mit von Bedeutung sind Medien und Methoden, die der Trainer anwendet und einsetzt; sie sind der verlängerte Arm des Trainers.

Wesentlicher als die hier angebotene Theorie war, daß Medien- und Methoden praktiziert und demonstriert wurden. So wurden z. B. schon am ersten Tag für jeden Tag zwei Teilnehmer eingeteilt, die für die Medien des jeweiligen Seminartags verantwortlich waren. Sie hatten sich darum zu kümmern, daß der Flipchart da war, Folien für den Overhead-Projektor vorhanden waren, der Overhead-Projektor funktionierte und sie hatten vor allem den Videorecorder zu bedienen. Anhand der Pannen, die dabei auftraten (sie waren keinesfalls immer diesen beiden „Techniken“ anzulasten) lernten wir so in der Praxis, wie solche Schwierigkeiten im Einzelfall zu meistern sind.

Auch wenn es bei der Einheit über Medien und Methoden noch nicht klar genug herauskam, so zeigte es sich doch im weiteren Verlauf der beiden Wochen: Jeder Teilnehmer paßte die Medien und Methoden seinem persönlichen Trainingsstil und -verhalten an. Insgesamt wurden alle Medien und Methoden so häufig praktiziert, daß jeder Teilnehmer die Vor- und Nachteile kennenlernen mußte. Zwangsläufig rückte bei mir und den anderen Teilnehmern dies Problem immer mehr in den Hintergrund und spielte nur mehr bei den Fragen des Methoden- und Medienmix eine Rolle.

Am Nachmittag hatten wir wieder Gelegenheit, die Methoden Vortrag, Lehrgespräch- und Gruppenarbeit intensiver zu trainieren. Hier bestätigte sich die Erkenntnis vom Vormittag, daß das Lehrgespräch mit zu den schwierigsten Methoden gehört. Daher wurde das Lehrgespräch besonders häufig geübt.

Genauso wichtig ist der Gruppenunterricht (Gruppenarbeit), der noch mehr Aktivitäten auf die Teilnehmer verlagert.

Spätestens zu diesem Zeitpunkt wurde klar, warum unsere beiden Trainer uns animierten, diese Methode besonders oft anzuwenden. Auch sie selbst griffen nur dann zum Lehrvortrag, wenn es um die Vermittlung besonders schwer zu begreifender Fakten ging (z. B. Transaktionsanalyse, Konflikte). Es zeigte sich nämlich – was sich schon bei den beiden Analysetagen angedeutet hatte –, daß sich die beiden Trainer weitgehend im Hintergrund hielten und die Aktivitäten soweit wie möglich den Teilnehmern überließen. Sie griffen nur dann ein, wenn ein Thema zu sehr zerredet wurde, bzw. wenn wir ins Stocken gerieten. Auf diese Weise gaben sie durch ihr Beispiel Hinweise, wie wir uns bei Seminaren verhalten könnten. Dadurch war das Seminar nicht Theorie, sondern bereits Praxis und ein Beispiel für unsere zukünftige praktische Arbeit.

Am Nachmittag, an dem die Methoden Lehrvortrag, Lehrgespräch und Gruppenarbeit von uns geübt werden sollten, kam es natürlich hauptsächlich auf unsere Verhaltensweisen an. Das heißt, jeder Teilnehmer konnte von den übrigen Teilnehmern Feedback erhalten, wenn er es wollte. Nach dem Grundsatz, möglichst viel Aktivität auf die Teilnehmer zu übertragen, gaben die beiden Trainer die Feedback-Leitung an einzelne Teilnehmer ab. Da auch Feedback gelernt werden muß, erhielt jeder Feedback-Leiter von den übrigen Teilnehmern ebenfalls eine Rückkoppelung. Besonders auffällige Verhaltensweisen wurden durch Mikroteaching korrigiert.

4. Seminartag (Donnerstag)

Hatte uns der dritte Tag einen Überblick über die Methoden und Medien gegeben, so ging es am 4. Tag um besonders teilnehmeraktive Methoden, die Fallstudie und das Rollenspiel.

Der Beitrag zum Thema „Fallstudie" war ungewöhnlich. Ein Teil unserer Gruppe wurde gebeten, den Beginn eines Seminars zu spielen. Beide Referenten machten als Teilnehmer mit. Der eine spielte den Trainer dieses Seminars, bei dem es um die Schulung von Kundenberatern ging. Dabei beschuldigte er die Kundenberater verschiedener Nachlässigkeiten, z. B. der mangelnden Höflichkeit gegenüber Kunden, der Interesselosigkeit und dergleichen mehr. Einer der beiden Referenten stellt sich hierbei auf die Seite des Trainers. Zuerst war dies unauffällig, im weiteren Verlauf des Spiels wurde es jedoch immer deutlicher – für alle, besonders jedoch für die restlichen Teilnehmer erkennbar, die dieses Spiel zu beobachten hatten.

Dann wurde abgebrochen und wir hatten in Gruppenarbeit die Aufgabe, Alternativen des Trainerverhaltens zu finden. Auch wenn es zunächst nicht ganz einleuchtete, so hatte es sich im vorliegenden Fall doch um eine Fallstudie gehandelt, denn es galt zu klären, was der Trainer in dieser bestimmten Situation tun sollte. Und genau dafür ist die Fallstudie besonders gut geeignet. Natürlich hätte dieser Fall auch in schriftlicher Form gestellt werden können, eine Fallstudie in „klassischer" Form.

Danach befaßten wir uns mit dem Thema „Rollenspiele". Gegen 11.00 Uhr hatte sich ein Sparkassenvorstand als Besucher angekündigt. Wir waren sehr erstaunt, als der Referent autoritär zwei Teilnehmer aus der Gruppe benannte, die ein Rollenspiel (das übrigens äußerst schwer aussah) demonstrieren sollten. Es wurde eine Zeit diskutiert, bis wir bereit waren und begonnen werden konnte. Nur der Gast fehlte noch – doch er kam nicht. Das Gastspiel des Vorstandes war von den Referenten erfunden und bereits am Abend zuvor als Gerücht in die Welt gesetzt worden. Auch das Rollenspiel kam nicht zustande. Statt dessen wurden die beiden Rollenspieler und die restlichen Teilnehmer nach unseren Gefühlen in dieser Situation gefragt: „Wer hat Angst? ".

Um was ging es hier eigentlich? Es ging kurz gesagt um die Angst, die viele Mitarbeiter (in viel stärkerem Ausmaß als wir Traineraspiranten) vor Rollenspielen haben. Lösungen, wie man mit dieser Angst umgeht, wurden gemeinsam erarbeitet:

- vermeide, wenn möglich, das Wort „Rollenspiel";
- versuche, Rollenspiele spontan aus der Situation heraus mit einem Teilnehmer zu spielen (ohne AV);
- zeichne mit Einverständnis der Teilnehmer Teile des Unterrichts auf, selbstverständlich AV einfach mitlaufen lassen;
- vermeide unmittelbar vor einem Rollenspiel Diskussionen, die Ängste erregen könnten.

Das zweite Problem beim Rollenspiel ist der Umgang mit der AV-Anlage. Der Videorecorder ist für die Auswertung von Rollenspielen unerläßlich. Besonders hiervor haben die Teilnehmer gewöhnlich viel Angst, was der Trainer berücksichtigen muß. Wir stellten am eigenen Leib fest, daß es gut ist, wenn

- zunächst die Rollenspieler Gelegenheit erhalten, sich unbeeinflußt zu äußern;
- der Trainer darauf achtet, daß die Rollenspiele nicht „zerlegt" werden, sondern
- möglichst viele Streicheleinheiten verteilt werden, d. h. daß ihnen mitgeteilt wird, was als gut empfunden wurde;
- Wertungen vermieden, sondern nur Beobachtungen und Empfindungen mitgeteilt werden;
- sich der Trainer weitgehend zurückhält und die Teilnehmer nur im Notfall unterstützt.

All dies sind Aufgaben, die dem Trainer zufallen. Diese Erfahrungen machten wir in erster Linie am Nachmittag. Wir trainierten, wie eine Gruppe

- ein Rollenspiel durchführt (Aufforderung und Ermunterung durch Blicke und Gesten),
- das Rollenspiel analysiert, ohne dabei die Akteure zu verletzen.

Sehr gut eignen sich für die Analyse Metaplankarten, auf die alle Beobachtungen noch während der Aufzeichnung notiert werden. Diese Methode erleichtert es, Beobachtungen und Empfindungen mitzuteilen. Wir verwendeten sie ständig, also nicht nur bei der Analyse von Rollenspielen, sondern bei Feedback allgemein.

5. Seminartag (Freitag)

Obwohl im bisherigen Verlauf bereits sehr eingehend auf Gruppenprozesse und Trainingsstile eingegangen wurde, fehlt jedoch der Hintergrund für entsprechende Verhaltensweisen. Dieser Hintergrund wurde jetzt nachgeliefert. Es wurde gewissermaßen der „Vorhang etwas gelüftet". Wir sollten Einsicht in unser eigenes Verhalten erlangen.

Von den Referenten wurden uns drei Trainingstypen, beschrieben durch Aussagen auf einer Folie, präsentiert. Jede der drei gebildeten Gruppen hatte die Aufgabe, einen Typ zu beschreiben. Ein Teilnehmer wurde ausgewählt, der in einem Gespräch mit einem Teilnehmer aus einer anderen Gruppe eine bestimmte, von der Gruppe vorgeschriebene Rolle zu spielen hatte. In der anschließenden Auswertung ergab sich, daß jeder der drei Spieler einen der drei Ichzustände des Menschen (Eltern-, Erwachsenen- und Kindheits-Ich) zu verkörpern hatte. Für einen Großteil unserer Gruppe waren diese Erkenntnisse neu und äußerst beeindruckend. Unmittelbar im Zusammenhang mit der Struktur des Menschen stehen die zwischen den Menschen stattfindenden Transaktionen: Komplementär-Transaktionen, das sind Transaktionen zwischen parallelen Ich-Zuständen; Überkreuz-Transaktionen, das sind Transaktionen zwischen verschiedenen Ich-Zuständen des Menschen, die von einem Ichzustand beantwortet werden, an den sie nicht adressiert waren; verdeckte Transaktionen, das sind Transaktionen, die zusätzlich zu den offenen Transaktionen stattfinden. Alles Begriffe, die für die meisten von uns neu waren.

Leider kam die Spielanalyse in dieser Trainingseinheit etwas zu kurz. Denn gerade immer wiederkehrende Verhaltensweisen zwischen Menschen allgemein, sowie zwischen Trainer und Teilnehmern speziell, wären es wert gewesen, näher beleuchtet zu werden. Trotzdem war es interessant, einen Einblick in das Dreiecksverhältnis zwischen Retter-, Opfer- und Verfolgerrolle zu erhalten.

Eingehender wurde abschließend die Skriptanalyse behandelt, das Drehbuch eines Menschen. Kaum faßbar für viele von uns schien, daß dieses Skript im wesentlichen von den Eltern in den ersten fünf Lebensjahren bestimmt wird, eine Behauptung, die von einem Trainer in diesem Seminar aufgestellt wurde. Die Erkenntnis, daß es Gewinner- und Verliererskript gibt, war nicht so neu. Neu war die Art und Weise, wie solche Gewinner- oder Verliererskripte „geschrieben" werden und wie sie sich in okay- bzw. nicht-okay-Stimmungen und Grundhaltungen niederschlagen. Die Kernaussage dieses gesamten Themenkomplexes kristallisierte sich jetzt heraus: Wenn man sich diese Erkenntnisse zu eigen macht und konsequent danach handelt, besteht die Chance, das eigene Skript neu zu gestalten. Dies kann z. B. entscheidend sein für das Verhalten eines Trainers in Seminaren und anderen Schulungsveranstaltungen. Entscheidender für mich war jedoch, daß die im Seminar gewonnenen Erkenntnisse praktisch in jeder Situation angewendet werden können, z. B. im Umgang mit Kollegen.

Leider – es wurde bereits erwähnt – konnten in diesen zwei, drei Stunden nur Grundprobleme abgerissen werden; die Neugierde war jedoch geweckt. Es lag nahe, sich im Anschluß an das Seminar eingehender mit der einschlägigen Literatur zu befassen.

Im Anschluß an diese Trainingseinheit wurden wir aufgefordert, zusammen mit unserem jeweiligen Seminarschatten, unseren ursprünglichen Zielkatalog zu überprüfen und neu zu formulieren. An dieser Stelle halte ich es für angebracht, einige Worte über die Funktion des Seminarschattens zu verlieren. Die meisten Teilnehmer hatten sich im Verlauf der ersten Tage einen sog. Seminarschatten ausgesucht, d. h. eine Person, die ihnen besonders sympathisch erschien und mit der sie sich über Einzelprobleme unterhalten wollten. Hilfsmittel für unsere Gespräche war wieder der Kompetenzbogen. Wir suchten einige für uns wesentliche Aspekte aus den 25 Aspekten heraus und versuchten zu beurteilen, ob sich nach dieser Woche etwas verändert hat. Der Seminarschatten äußerte dazu sein Feedback. Im Anschluß an die Neuformulierung unseres Zielkataloges hatten wir Gelegenheit, uns gegenseitig auszusprechen. Wie wichtig solche Aussprachen im weiteren Seminarverlauf noch werden sollten, zeigte sich immer mehr.

Offene Gruppengespräche außerhalb des offiziellen Seminarteils

Nach der letzten Trainingseinheit war Halbzeit des Seminars, Gelegenheit, auf die Verhaltensweisen der Teilnehmer an den Abenden einzugehen, denn Aussprachen und Diskussionen fanden speziell an den Abenden statt. Die Belastung bei Gruppenarbeiten, Rollenspielen, Lehrgesprächen, insbesondere aber durch Feedback und Mikroteaching wirkte sich jetzt aus. Wir hatten das Bedürfnis, darüber miteinander zu reden, was durch die Abwesenheit der beiden Trainer erleichtert wurde. (Die Trainer waren zum Teil zusammen mit einigen Teilnehmern mit der Vorbereitung der Lerneinheiten am nächsten Tag beschäftigt und erschienen deshalb oft erst gegen 22.00 Uhr.) Diese Diskussionen waren meines Erachtens sehr wichtig und erleichterten uns die Arbeit im Seminar wesentlich. Erfreulich war, daß dabei nicht nur Themen des Seminars angesprochen wurden. Dadurch kamen sich die Teilnehmer näher. Möglicherweise waren so auch die sozialen Beziehungen zwischen den Teilnehmern wesentlich weniger konfliktbeladen. Bewiesen wurde dies dadurch, daß mit Teilnehmern, die am Abend kaum anwesend waren, immer häufiger Konflikte auftraten.

Erfreulich, daß über das Wochenende ein Großteil der Teilnehmer nicht abreiste. Dadurch war Gelegenheit, sich privat noch näher kennenzulernen, was sich positiv auf die zweite Seminarwoche auswirkte.

Die zweite Woche begann für mich und einen Kollegen bereits am Sonntagabend mit der Vorbereitung des Themas vom Montag. Von Vorteil war, daß wir nicht zu den Teilnehmern gehörten, die zuerst referierten. Wir hatten nämlich von diesen Teilnehmern gehört (und konnten es zum Teil auch beobachten), daß eine intensive Vorbereitung sehr wenig nützt. Bei der unmittelbaren Vorbereitung, zusammen mit einem der beiden Trainer, wurde das Thema nämlich oft aus ganz anderen Blickwinkeln heraus betrachtet.

Daher hatten wir uns nur über das Thema informiert. Erst mit einem Trainer entschieden wir uns, welche Methoden wir verwenden würden. Ein Nachteil war, daß wir inhaltlich nicht so „sattelfest“ waren. Wir setzten uns das Ziel, teilnehmeraktive Lehrmethoden einzusetzen. Eine Problemstellung, die sehr häufig in der täglichen Seminararbeit auftritt.

2. Woche (Übersicht)

Inhaltlich unterschied sich die zweite Seminarwoche folgendermaßen: Während die erste Woche auf grundsätzliche Probleme ausgerichtet war, wie Trainerverhalten, Medien, Methoden und dgl., war die zweite Woche mehr auf Einzelprobleme wie z. B. Gesprächsleitung, Konfliktbehandlung, sowie auf die praktische Anwendung des Gelernten (u. a. Umgang mit AV-Paketen) abgestellt.

6. Seminartag (Montag)

Nach einer Auflockerungsübung versuchten wir, anhand eines Films den Unterschied zwischen einem Schein- oder Pseudogespräch einerseits und einem Klärungsgespräch andererseits herauszuarbeiten. Während beim Pseudogespräch praktisch fast alle Gespräche über den Chef laufen, was sich auch meist in der Sitzordnung offenbart (vgl. Skizze)

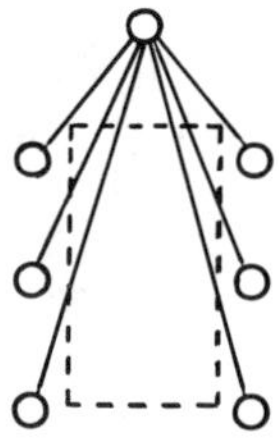

und dadurch die Entscheidung quasi vorweggenommen ist, sprechen die Teilnehmer beim Klärungsgespräch mehr zueinander (vgl. Skizze).

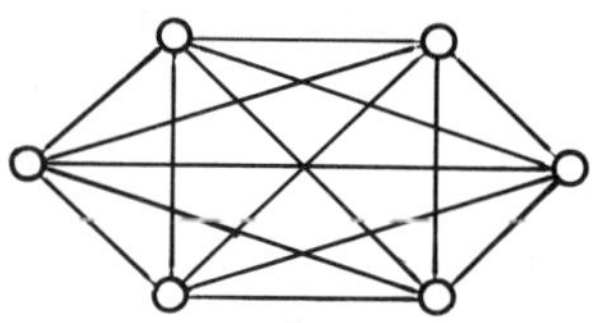

Der Trainer, bzw. der Chef, leitet unauffällig das Gespräch. Bei näherer Betrachtung läßt sich direkt ein Zusammenhang zwischen Trainingsstil und Gesprächsleiterverhalten herstellen (vgl. dazu 2. Seminartag).

Im Rahmen eines Lehrgesprächs ließen wir dann die Teilnehmer erarbeiten, wie

- der Gesprächsleiter einerseits und
- die Gesprächsteilnehmer andererseits

durch ihr Verhalten ein Gespräch möglichst positiv beeinflussen können. Dabei ergab sich, daß der Gesprächsleiter sowohl auf der Inhalts- als auch auf der Prozeß- und Geschäftsordnungsebene intervenieren kann. Seine Beiträge sollten sich jedoch mehr auf die Prozeß- und Geschäftsordnungsebene und weniger auf die Inhaltsebene konzentrieren.

Es sind viele gesprächsfördernde Verhaltensweisen der Teilnehmer denkbar, z. B. Aufgaben- und Erhaltungsrollen.

Im folgenden kam es uns vor allem darauf an, die ND-Technik (nondirektive Gesprächsführung) herauszustellen. Sie ist für den Gesprächsleiter eine Möglichkeit, den Teilnehmern die Aussprache zu erleichtern und vor allem Informationen aus dem Teilnehmerkreis ins Gespräch zu bringen (Inhaltsebene).

Natürlich gibt es bei solchen Gesprächen immer wieder Schwierigkeiten für den Gesprächsleiter. Eines der Hauptprobleme ist das Schweigen von Teilnehmern. Dafür kann es eine Reihe von Gründen geben. Wir wählten uns 9 Gründe aus der Vielzahl möglicher Gründe heraus und teilten diese auf drei Gruppen auf. Es sollte bearbeitet werden,

- welches Verhalten bei den einzelnen Gründen zu beobachten ist und
- wie sich der Gesprächsleiter jeweils verhalten sollte.

Die Gruppensprecher erläuterten ihre Ergebnisse, die auf Metaplankarten für alle Teilnehmer sichtbar aufgezeichnet wurden. Meine Aufgabe war es, diese Arbeit zu moderieren. Damit war unser Part beendet. Anschließend holten wir uns Feedback bei Herrn Breuel, der uns bei unserer Trainingseinheit betreut hatte. Natürlich war dieses Feedback äußerst wichtig, zeigte es uns doch mit den Augen eines Dritten, welche Verhaltensweisen von ihm als gut oder schlecht empfunden wurden.

Dieses Feedback war wichtig, da es uns wertvolle Hinweise für den weiteren Seminarverlauf und für die Praxis gab. Bevor auf den praktischen Teil dieses Tages eingegangen wird, scheint es mir ratsam, die Lerneinheit des nächsten Tages vorzustellen. Zwei Gründe sprechen dafür:

1. Es handelt sich beim praktischen Teil vom Montag nachmittag um die Erarbeitung und Präsentation von AV-Paketen, eine Einheit, die sich über mehrere Tage hinzog und deshalb bei chronologischer Berichterstattung zerrissen würde.

2. Die nächste theoretische Lerneinheit befaßte sich mit der Behandlung von Konflikten, ein Thema, welches gerade für das Verständnis meiner Ausführungen zu den AV-Paketen eine gewisse Rolle spielt.

7. Seminartag (Dienstag)

Diesen Tag erwarteten wir natürlich mit besonderer Spannung, da das Thema „Konflikte" schon am 2. Analysetag von Herrn Dr. Rosenkranz als besonders wichtig angekündigt worden war. Außerdem waren die vergangenen Tage praktisch eine einzige Aneinanderreihung von Konflikten gewesen. Grund genug, daß wir Näheres über Konflikte wissen und erfahren wollten.

Konflikte lassen sich einteilen in

- Konflikte zwischen Gruppen,
- Konflikte zwischen Einzelpersonen,
- Intrapersonale Konflikte.

Behandelt wurden nur die beiden letztgenannten. Zum Einstieg in das Thema „Konflikte zwischen Personen" wurden wir – jeder einzelne – aufgefordert, einen Satz auf Metaplankarten niederzuschreiben, der bei uns zu einem Konflikt geführt hat.

Diese Aufforderung der Referenten führte bereits bei einigen Teilnehmern zu einem Konflikt. Folge: Von 11 möglichen Sätzen wurden nur 9 abgegeben, davon waren 3 unbrauchbar. Drei Gruppen sollten nun bearbeiten, welche Gefühle und Empfindungen diese Sätze bei den betreffenden „Empfängern" hervorgerufen haben könnten.

Auch bei diesen Gruppenarbeiten „knisterte" es. Es kam zu Widerständen gegen die Referenten. Offensichtlich war die Atmosphäre alleine wegen des besonderen Themas schon aufgeheizt. Wir konnten schließlich feststellen, daß speziell Empfindungen wie Wut, Enttäuschung, Verbitterung, hervorgerufen werden.

Danach nochmals eine Gruppenarbeit mit anschließendem Rollenspiel. Aufgabe:

Abteilungsleiter A teilt dem neuen Mitarbeiter B mit, er solle Sachbearbeiter C bitten, ihn einzuarbeiten und C gelegentlich mitteilen, daß er (B) den Sachbearbeiter (C) zum Zeitpunkt 2 ersetzen solle. C hätte dann eine andere Aufgabe zu übernehmen. Wir sollten versuchen, diesen Konflikt zu lösen und die Situation anschließend zu spielen. Meine unausgesprochene Reaktion war: „Was Dümmeres ist denen wohl nicht eingefallen". Trotzdem taten wir, wenn auch mit Skepsis, wie uns „geheißen". Dem Ergebnis beider Gruppen war gemeinsam, daß sich C und B entschlossen, ein gemeinsames klärendes Gespräch mit A zu führen.

Zu diesem Zeitpunkt waren einige Teilnehmer an ihrer oberen Belastungsgrenze. Es war Zeit, daß die Referenten verstärkt die Initiative ergriffen. Deshalb bekamen wir jetzt die Theorie nachgeliefert:

Das „A" und „O" für jede Konfliktbearbeitung ist exaktes Zuhören. Nur so können die verschiedenen Standpunkte verstanden werden.

Wie schwer Zuhören tatsächlich ist, wurde uns während einer Zuhörübung deutlich:

Teilnehmer A teilt Teilnehmer B etwas mit. Dieser (B) hat den Inhalt möglichst genau zu wiederholen und dann einen neuen Satz zu formulieren, der möglichst im Zusammenhang mit dem ersten Satz steht, wobei dieser Satz an Teilnehmer C gerichtet ist usw., usw.

Es war schwieriger, als wir glaubten, weil viele von uns bereits beim Zuhören damit beschäftigt waren, über den eigenen Satz, der zu formulieren war, nachzudenken.

Theoretisch sieht Konfliktbearbeitung so aus:

Konflikt führt zu Frustration. Mögliche Reaktionen können sein:

- Aggression
- Restriktion }
- Verdrängung } sind keine Lösungswege

Aggressionen bergen Lösungsmöglichkeiten in sich, wenn sie zu Verhandlungen auf der Ebene des Erwachsenen-Ichs führen (vgl. dazu Transaktionsanalyse/5. Seminartag). Allerdings müssen alle Daten und Fakten allen Beteiligten bekannt sein. Innerhalb von Gruppen kann ein Konflikt-Lösungsgespräch folgendermaßen ablaufen:

1. Anmeldung der Störung;
2. (Hintergrund-)Bedürfnisse werden herausgearbeitet;
3. die Störung wird umformuliert in Wünsche an die anderen Teilnehmer (Ich-Botschaften verwenden);
4. Mögliche Vorschläge zur Konfliktbewältigung sammeln, z. B. durch Brainstorming;
5. auf eine gemeinsame Lösung einigen, der alle Teilnehmer zustimmen können sollten.

Anschließend wurde uns der Ablauf eines Konflikts und seine Behandlung graphisch gezeigt:

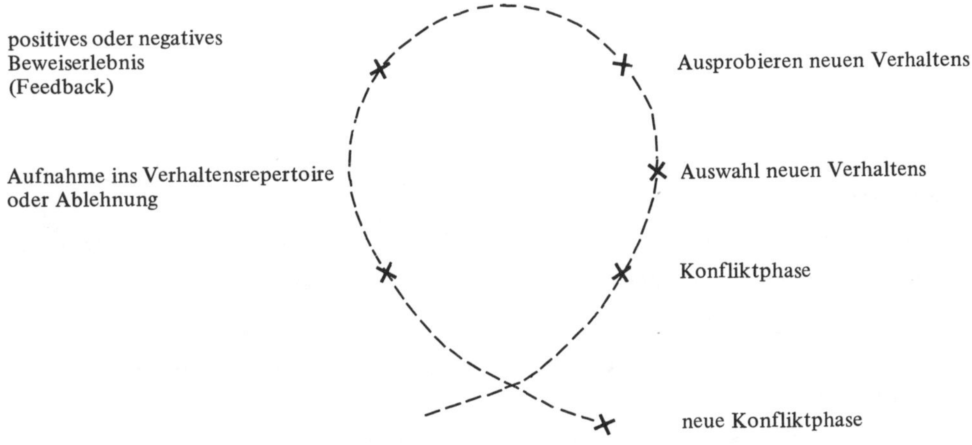

Praktisch ist das Leben nichts anderes als eine Aneinanderreihung von Konflikten.

Unsere Aufgabe ist es, Konflikte konstruktiv zu machen. Dies gilt natürlich besonders für Konflikte, die in Seminaren auftreten. Wenn es uns gelingt, Konflikte konstruktiv zu machen, dann werden sie zum Motor des Lebens.

Der Rest dieser Lerneinheit war den intrapersonalen Konflikten gewidmet. Ursachen für den intrapersonalen Konflikt sind häufig Streß und Angst. Zwar entwickelt der Körper Abwehrmechanismen, z. B. dadurch, daß er schwitzt. Allein dadurch können Streß und Angst jedoch nicht abgebaut werden. Der einzelne muß schon selbst mit daran arbeiten, sich seine Zustände bewußt machen und daraus zu vernünftigen Schlußfolgerungen kommen.

Hilfen können hierzu sein:

- Selbstmotivation durch mentales Training
- Autogenes Training
- Meditation

Eine kleine Übung gab uns einen Einblick in die Wirkung von autogenem Training. Danach erklärten die Trainer, daß Alkohol und Nikotin den Streß förderten. Dies führte innerhalb der Gruppen zu weiteren Konflikten. Unmut und Widerspruch machten sich breit. Es war höchste Zeit, daß diese Lerneinheit zu Ende ging. Danach hatten wir einige Stunden Zeit, dieses Thema und die damit verbundenen Belastungen zu verdauen. Wir – eine kleine Gruppe von 4 Leuten – machten an diesem Nachmittag die Erfahrung, daß Sport (in unserem Fall Skifahren) ein gutes Mittel ist, um Streß abzubauen.

Montag bis Donnerstag (sukzessive)

Ein Großteil der zweiten Woche war der Aufbereitung von AV-Paketen gewidmet. Am Montag- und Dienstagabend bereiteten sich drei Gruppen vor; am Mittwoch und zum Teil am Donnerstag präsentierten sie die Ergebnisse ihrer Arbeit. Unsere Aufgabe war, die drei AV-Pakete

- „Aktiv beraten“,
- „Kundenreklamationen“,
- „Erfolgreich verkaufen“

so aufzubereiten, wie wir es für richtig hielten. Vor dem Plenum präsentierte jede Gruppe ihre Ergebnisse und zwar so, daß

- ein Teilnehmer das Gesamtprogramm anhand vorbereiteter Flipcharts moderierte und
- die vier anderen Teilnehmer einen schwierigen Part, der ca. 10–15 Minuten dauerte, ausprobierten.

Die wichtigsten Passagen des gesamten, ca. einstündigen Programms wurden aufgezeichnet, denn anschließend

1. wurde der Inhalt des vorgestellten Paketes besprochen, d. h. auf seine Stärken und Schwächen hin analysiert,
2. erhielten der Moderator und die Trainer Feedback, wobei ständig die Feedback-Leitung wechselte,
3. erhielten ebenfalls die jeweiligen Feedback-Leiter Feedback.

Das Gesamtthema erschien mir so interessant, daß ich hierauf näher eingehen möchte.

1. *Aufteilung der Gruppen:*

   Schon als es darum ging, fünf Teilnehmer für jedes Paket zu finden, gab es Schwierigkeiten. Es gab mehr Interessenten für das Paket „Aktiv beraten“ als für die beiden anderen. Als schließlich für zwei Pakete die Teilnehmer feststanden, blieb für den Rest das dritte Paket. Es zeigte sich bald, daß sich hier Konflikte anbahnten. In unserer Gruppe fanden wir sehr schnell eine Geschäftsordnung und wir bekamen daher den Inhalt auch sehr schnell in den Griff. Wir verteilten ohne größere Meinungsverschiedenheiten auch die Aufgaben für die Präsentation. Dabei entwickelten wir ein starkes „Gruppengefühl“ nach dem Motto: „Was sind wir doch für eine gute Truppe“. Diese Einstellung bezog sich speziell auf unseren Arbeitsstil. Dieses „Wir-Gefühl“ hielt auch während der Präsentation an. Zum Teil anders lief es bei den übrigen Gruppen. Hier tat sich eine tiefe Kluft auf, als sich herausstellte, daß gleich zwei Teilnehmer „keine Zeit hatten", am Abend das AV-Paket aufzubereiten. Es kam zu Konflikten, die dazu führten, daß diese beiden Teilnehmer nicht mehr so stark in die Seminargruppe integriert waren.

2. *Verwertung der Ergebnisse:*

   Alle Gruppen präsentierten ihre Programme. Die anschließende Besprechung zeigte den jeweiligen Akteuren und natürlich auch allen übrigen Teilnehmern, wo noch Schwächen vorhanden waren. Dies hielten wir schriftlich fest, so daß es möglich ist, die von uns überarbeiteten und modifizierten Pakete in unserer eigenen Sparkasse einzusetzen.

3. *Lernerfolge zeigen sich:*

   An den Nachmittagen der ersten Woche hatte es sich gezeigt, wie schwierig die Aufgabe eines Trainers sein kann; hinzu kam die Nervosität mancher Teilnehmer. Dementsprechend hart arbeiteten wir unter der Anleitung unserer Trainer an uns selbst. Der Erfolg zeigte sich bei vielen von uns schon in der zweiten Woche bei der Präsentation unserer Pakete. Verkrampfungen hatten sich gelöst. Wo wir zum Teil ängstlich in die Runde geblickt hatten, gelang uns in vielen Fällen ein freundliches Lächeln. Unsere Mimik und Gestik wurden abwechslungreicher. Der Umgang mit den Medien bereitete lange nicht mehr solche Schwierigkeiten. Kurz und gut, wir hatten unsere Lektion der ersten Woche nicht nur theoretisch gelernt.

4. *Feedback und immer wieder Feedback:*

   Feedback war in meinen Augen das wichtigste Element dieses Lehrgangs. Es verdeutlichte jedem Teilnehmer, wie ihn andere sehen. Feedback kann jedoch nur dann dem Empfänger etwas geben, wenn die Regeln des Feedback eingehalten werden. Für die Einhaltung dieser Regeln ist der Feedback-Leiter zuständig. Deshalb hatte das Feedback nicht nur in der zweiten Woche einen doppelten Zweck:

   - Es sollte dem Feedback-Empfänger helfen;
   - Feedback-Leitung sollte geübt werden.

   Aus diesem Grund erhielt auch der Feedback-Leiter, wenn er es wünschte, Rückkoppelung. Daß die Feedback-Leitung zu den schwierigsten Aufgaben eines Trainers gehört, bekamen wir oft zu spüren. So sind z. B. wichtig: die Zurückhaltung auf der Inhaltsebene und die Konzentration auf die Geschäftsordnungsebene. Die Steuerung der Teilnehmer sollte nicht zuviel mit Wort geschehen, sondern möglichst viel mit Hilfe der Körpersprache, das heißt:

   - den Körper einsetzen (z. B. vorbeugen, aufstehen u. a.),
   - durch Blicke und Gesten zum Sprechen animieren.

   Hier konnten wir eine ganze Menge lernen.

   Wichtigstes Medium beim Feedback war der Videorecorder:

   - Er überbrückt die Zeit, die oft aus organisatorischen Gründen zwischen Aktion und Feedback verstreicht.
   - Er gibt den Kandidaten die Chance, sich selbst agieren zu sehen.
   - Er macht es möglich, Details beliebig oft zu wiederholen.

Nach den bei diesem Lehrgang gemachten Erfahrungen hätte ich ein denkbar schlechtes Gefühl, wenn ich bei einem eigenen Seminar als Trainer eine Feedback-Leitung ohne AV machen müßte.

Mir widerfuhr nämlich folgendes:

Ich hatte die Feedback-Leitung bei einem Teilnehmer, dessen Part nicht besonders gut gelaufen war. Zwischen dem Rollenspiel und dem Feedback waren einige Stunden verstrichen. Wie sich beim Feedback herausstellte, war der Videorecorder ausgefallen.

Das Ergebnis war deprimierend: Trotz verzweifelter Bemühungen meinerseits gaben die Teilnehmer fast ausschließlich ihre negativen Eindrücke wieder, so daß ich das Feedback abbrach, da die Belastung für den Kandidaten zu groß zu werden drohte.

Es hatte sich gezeigt, wie wichtig es beim Feedback ist, auch die guten Verhaltensweisen des Teilnehmers, die ja immer vorhanden sind, hervorzuheben und dem Teilnehmer damit soviel „Streicheleinheiten" wie möglich zukommen zu lassen (vgl. dazu die Ausführungen zum Rollenspiel/4. Tag).

9. Seminartag (Donnerstag)

(Analyse des Trainerverhaltens)

Bereits vor dem Seminar hatten wir eine Problemsituation in Form eines Dialogs niedergeschrieben. Situation, eigene Ziele und Annahmen wurden schriftlich festgehalten. Diese Übung, versehen mit dem Kommentar von Dr. Rosenkranz, erhielten wir jetzt zurück. Bevor es jedoch so weit war, erfuhren wir noch einiges über die Theorie sozialen Handelns. Erst einmal wurde das Trainerverhalten allgemein analysiert.

Soziales Verhalten ist bestimmt durch die Annahmen über

- mich selbst,
- die anderen,
- die Umwelt.

Davon wird das aktuelle, beobachtbare Verhalten – meine Verhaltensstrategie bestimmt. Manchmal klaffen auch meine Annahmen und das Verhalten auseinander. Der Erfolg zeigt sich am Ende in der Reaktion der anderen und der Verschlechterung oder Verbesserung der sozialen Situation.

Wir erfuhren etwas, was nach Meinung von Dr. Rosenkranz – ineffektives soziales Handeln war. Demgegenüber gestellt wurde die Kooperationstheorie für effektives soziales Handeln,

wobei jeweils die

- Ziele (und zugrundegelegten Annahmen),
- Strategien und
- Ergebnisse

bei beiden aufgezeigt wurden.

Es wurden gegenübergestellt, was man

- einerseits gerne tun würde und
- andererseits tatsächlich tut.

Dr. Rosenkranz sagte uns, daß die Erfahrung gezeigt habe, daß das, was man tatsächlich tut, in 80–90 % aller Fälle von den ursprünglichen eigenen Zielen abweicht, meist in eine Richtung zu ineffektivem sozialem Handeln. Betretenes Schweigen herrschte nach diesen Ausführungen, dem eine Niedergeschlagenheit bei den meisten Teilnehmern folgte, als Dr. Rosenkranz jetzt die kommentierten Übungen zurückgab.

Wir wurden aufgefordert, zusammen mit unserem Seminarschatten

1. die zurückgegebenen Übungen durchzusprechen;
2. uns über einige allgemeine Fragen zu unterhalten, wie z. B.
   - was ist mein Ziel als Trainer,
   - wie sehe ich mich selbst,
   - wie sehe ich das Leben schlechthin,
   - wie lief mein Leben bisher ab;
3. persönliche Ziele für die nächsten Monate zu formulieren und auszutauschen.

Da wir in den vorangegangenen Tagen vor allem auch einiges über uns gelernt hatten, war es naheliegend, neue Ziele aufgrund der gemachten Erfahrungen zu formulieren. Dieses Gespräch führten wir sehr offen. Durch den Vergleich war es möglich, etwas über mein

- Selbstbild – wie sehe ich mich selbst – und
- Fremdbild – wie sieht mich eine andere Person

zu erfahren. Dadurch hatte ich die Möglichkeit, mein künftiges Verhalten

- als Trainer,
- als Kollege,
- in der Freizeit usw.

auf diese neuen Erkenntnisse abzustellen.

Nicht zuletzt deshalb kamen wir beide (auch meinem Seminarschatten war es ähnlich ergangen) mit einer viel gelösteren und optimistischeren Stimmung in das Plenum zurück. Hier im Plenum erfuhren wir, daß es anderen ebenso ergangen war. Es zeigte sich auch, daß die Teilnehmer, die keinen Seminarschatten hatten, viel schwerer zu kämpfen hatten, um ihre Niedergeschlagenheit zu überwinden.

Die hier beschriebene Übung ist im folgenden dargestellt:

Übung zur eigenen Theorie sozialen Handelns

Hans Rosenkranz

Die folgende Übung gibt Ihnen Gelegenheit, Ihre Ziele und Strategien sozialen Verhaltens zu überprüfen.

Schreiben Sie zuerst einen Konfliktdialog nach dem beiliegenden Beispiel. Halten Sie sich bitte dabei strikt an die vorgeschlagene Form.

Werten Sie Ihren eigenen Dialog mit Hilfe eines Beraters (besonders geeignet sind Ihr Ehepartner oder Ihre älteren Kinder) aus, indem Sie herausfinden, inwieweit Ihre Aufzeichnungen mit der Zusammenstellung „Ineffektives soziales Verhalten“ oder der Zusammenstellung „Kooperationstheorie für soziales Verhalten“ übereinstimmen. (Die beiden Blätter finden Sie in dem Artikel: Theorie und Praxis sozialen Verhaltens.)

1. Wählen Sie eine Situation aus, bei der Sie und eine andere oder mehrere Personen beteiligt sind. Es könnte eine Situation sein, bei der Sie versuchten zu lernen, zu beeinflussen, zu motivieren, zu helfen, zu lehren, oder was auch immer für Sie wichtig ist. Es könnte eine Situation sein, die Sie bereits erlebten, mit der Sie noch zu tun haben oder die auf Sie zukommen wird. Die Situation sollte aber wichtige Bedeutung für Ihre eigene berufliche Entwicklung haben.
2. Geben Sie eine kurze Beschreibung dieser Situation (so daß ein mit ihr nicht Vertrauter sich aus wenigen Sätzen ein Bild darüber machen kann).
3. Definieren Sie möglichst klar Ihre Ziele für diese Situation. Mit anderen Worten: Beschreiben Sie, was Sie als einen erfolgreichen Abschluß dieser Diskussion betrachten würden.
4. Beschreiben Sie Ihre grundlegenden Strategien, die Sie verwendeten, um Ihre Ziele zu erreichen.
5. Versuchen Sie, sich über alle Annahmen klar zu werden, die Ihre Verhaltensweise beeinflußten.
6. Geben Sie auf ein oder zwei Seiten den Dialog wieder, den Sie und die andere(n) Person(en) führten, wobei Sie folgendes Schema zugrunde legen sollten:

• Dialog	• Zugrunde liegende Gedanken, Wahrnehmungen und Gefühle
Ich:	
Andere(n) Person(en)	
Ich:	
Andere(n) Person(en)	

Die linke Seite des Schemas sollte in wörtlicher Rede, die Konversation zwischen Ihnen und der (den) anderen Person(en) wiedergeben. Die rechte Seite sollte die Gedanken, Wahrnehmungen, Vermutungen und Gefühle enthalten, die Sie im Laufe des Dialogs hatten. Bitte beschreiben Sie einen Dialog, der die wichtigsten Punkte darstellt, mit denen Sie in dieser Situation zu tun hatten.

7. Schließlich versuchen Sie bitte am Ende zu bewerten, inwieweit Sie Ihre Ziele in dieser Situation erreicht haben.

- Beispiel für eine Situationsbeschreibung

  – Situation:

  Konfrontation zwischen mir als Substitut eines Warenhauses und einer älteren Verkäuferin.

  – Ziel:

  Die Verkäuferin in kooperativer Weise dazu zu bringen, eine von mir gestellte Aufgabe zu erfüllen.

  – Annahmen über mich selbst:

  1. Ich bin einer der jüngeren Substituten und habe erst zu beweisen, daß ich berechtigterweise diese Führungsposition einnehme.
  2. Die meisten Verkäuferinnen akzeptieren mich, mit zwei älteren habe ich Schwierigkeiten. Diese kann ich aber bewältigen, wenn ich nur genügend korrekt und freundlich bin.

  – Annahmen über die Verkäuferin:

  1. Die Verkäuferin ist mehr daran interessiert, Umsatz zu machen, als die unangenehmen Lagerarbeiten zu erledigen.
  2. Es ist eine sehr schwierige Verkäuferin.
  3. Die Verkäuferin ist relativ faul.

• Dialog		• Zugrunde liegende Gedanken, Wahrnehmungen und Gefühle
Ich:	Guten Morgen, Frau Huber	Ich bin neugierig, in welcher Stimmung sie heute ist.
Frau H:	Guten Morgen.	
Ich:	Wie geht's heute früh?	Muß mich ein bißchen für sie interessieren, vielleicht verdaut sie dann besser, was ich von ihr will.
Frau H:	Na ja, wie gewöhnlich an so einem regnerischen Morgen.	
Ich:	Frau Huber, würden Sie so nett sein und diese beiden Kartons ins Lager bringen und einsortieren? Im Augenblick ist noch nicht so viel zu tun.	
Frau H:	Das ist eigentlich die Aufgabe der Lehrlinge	Dacht ich's doch.
Ich:	Der eine Lehrling ist heute in der Berufsschule und der andere ist noch nicht da.	Sie müßte diese Gründe doch einsehen . . .
Frau H:	Warum soll ich die Faulheit der Lehrlinge unterstützen?	Jetzt projiziert sie ihre eigene Faulheit auf die Lehrlinge.

Ich:	Ich muß Sie darauf aufmerksam machen, daß in Ihrer Stellenbeschreibung . . .	Eigentlich berufe ich mich ja nicht so gern auf die Stellenbeschreibung, aber wenn sie mir so kommt.
Frau H:	Sie haben für mich immer nur die unangenehmen Dinge zu tun. Warum fordern Sie nicht die Frau X auf, die auch sonst immer den besten Umsatz macht.	Aha, hier liegt der Hund begraben.
Ich:	Sehen Sie Frau H, ich möchte wirklich nicht mit Ihnen streiten, wegen so einer kleinen Sache, ich habe eine ganze Menge zu tun.	Vielleicht kann ich das alles etwas herunterspielen.
Frau H:	Ich auch . . .	
Ich:	Sie sind zwar älter als ich, Frau H, deswegen ist es aber doch Ihre Pflicht, auch Lagerarbeiten zu übernehmen. Es dauert doch wirklich nicht lang.	Ich will dir zeigen, wer hier der Boß ist.
Frau H:	Mir ist das gleich, wie lange es dauert, aber . . .	Mir platzt jetzt langsam der Kragen.
Ich:	Wenn Sie das nicht einsehen wollen, dann werde ich das Problem bei der nächsten Mitarbeiterbesprechung zur Sprache bringen.	
Frau H:	Gut, ich trage die Kartons herunter, aber eins sollen Sie wissen, ich lasse mich nicht dauernd von Ihnen benachteiligen und werde mich über Sie beschweren.	Jetzt auch das noch am frühen Morgen, aber mich kann sie nicht einschüchtern; immer schön ruhig bleiben.
Ich:	Das können Sie ruhig tun, Sie wissen ja . . .	
Frau H:	Darüber weiß ich genau Bescheid, Sie brauchen mich nicht zu belehren.	
Ich:	O. k., dann machen Sie schon . . .	. . . sonst besinnt sie sich doch anders.

- Bewertung der Situation:

1. Sie hat ihre Aufgabe erfüllt.
2. Keine Veränderung in ihrer Arbeitseinstellung.
3. Ich weiß jetzt sicher, daß sie mich nicht mag und daß es in Zukunft noch mehr Probleme geben wird.
4. Möglicher Ärger mit einer Beschwerde.
5. Kooperation ist schwer, wenn der andere nicht will.

(Ideen und Konzept dieser Übung kommen von Lee Bolman, The Client as Theorist: an Approach to Individual and Organization Development in: John Adams (Hg.), Theory and Method in Organisation Development: An Evolutionary Process, 1974 NTL, Institute for Applied Behavioral Science, Arlington, Virginia 22209.)

Theorie und Praxis sozialen Verhaltens

Hans Rosenkranz

Jedermann hat eine mehr oder weniger bewußte Einstellung zu sich selbst und anderen. Sie ist entstanden in der frühen Kindheit. Elterliche Gebote und Verbote wurden übernommen und bestimmen heute noch Handlungsziele und ausgeübtes Verhalten.

Einstellungen und Annahmen über mich selbst und andere und die durch sie beeinflußten Aktionsziele ergeben die eigene Theorie sozialen Verhaltens.

Wie in der oben beschriebenen Übung klaffen nun Theorie und Praxis sozialen Verhaltens in der Regel weit auseinander.

Die meisten Führungskräfte und Trainer, die ich in Seminaren befragte, bekennen sich z. B. zu einem kooperativen Führungs- und Erziehungsstil. Wenn aber ihre Theorie am praktischen Verhalten überprüft wird, so stellt sich heraus, daß die meisten autoritär führen. Ich nehme mich selbst davon nicht aus. Besonders in Streßsituationen setze ich mich meinen kleinen Söhnen gegenüber recht autoritär durch.

Seit Jahren bringe ich Trainern und Ausbildern bei, daß aktivitätsorientierte Methoden wie Gruppenunterricht und Rollenspiel weit lernfördernder sind als Vorträge. In Begeisterung geraten ertappe ich mich manchmal dabei, gerade diese Gedanken durch Vorträge zu verbreiten.

Diese hier aufgezeigte Problematik findet sich auch bei Gruppen und Abteilungen.

In Seminaren z. B., in denen ich zwei Gruppen eine Aufgabe anbiete, die entweder durch Konkurrenz oder Kooperation zwischen den Gruppen gelöst werden kann, entscheiden sich die meisten Gruppen für Konkurrenz. Ich habe die Aufgabe ca. 100mal angeboten. In fünf Fällen haben sich Gruppen für Kooperation, in 95 Fällen für Konkurrenz entschieden. Dieses Ergebnis ist deprimierend. Selbst in Situationen, in denen eindeutig Kooperation notwendig ist, wie z. B. zwischen Innen- und Außendienst einer Organisation oder zwischen Kreditabteilung und Zweigstellen eines Instituts entstehen oftmals Vorurteile und Wahrnehmungsverzerrungen, die als Argument verwendet werden, Kommunikation und Kooperation zu reduzieren.

Es wird Ihnen nicht schwerfallen, auch Beispiele aus Ihrem eigenen privaten und geschäftlichen Alltag zu finden.

Wenn Sie wie vorgeschlagen einen Konfliktdialog geschrieben haben, können Sie nun überprüfen, ob und wie groß die Diskrepanz zwischen Ihren eigenen Zielen und Ihrem Handeln ist. Vergleichen Sie Ihren Dialog darauf hin, ob ihre anfangs formulierten Ziele und Annahmen mit dem tatsächlich ausgeübten Verhalten (dem was Sie als direkte Rede niedergeschrieben haben) und dem Ergebnis der Interaktion am Ende übereinstimmen.

80–90 % aller von mir bisher gelesenen Dialoge stimmten eher mit Einstellungen und Verhaltensweisen überein, die ich als sozial ineffektiv bezeichne und die im folgenden aufgeführt sind:

- Konkurrenztheorie für ineffektives soziales Handeln

Ziele:

1. Gegenseitige Beeinflussung, um die eigenen Ziele zu erreichen.
2. Selbstschutz (vor Konfrontation, offenem Konflikt, vor negativen Gefühlen anderer).

Zugrunde liegende Annahmen:

1. Ich habe recht; jeder, der mit meiner Meinung nicht übereinstimmt, hat unrecht.
2. Die Situation ist konfrontativ; ich kann am besten meine Ziele erreichen, wenn ich die Situation kontrolliere.
3. Die Interaktion ist am effektivsten, wenn der Austausch von Gefühlen möglichst gering ist.

Strategien:

1. Verhalten, das folgende Schwerpunkte hat:
   - Kontrolle der Kommunikation.
   - Starke Überzeugungsstrategien, um die eigene Position zu festigen.
   - Befehle, Aufforderungen, Drohungen.
   - Ratschläge, Moralisierung, Belehrung.

2. Kommunikation von Information, die die eigenen Ziele unterstützt; Nichtbeachtung und Unterdrückung von Information, die das nicht tut.
   - Zurückhalten und Verzerrung relevanter Information.
   - Unterdrücken eigener Gefühle; Versuch, ruhig und sachlich zu bleiben.
   - Wenn andere nicht übereinstimmen und Widerstand leisten, ergeben sich Ignoranz, Unterbrechung und starker Überzeugungsdruck.
   - Selbstverteidigung bei Kritik oder Angriff.
   - Suche nach Information, die die eigenen Ziele unterstützt.

Ergebnisse:

- Sehr geringer Lernerfolg (kein offenes Überprüfen von Annahmen, kein Feedback, kein Austausch von Beobachtungen und Informationen).
- Die soziale Beziehung verschlechtert sich oder bleibt schlecht (Mißtrauen, Entfremdung, gegenseitig negative Wahrnehmungen voneinander, Polarisierung usw.).
- Das eigene Verhalten (und das Verhalten der anderen) wird als egoistisch und defensiv wahrgenommen.

Woher kommt es, daß Menschen, wie es scheint, eher zur Konkurrenz als zu Kooperation neigen? Was sind die Konsequenzen?

In den frühen Kindheitsjahren entsteht aufgrund elterlicher Einwirkungen und früher Entscheidungen das Lebensprogramm, auch Skript genannt. Dieses Skript leben wir als Thema mit Variationen bis heute. Das Skript ist entstanden aus den erfahrenen, interpretierten und übernommenen Einstellungen und Verhaltensweisen zu uns selbst und anderen.

Wann immer Führungskräfte und Trainer heute mit anderen beisammen sind, definieren und gestalten sie ihre Beziehung entsprechend ihrem Skript. Sie senden Impulse aus und erhalten Reaktionen. Werden z. B. negative Annahmen und Verhaltensbotschaften gesendet oder werden sie zumindest von anderen als solche entschlüsselt, so kann mit einer ebenso negativen Reaktion der anderen gerechnet werden. Daraus entwickelt sich der Teufelskreis der Mißtrauenspotenzierung, aus dem auszubrechen erhebliche Anstrengungen erfordert.

Das gleiche gilt nun, Gott sei Dank, auch für die Verbesserung der sozialen Beziehung. Sobald Annahmen und Botschaften dem anderen gegenüber positiv sind und aufgenommen werden, entwickelt sich bald ein angenehm freundliches Klima des Zusammenlebens. Eine Freundlichkeit ergibt die andere. Offene, vertrauensvolle Kommunikation als Voraussetzung für soziales Lernen stellt sich ein. Situationen in Seminaren, in denen z. B. Streicheln, d. h. die authentische Kommunikation von gegenseitiger Anerkennung geübt wird, haben mich selbst freundlicher und kontaktbereiter gemacht und in der Gruppe ein gutes Klima erzeugt.

Führungskräfte, Trainer und Verkäufer, die in der Lage waren, den Umgang mit sich selbst und anderen bewußt zu gestalten, haben größere Aussicht, ihr Skript zu erkennen und es so zu ändern, daß sie Gewinner werden. Ihrer sozialen Aufgabe des Führens, des Förderns von Lernen und Verkaufen können sie dann besser nachkommen.

Diese Erkenntnisse liegen dem Trainings- und Beratungskonzept meines Institutes zugrunde. Ich sehe meine Aufgabe darin, interessierten Individuen (Führungskräften, Trainern, Verkäufern, Organisatoren u. a.) und Gruppen und Organisationen Lernsituationen anzubieten, bei denen sie offene Kommunikation, Kooperation und niederlageloses Konfliktlöseverhalten einüben können. In der folgenden Zusammenstellung sind die angestrebten Ziele, die zugrunde liegenden Annahmen, die den Zielen kongruenten Verhaltensstrategien und schließlich auch die zu erwartenden Ergebnisse angeführt, die ich für sozial effektiv halte.

- Kooperationstheorie für effektives, soziales Handeln

Ziele:

1. Gegenseitige Beeinflussung und Erreichung gemeinsamer Ziele.
2. Angebot von wichtigen, überprüfbaren Informationen.
3. Lernen (mehr Fakten, mehr Alternativen, mehr Beobachtung, erhöhte Kompetenz).

Zugrunde liegende Annahmen:

1. Ich kann am besten durch Kooperation mit anderen meine Ziele erreichen.
2. Effektives Verhalten erfordert die Sammlung und den Austausch von allen relevanten Informationen.
3. Ich lerne am meisten und minimiere meine eigenen Wahrnehmungs- und Realitätsverzerrungen, wenn ich nach Feedback frage und mich von anderen konfrontieren lasse.

Strategien:

1. Versuch, möglichst offene Kommunikation und klares Verstehen von Ideen und Gefühlen der anderen zu erreichen.
   - durch Einfühlungsvermögen und Mitgefühl (Nachdenken, Paraphrasieren–Zuhören und Wiederholung der anderen, durch Wahrnehmungsüberprüfung)
   - offene Einladung zur Konfrontation und Feedback.
2. Versuch möglichst offener und klarer Kommunikation der eigenen Gefühle und Ideen
   - durch vollständige und akkurate Kommunikation relevanter Informationen.
   - durch angemessenes Feedback (beschreibend, konkret, zeit- und situationsgerecht).
3. Ermutigung zu kooperativer Zieldefinition, reflektierter Steuerung sozialer Beziehungen, und Überprüfung der Ergebnisse.

Ergebnisse:

- Gemeinsame Zielerreichung.
- Gegenseitiges Verstehen und Vertrauen.
- Offenes überprüftes Lernen und angemessenes Leisten.

Die praktische Umsetzung dieses Konzeptes ist an den Phasen des Lernprozesses orientiert. In Kursen zur Gruppendynamik besteht die Möglichkeit, mit den eigenen Gefühlen besser in Kontakt zu kommen, zu lernen, sich selbst, andere und Gruppenprozesse zu beobachten. Die Verbesserung der Wahrnehmungs- und Beobachtungsfähigkeit wird durch Kommunikation und sogenanntes Feedback (Austausch von Gefühlen und Beobachtungen zu erlebten Situationen im Seminar) erreicht. Immer wiederkehrende Verhaltensabläufe werden beobachtet und in Seminaren zur Transaktions- und Skriptanalyse mit einfachen Modellen erklär- und analysierbar. Beobachtungen und Gefühle werden eingeordnet. Das Skript ist erlerntes Verhalten aufgrund einer frühen Entscheidung. Wenn Seminarteilnehmer aufgrund von Erfahrungen und Analysen dazu kommen, können sie sich neu entscheiden. Die Fähigkeiten, um die Neuentscheidung in die Tat umzusetzen, werden in Kommunikations-, Kooperations- und Konfliktmanagementseminaren geübt. Zu letzteren sind die Teilnehmer aufgefordert, ihre Konfliktpartner mitzubringen. Sie haben damit die Chance, an echten Konflikten zu arbeiten und neues Verhalten erfolgsversprechend in den Alltag zu transferieren.

Jedes der Einzelseminare ist für sich nach den vier Phasen: „Beobachtung, Analyse, Neuentscheidung, Übung" hin aufgebaut. Die Schwerpunkte sind aber in jedem verschieden.

Was für das soziale Lernen von Individuen gilt, trifft in ähnlicher Weise für Gruppen- und Organisationen zu. Maßnahmen zu Team- und Organisationsentwicklung sind gemäß der vier Lernphasen aufgebaut. Gruppen und Organisationen können ebenso zu lernenden Systemen werden wie Individuen, wenn sie sich entscheiden, aus der Anonymität des Geschehenlassens herauszutreten und ihre Entwicklung bewußt in Theorie und Praxis auf Kooperation hin lenken.

10. Seminartag (Freitag)

(Erfolgssicherung durch Tests)

Um es gleich vorweg zu nehmen: Auch für unser Seminar gab es einen – wenn auch ungewöhnlichen – Schlußtest. Drei Gruppen sollten jeweils einen Schneemann bauen, einen Namen dafür auswählen und ihre Schöpfung dann dem Plenum präsentieren. Je ein Beobachter sammelte während dieses hektischen Treibens der Gruppen Eindrücke. Schließlich konnten der Jury drei ansehnliche Kunstwerke vorgestellt werden. Übereinstimmend berichteten die Beobachter von einem hervorragenden Gruppenverhalten. Beobachtung ist die Testmethode, auf der letztlich jedes Testverfahren beruht.

Darauf basierend erarbeiteten wir eine Reihe von Erfolgssicherungsmethoden und diskutierten ihre Eignung zur Überprüfung von Wissen, Fertigkeiten und Verhalten. Wir schätzten über den Daumen, wofür die folgenden Kontrollformen geeignet sind:

Kontrollform	Kontrolle von Wissen	Fertig-keiten	Verhalten	im Seminar praktiziert
Fallstudie	x		x	–
Rollenspiele			x	x
PU	x			x
Kontrollfragen	x			x
Blitzlicht	–	–	–	x
Selbsterforschung/ Bericht			x	x
Führung			x	x
training on the job	x	x	x	x
Seminarprotokoll	x			x
Erkundungsaufträge	x			–
Übungen	x	x	x	x
Projektarbeit	x	x	x	x

Anschließend zogen wir ein Resümee, welche Erfolgssicherungsmethoden wir selbst in den vergangenen beiden Wochen verwendet hatten. Wir stellten fest, daß wir eine Vielzahl dieser Methoden praktiziert hatten. In erster Linie waren Verhaltensweisen überprüft worden. Da es unsere Trainer verstanden, die Lernatmosphäre entweder anzuheizen oder abzukühlen, war das Seminar eine einzige Aneinanderreihung von Extremfällen, wie sie in der eigenen Sparkasse wohl in dieser Häufigkeit nicht auftreten werden. Ein echter Schlußtest war daher überflüssig. Wichtig war die Erkenntnis, daß Kontrollen nicht erst am Ende eines Trainings bzw. einer Trainingseinheit erfolgen dürfen, sondern ständig dazwischengeschaltet werden müssen. An dieser Stelle noch einige Worte zu der in obiger Übersicht aufgeführten Methode des „Blitzlichts“:

Nach jedem Vormittag, bzw. am Ende eines jeden Tages, stand ein Blitzlicht, d. h. jeder Teilnehmer gab seine derzeitigen Eindrücke und Empfindungen in zwei, drei Sätzen wieder. Diese Ausführungen waren in vielen Fällen sowohl für unsere beiden Trainer als auch für die übrigen Teilnehmer äußerst aufschlußreich; sie gaben in ihrer Gesamtheit die momentane Stimmung im Seminar wieder. Voraussetzung dafür ist allerdings die Aufrichtigkeit aller Teilnehmer – eine Voraussetzung, die in unserem Seminar nach meiner Meinung vorhanden war. Von da aus konnten wir gemeinsam weiter planen, wie wir fortfahren sollten.

Eine letzte Gruppenarbeit befaßte sich dann eingehender mit drei Testmöglichkeiten für dieses Seminar:

- ein PU-Test wurde auf seine Einsatzmöglichkeiten durchleuchtet,
- ein Kritikbogen wurde von der zweiten Gruppe überarbeitet, (beide Tests waren bereits in früheren Seminaren erarbeitet worden)
- die dritte Gruppe, der ich selbst angehörte, stellte einen Bericht vor, in dem jeder seine Selbsterfahrungen, Eindrücke usw. wiedergeben konnte, z. B.:
  - Welche Erfahrungen hatten Sie vor und während des Seminars?
  - Welche Gefühle hatten Sie während des Seminars?
  - Wie hat sich Ihr Verhalten geändert?
  - Wie beurteilen Sie die im Seminar praktizierten Methoden?

– Welche organisatorischen Änderungen würden Sie vornehmen?

– Was hat Ihnen am Seminar gefallen oder nicht gefallen?

Anschließend wurden wir gebeten, jeder für sich einen zweiseitigen Bericht über dieses Seminar zu schreiben. Überraschend war, daß viele Teilnehmer dieser Aufforderung nur höchst ungern nachkamen. Zögern, Protest, Zweifel, Unsicherheit und dergleichen waren zu beobachten. Erstaunlich war dies besonders deshalb, weil während des Seminars fast alle Teilnehmer bereitwillig ihre Meinung äußerten. Offensichtlich wollten sich jedoch nur wenige schriftlich festlegen. Ähnliches war festzustellen, als wir Vertragsabschlüsse mit unserem Seminarschatten abschließen sollten. Wie wir in einer gemeinsamen Besprechung hinterher feststellten, konnten sich auch dazu nur wenige durchringen. Zwischenzeitlich hatten Herr Breuel und Herr Dr. Rosenkranz in einem Nebenraum einen kleinen Bücherstand aufgebaut, der stark umlagert wurde. Offensichtlich bestand ein großes Bedürfnis nach mehr Information über einige der Seminarthemen. Jetzt hatten wir Gelegenheit, Informationen, Literaturhinweise und Quellen zur persönlichen Weiterbearbeitung zu holen.

Zum letzten Male führten wir ein Blitzlicht durch. Es ließ erkennen, daß die Stimmung sehr unterschiedlich war. Sie reichte von Ratlosigkeit bei einigen über Aufgewühltheit bei anderen bis hin zur Entschlossenheit, die neuen Erkenntnisse anzuwenden.

Bevor wir endgültig auseinandergingen, spielten wir in einer letzten Übung die Verabschiedung und die Abreise. Beim Abschied zeigte sich dann, wie gut die Gruppe während dieser beiden Wochen zusammengewachsen war. Zwei interessante, nie langweilige und vor allem für uns erkenntnisreiche Wochen waren zu Ende gegangen.

Allerdings wäre für mich das Seminar erst dann abgerundet, wenn sich der gleiche Teilnehmerkreis noch einmal für ein, zwei Tage zusammenfinden könnte, um Erfahrungen auszutauschen.

Teil 3

Organisationsentwicklung

Organisationsentwicklung - eine Chance für den Betrieb?

Hans Rosenkranz/Reinhard Breuel

- Die Marktsituation erfordert neue Organisations- und Trainingsformen
- Klagen der Geschäftsführung weisen auf ein Defizit von Fähigkeiten zur Kommunikation, Kooperation und Führung
- Organisationsentwicklung bietet die Möglichkeit, in der Kombination von Beratung und Training soziale Störfaktoren zu identifizieren und zu beheben
- Das Problembearbeitungsseminar läuft in fünf Phasen ab
- Initiator für Organisationsentwicklung ist das Team der Vorstände
- Durch gruppendynamisches Training werden Vorstände auf Organisationsentwicklung vorbereitet
- Durch Organisationsentwicklung wird das Institut zu einem lernenden System und kann seine Zukunftsprobleme bewältigen

Die Marktsituation erfordert neue Organisations- und Trainingsformen

Die Sparkassen haben sich in den letzten Jahren von „Geldverwaltern“ zu modernen Wirtschaftsunternehmen entwickelt. Hierfür gibt es eine ganze Reihe von Gründen, die Gültigkeit für die Entwicklung aller Sparkassen haben, und Gründe, die auf die Situation des einzelnen Instituts zurückzuführen sind.

Der Wettbewerb verstärkte sich laufend, da auch die Konkurrenz sich um dieselben Zielgruppen bemüht und in Märkte vordringt, die früher nur von wenigen Kreditinstituten bedient wurden. Diese Wettbewerbssituation führt zu einer stärkeren Marktorientierung.

Die „neue“ Kundenorientierung drückt sich nicht nur im stärkeren kaufmännischen Handeln, sondern auch in verschiedenen organisatorischen Maßnahmen aus. So werden viele alte Schalterhallen in kundenfreundliche, ansprechende Beratungsräume umgestaltet. Die Bedienung der Kunden wird unbürokratischer, insbesondere im Kreditgeschäft.

Viele „Maßnahmen“ sind getroffen, die kundenorientierter sind und rationeller den Betriebsablauf gestalten sollen. Manchmal entsteht allerdings der Eindruck, daß die notwendigen sozialen Fähigkeiten zur Realisierung der geplanten kundenorientierten Organisation nicht vorhanden sind. Aktivitäten erschöpfen sich in Plänen, die nicht umgesetzt werden. Woran liegt das?

Die Faktoren Markt (Kunde), Organisation im weitesten Sinne (sachbezogener Aspekt) und alle Mitarbeiter, einschließlich Geschäftsleitung, in ihrer individuellen Persönlichkeit mit ihren Beziehungen zueinander können nicht getrennt voneinander, sondern müssen als Gesamtheit gesehen werden. Andernfalls ist es wahrscheinlich, daß gut geplante und vorbereitete Maßnahmen am Markt durch die betroffenen Mitarbeiter nicht in der gewünschten und erwarteten Form verwirklicht werden. Um dem vorzubeugen, wurden Schulungsaktivitäten in den letzten Jahren vervielfacht. Sie gewinnen an Bedeutung und Umfang.

Diese Aktivitäten sind ausgerichtet auf die Unterstützung von Marketingkonzepten und das Training der Mitarbeiter zu kundenorientiertem Verhalten. Auch die fachliche Qualifikation der Mitarbeiter ist weiteres Ziel von Schulungen. Zielgruppen diverser Trainings und Schulungen sind Berater und andere Mitarbeiter mit Kundenkontakt. Voraussetzung für diese Schulungsaktivitäten war eine gezielte Aus- und Weiterbildung haupt- und nebenamtlicher Verkaufs-(Verhaltens-)trainer. Die Schulungsaktivitäten haben und werden weiter zu verbessertem verkäuferischem Verhalten und kundengerechterem Fachwissen führen. Trotzdem zeigt sich in der Praxis, daß diese Aktivitäten nicht ausreichen.

Über das verkäuferische Verhalten hinaus wird eine grundsätzliche Umorientierung im Kommunikations- und Führungsstil erforderlich, soll ein flexibles Reagieren der Organisation auf wirtschaftliche, technische und gesellschaftliche Änderungen erreicht werden.

Klagen der Geschäftsführung weisen auf ein Defizit von Fähigkeiten zur Kommunikation, Kooperation und Führung

Neben organisatorisch-technischen Faktoren sind es vor allem mehr im zwischenmenschlichen Bereich liegende Störfaktoren, die ein volles Umsetzen des „Könnens" der Mitarbeiter und die von der Sparkasse gewünschten Leistungen verhindern.

Folgende Beobachtungen lassen sich in der Praxis machen und werden gewöhnlich von den Geschäftsleitungen bzw. den Mitarbeitern beklagt.

- unter den Mitarbeitern ist kein Interesse vorhanden, sich einzusetzen;
- es wird nur getan, was gefordert ist;
- kein persönlicher Einsatz;
- niemand fühlt sich verantwortlich für das, was im Arbeitsbereich oder insgesamt in der Sparkasse passiert;
- keine Identifikation mit den Zielen der Sparkassen;
- kein Informationsinteresse an Sparkassenproblemen.
- Mitarbeiter (auch der mittleren Führungsebene) haben das Gefühl, keinen Einfluß auf das Geschehen in der Sparkasse nehmen zu können.
- Mitarbeiter (auch der mittleren Führungsebene) fühlen sich unwichtig und nicht ernst genommen.
- Die Fähigkeit der Mitarbeiter (z. B. im Team einer Abteilung) wird nicht gesehen und nicht genutzt.
- Mitarbeiter haben nicht das Selbstvertrauen und den Mut (auch Führungskräfte der mittleren Ebene), offen Probleme anzusprechen und sich mit Vorgesetzten in geeigneter Form auseinanderzusetzen.

Umgekehrt haben diese Probleme auch viele Chefs.

- Alltagsärger wird „heruntergeschluckt, weil es ja doch nichts hilft!"
- Probleme in der Zusammenarbeit mit Kollegen und Chefs, besonders Mangel an Offenheit. Gründe hierfür sind: vermutete oder erlebte negative Folgen.
- Ärger und Probleme werden auf Umwegen „gelöst"; der direkte Weg zum Betroffenen wird nicht gewählt, da keine Konfrontationsfähigkeiten vorhanden sind.
- Starke Einbindung der Vorstände und mittleren Führungskräfte in Marktaktivitäten. Dadurch bedingt weniger Zeit für Führungs- und Personalfragen.
- Voneinander unabhängiges Agieren der verschiedenen Abteilungen und Geschäftsstellen gegenüber dem Kunden.
- Häufig Konkurrenzkampf zwischen den Abteilungen und Geschäftsstellen (manchmal durch „Rennlisten" verstärkt).
- Wie in vielen anderen Lebensbereichen wird der Ansatz zu Änderungen bei den anderen gesehen, nicht bei sich selbst.
- Die Mitarbeiter sehen sich für das „Betriebsklima" in ihrem Arbeitsbereich nicht verantwortlich. Dafür werden die Chefs verantwortlich gesehen.
- Die Mitarbeiter schimpfen auf die Sparkasse und sprechen sich nur selten anerkennend über ihren Arbeitgeber aus.
- Insbesondere Geschäftsstellen stellen die Kundeninteressen über die Sparkasseninteressen (z. B. beim Einräumen von Sonderkonditionen).

Alle genannten Punkte deuten auf Führungs- und Kommunikationsprobleme hin. Betrachten wir unser allgemeines Bildungssystem, so wird vieles erklärlich.

Wenig werden Führungskräfte in der Entwicklung von Fähigkeiten zur Kommunikation, Kooperation und Führung durch das allgemeine höhere Schulsystem und leider auch den Fachlehrgang unterstützt. Das gleiche trifft auch für Mitarbeiter zu.

Immer wieder wird von unseren Seminarteilnehmern berichtet, daß auf Verhaltenstrainings erlernte Fähigkeiten nach der Rückkehr in die Organisation abgelehnt werden. Der einzelne hat gelernt, die Organisation aber nicht. Auch die Organisation und ihre Abteilungen sind lernende Systeme und müssen in ihrer Entwicklung unterstützt werden. Dies ist auch einer der Gründe, warum immer stärker die Methode der Teamschulung im Verhaltensbereich praktiziert wird, soweit dies von der Aufgabenstellung her sinnvoll und zweckmäßig ist.

Problembearbeitung ist darüber hinaus nur dann sinnvoll, wenn diejenigen, die am Problem und/oder seiner Bearbeitung teilhaben, auch am Training teilnehmen. Die besten Lösungen kommen gewöhnlich von denjenigen, die die Informationen haben und die mit den Lösungen unmittelbar zu tun haben. Dies erfordert eine neue Auffassung von Führung und einen neuen Führungsstil. Nicht mehr die am höchsten in der Hierarchie Angesiedelten sollen die Entscheidungen treffen, sondern die, die am meisten davon verstehen. Dabei müssen das Potential und der Vorteil genützt werden, die in organisierter und erlernter Teamarbeit liegen.

Führungsverhalten, das solchen Anforderungen gewachsen ist, kann erlernt werden. Niemand würde wagen, jemanden als Kreditberater auf Kunden loszulassen, wenn er nicht ein hervorragender Experte wäre. Wie viele Führungskräfte sind aber nun auf ihre Aufgabe, Teams und Mitarbeiter zu führen, vorbereitet? Selbst auf ihre Aufgabe vorbereitete Führungskräfte versäumen die Möglichkeit, in regelmäßigen Abständen ihr Führungsverhalten kritisch zu beobachten und sich als Führungskraft weiterzuentwickeln. Die von Sparkassenakademie und Verband reichlich angebotenen Führungstrainings werden meist von solchen Führungskräften besucht, die sie noch am ehesten entbehren könnten. Gezieltes, gemeinsames Verhaltenstraining aller Mitarbeiter eines Hauses findet nur in einzelnen Betrieben statt.

Der Istzustand an sozialer Qualifikation bei Sparkassen ist alarmierend. Dennoch wird dies nicht erkannt oder geleugnet.

Organisationsentwicklung bietet die Möglichkeit, in der Kombination von Beratung und Training soziale Störfaktoren zu identifizieren und zu beheben

„Organisationsentwicklung" ist eine Beratungs- und Trainingsrichtung, für die sich in den letzten Jahren einige Sparkassen entschieden haben.

OE geht von einigen Grundsätzen aus, die hier kurz skizziert seien:

- Der permanente technische und soziale Wandel erfordert lern- und anpassungsfähige Organisationen.
- Organisationen können lernen, ihre Probleme zu bewältigen, wenn Fähigkeiten zur Zusammenarbeit in Teams aktiviert werden.

- Über die Teamarbeit hinaus kann durch eine Reihe von weiteren Maßnahmen die Lern- und Entwicklungsfähigkeit der Organisation gefördert werden.
- Wenn Mitarbeiter an Problemlösungen und Entscheidungen so weit beteiligt werden, wie sie hierfür kompetent und interessiert sind, besteht die Chance für bessere Lösungen und für die Identifikation mit ihnen.
- OE arbeitet nur, wenn Führungskräfte bereit und fähig sind, Mitarbeiter und Teams kooperativ zu führen.
- Wenn offene Kommunikation und Kooperation in einem Betrieb möglich sind, besteht eine viel größere Chance, auch kritische Marktsituationen zu bestehen.

Es wäre sicherlich falsch, alle markt- und innerbetrieblichen Problemsituationen nur auf den Mangel an sozialen Fähigkeiten zurückzuführen. Um herauszufinden, ob und wo kritische Punkte in dem Institut sind, bedarf es einiger Anstrengungen (die wiederum soziale Fähigkeiten voraussetzen). Werden diese kompetent unternommen, ist es relativ einfach, durch Training und Reorganisation gelenkte Veränderungen einzuführen, die Erfolg versprechen.

Bei unserer Arbeit mit Sparkassen gehen wir gewöhnlich in folgenden Schritten vor:

1. Als erstes findet mit der Geschäftsleitung des betroffenen Unternehmens ein intensives Beratungsgespräch über die Ziele, Möglichkeiten und auch Risiken von Organisationsentwicklung statt. Nur wenn die volle Bereitschaft der Geschäftsleitung vorhanden ist, sich selbst einzubringen, hat Organisationsentwicklung Aussicht auf Erfolg.
2. Prinzip ist es auch hier, „von oben nach unten“ vorzugehen. Aus diesem Grunde besuchen die Vorstände als erstes ein gruppendynamisches Führungstraining, in dem sie möglichst viel über sich selbst als „Führungsperson“ erfahren.
3. Als nächstes oder parallel dazu findet für mittlere Führungskräfte ein Führungs- und Kommunikationstraining statt. Hier wird vor allem Verhalten im Umgang mit Mitarbeitern und Kollegen trainiert. Dieses interne Training bietet eine Grundlage für die Gestaltung der Kommunikation und die gemeinsame Problemdiagnose in einem folgenden, wichtigen Analyse- und Planungsseminar.
4. In dieser wohl entscheidenden Veranstaltung werden von den wichtigsten Leuten des Instituts gemeinsam die Entwicklungsprobleme diagnostiziert und auf Lösungsansätze hin untersucht. In der Regel setzen die Betriebe die genommenen Kenntnisse schrittweise in die Tat um.
5. Anschließend bearbeiten auch verschiedene andere Gruppierungen des Unternehmens ihre Probleme in entsprechenden Seminaren (z. B. Zweigstellen- und Abteilungsgruppierungen). Diesen Seminaren kann ein Kommunikations- und Selbstsicherheitstraining vorausgehen. Prinzip ist, daß die Probleme von denjenigen, die sie hauptsächlich angehen, analysiert und bearbeitet werden. Angestrebt wird ein lernendes Team.
6. In jährlichen Folgeseminaren findet eine Weiterbearbeitung entsprechend den Bedürfnissen und Problemen der Institute statt. Die Reflexion der eigenen Tätigkeit wird zum festen Bestandteil der Arbeit.

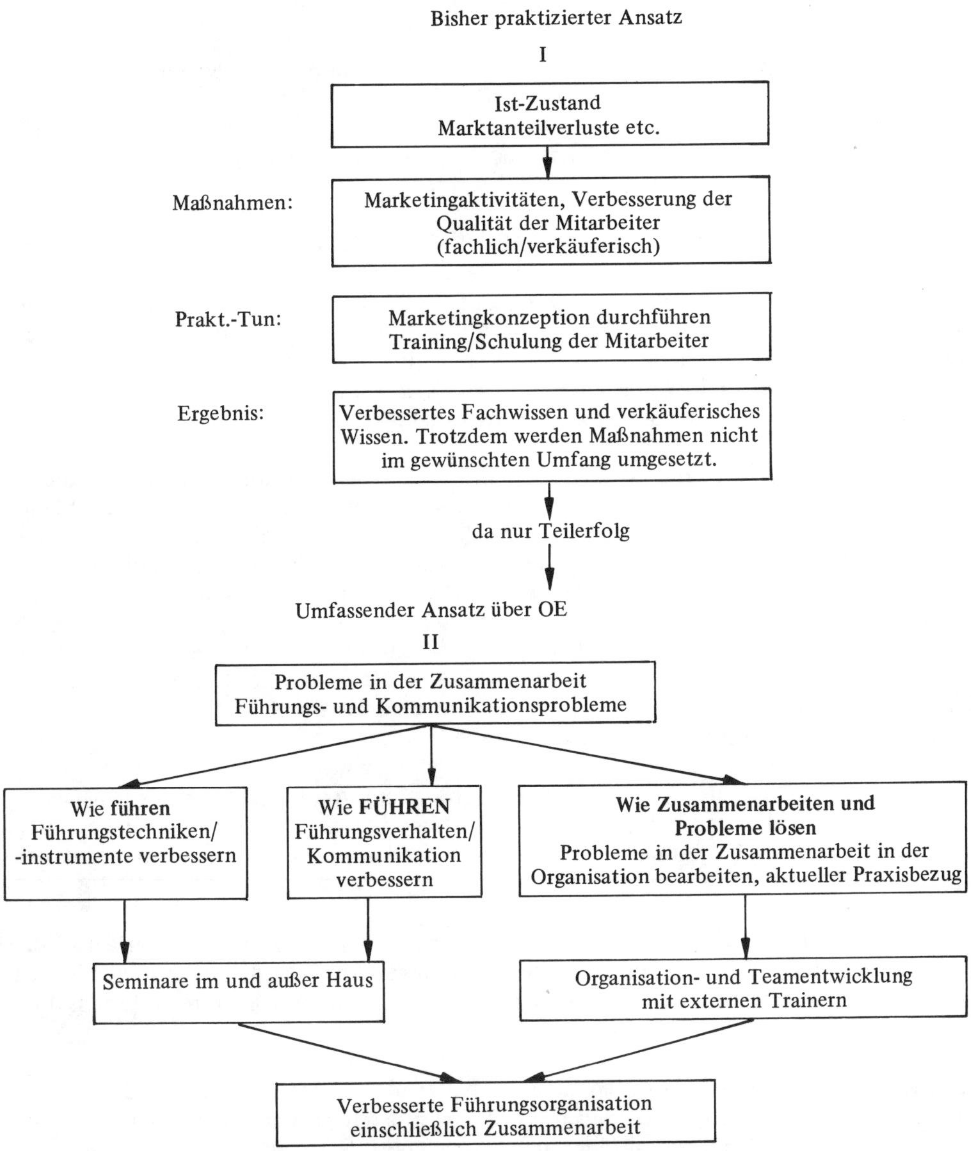

Bisher haben die Sparkassen ihre Aktivität auf den Bereich I konzentriert. Kommunikationsprobleme, insbesondere die Fähigkeit zur Zusammenarbeit und zum Bearbeiten von Konflikten, wurden nur unzureichend, wenn überhaupt, in die Trainingsmaßnahmen miteinbezogen. Es hat sich gezeigt, daß für wirkungsvolles Agieren am Markt neben den direkt nach „außen“ wirkenden (I) auch die nach „innen“ gerichteten Maßnahmen (II) berücksichtigt werden müssen.

Im Bereich Kommunikation, Führung, Problemüberarbeitung besteht ein großer Nachholbedarf.

Das Problembearbeitungsseminar läuft in fünf Phasen ab

Ziel ist es, in dem Analyse- und Planungsseminar die Störfaktoren in der Zusammenarbeit der betroffenen Zielgruppe herauszufinden. Die Probleme, die nach Meinung der Gruppe am stärksten nach Bearbeitung drängen, werden gemeinsam von der Gruppe analysiert. Anschließend werden alternative Lösungsmöglichkeiten erarbeitet, die zu einem konkreten Maßnahmenkatalog führen.

Gleichsam als positives Nebenprodukt entwickeln die Teilnehmer der Veranstaltungen soziale Fähigkeiten, um die anfallenden Probleme so weit wie möglich selber zu bearbeiten. Das Organisationsentwicklungstraining läuft in 5 Phasen ab. In der ersten Phase gilt es, in der Gruppe ein Klima der Sicherheit, des Vertrauens und der Offenheit zu fördern. Nur dann sind die Teilnehmer bereit, ihre Ängste, Befürchtungen und Wünsche über die Zusammenarbeit im Seminar klar auszudrücken. Nichtsdestoweniger bleibt jeder für sein Tun und Lassen in den Seminaren voll verantwortlich.

Auf diesem Klima basierend werden mit entsprechenden Methoden (Übungen, die es erleichtern, Probleme zu erkennen und offen auszusprechen) die anstehenden Probleme gesammelt, analysiert und genau für jeden in der Gruppe verständlich beschrieben. Dabei werden auch die am Problem Beteiligten genannt. Das Problem wird durch Beispiele verdeutlicht. In der dritten Phase werden die Probleme nach Prioritäten geordnet. Anschließend suchen die Teilnehmer für die wichtigsten Probleme Lösungsansätze und -maßnahmen. Die Trainer und Berater stellen diese Übungen und Methoden zur Verfügung, ohne sich in die inhaltliche Seite einzumischen. Von Methoden der Gestalttherapie über Transaktionsanalyse, Rollenspiel u. a. bis zu rein organisatorischen Anregungen reichen die Interventionen des Trainers in dieser Phase.

Der Übergang zur nächsten Phase, nämlich dem Training von Fähigkeiten zur Umsetzung der Lösungen in die Praxis ist fließend. Auch hier ist das Spektrum der eingesetzten Methoden breit. Viele Lösungen lassen sich im Rollenspiel ausprobieren und auf den praktischen Einsatz überprüfen.

Als letztes werden in der Schlußphase des Seminars konkrete Abmachungen getroffen, was getan werden soll. Dabei wird die Maßnahme angegeben, wer dafür verantwortlich ist und der genaue Termin. Die Maßnahmen sollen überprüfbar sein, um die Realisation wirlich zu sichern.

Außerdem können Vereinbarungen über Verhalten der Teilnehmer zueinander und zu Dritten getroffen werden. Diese sind in der Regel nur schwer überprüfbar. Wichtig ist es, einen Termin zu vereinbaren, an dem die Gruppe über die Umsetzung der Vereinbarung nochmal spricht. Dies dürfte nach ca. 3–6 Monaten sein, wenn genügend Zeit zur Umsetzung verstrichen ist. Da es sich bei den Beteiligten um Menschen aus Fleisch und Blut handelt und nicht um Maschinen, dürfen keine Wunder erwartet werden. Vielmehr wird durch ein solches Seminar ein Entwicklungsprozeß eingeleitet, der ständig neue Initiative verlangt. Organisationsentwicklung ist somit ein fortlaufender Prozeß, die Basis, auf der gemeinsames, partnerschaftliches Handeln im Unternehmen aufbauen kann. Im technischen Bereich ist Weiterentwicklung als selbstverständlich und als „zum Überleben“ notwendig akzeptiert. Auch im zwischenmenschlichen Bereich sollten wir die Bedeutung und Wichtigkeit der personalen Weiterentwicklung erkennen.

Initiator für Organisationsentwicklung ist das Team der Vorstände

Kreditinstitute unterscheiden sich heute nur mehr unwesentlich durch ihre Produkte. Solche Institute werden in Zukunft Erfolg am Markt haben, die als sympathisches Team hervorragende Arbeit im Umgang mit Kunden und in der internen Zusammenarbeit leisten. Abhängig sind diese beiden Faktoren wesentlich von der Führung durch die Vorstände. Stellen die Vorstände in ihrer Zusammenarbeit selbst ein Team dar, wie es in der Vorstandsverfassung vorgesehen ist, so besteht eine größere Chance, daß Kooperation nicht nur als Lippenbekenntnis von den Mitarbeitern aufgefaßt wird.

Unsere Erfahrungen bei der Arbeit mit Sparkassen an einem geplanten sozialen Wandel lassen sich in einem Profil des Vorstandes zusammenfassen, von dem die Aktivität zu Maßnahmen zur Team- und Organisationsentwicklung ausgehen muß.

Wohl seine wichtigste Einstellung müßte sein, sich nicht nur als Fachexperte zu sehen, sondern vor allem als Führer eines sozialen Systems, das er unbewußt allein durch sein Dasein positiv oder negativ beeinflußt. Aus diesem unbewußten sozialen Geschehenlassen müßte herausgetreten werden. Soziale Beziehungen und das Klima und auch die Leistung der Zusammenarbeit können bewußt und geplant positiv beeinflußt werden. Die Fähigkeiten dazu sind erlernbar wie Schreiben und Lesen.

Die erste Voraussetzung ist soziale Sensibilität, die Fähigkeit, soziale Beziehungen überhaupt wahrzunehmen und zu beobachten. Immer wieder überrascht uns in gruppendynamischen Seminaren, wie unterschiedlich, manchmal auch wie unterentwickelt gerade diese Fähigkeit ist.

Die Subjektivität unserer Wahrnehmung stellt sich bereits bei ganz einfachen Beobachtungsaufgaben als ein Dilemma heraus. Wenn es um die Wahrnehmung sozialer Prozesse geht, potenziert sich oftmals dieses Dilemma zum Chaos. Nach dem Motto: „Was ich sehe ist richtig, was du siehst, ist falsch“, wird heutzutage oft nicht nur in Sparkassen regiert. Hier spielt das Autoritäts- und Machtproblem eine Rolle. Sieht ein Vorstand deswegen besser, da er Autorität kraft Amtes verliehen bekommen hat? Die Frage ist eindeutig zu verneinen. Es kommt auch gar nicht so sehr auf diese individuelle Fähigkeit an als auf die Bereitschaft, andere Wahrnehmungen zu empfangen, sie kritisch mit den eigenen zu vergleichen und aus dem Dilemma eine Chance zu machen. Ich habe einmal bei einer schwierigen gruppendynamischen Übung erlebt, wie ein Auszubildender mit einem Vorstandsmitglied in faszinierender Weise kooperierte. Der Auszubildende besaß sehr viel Beobachtungsgabe und hatte die Übung bald durchschaut. Seine Wahrnehmungen flüsterte er dem Vorstand ins Ohr, der noch nicht so weit war. Der Vorstand besaß Macht und war beliebt. Er konnte die Gruppe somit besser beeinflussen als der Auszubildende. Das Ergebnis war hervorragend.

Jener Vorstand wird in Zukunft Erfolg haben, der in der Lage ist, Wahrnehmungen, Fähigkeiten und Leistungswillen seiner Mitarbeiter für die gemeinsame Sache zu aktivieren.

Durch gruppendynamisches Training werden Vorstände auf Organisationsentwicklung vorbereitet

Fähigkeiten zur Beobachtung, zur Kooperation, zur Führung und zum Geführtwerden können auf gruppendynamischen Seminaren erworben werden. Alle Institute, mit denen wir an Team- und Organisationsentwicklungsprojekten arbeiten, haben begonnen, indem die wichtigsten Personen zu gruppendynamischen Seminaren kamen.

Die Vorstandsmitglieder erwerben Fähigkeiten zur Konfrontation, die sie notwendig brauchen, wenn sie sich auf das Risiko einer direkten, offenen und authentischen Kommunikation mit ihren Mitarbeitern und Abteilungen einlassen wollen.

Es erfordert, von Fremden Information über die eigene Wirkung (auch Feedback genannt) zu erhalten. Der weitere Schritt ist nun die gemeinsame Diskussion im eigenen Institut. Was hindert und fördert unsere Zusammenarbeit? Wieso haben wir Marktanteile verloren bzw. gewonnen? Liegen die Probleme bei der technischen, der verkäuferischen oder der sozialen Führungsorganisation? Nur eine offene Analyse, bei der wenig verschwiegen wird, hilft weiter. Dies setzt schließlich auch voraus, daß die Mitarbeiter ihre Autoritätskomplexe, ihre anerzogenen Abhängigkeitswünsche ablegen und zu einer kontrollierten Konfliktbearbeitung bereit sind. Konfliktbearbeitung kann geübt werden. Konflikte werden dann für ein Institut konstruktiv, wenn sowohl Führungskräfte als auch Mitarbeiter Konflikte so bearbeiten, daß keiner dabei eine Niederlage erleidet. Die Konfliktbearbeitung kann dann zum Motor für eine gemeinsame Aktionsplanung werden. Wo setzen wir an? Welche Maßnahmen haben Priorität? Wie gehen wir vor? Die Problemlösung wird zur gemeinsamen Sache. Nicht nur allein der Chef arbeitet hier im stillen Kämmerlein Entscheidungen aus, sondern alle arbeiten an den Entscheidungen mit, sofern sie Interesse und Anteil an den Problemen haben. Wenn diese Möglichkeit auf die richtige Art und Weise genutzt wird, sind die Folgen für die Organisation in mehrfacher Weise positiv. Die Mitarbeiter identifizieren sich mit der Arbeit, dem Institut und stehen zusammen mit ihrem Vorstand. Psychosomatische Krankheiten verschwinden, der Krankenstand wird reduziert und die Fluktuation als besonders hoher Kostenfaktor (wie viele Geschäftsführer der Konkurrenz wurden in der Sparkassenorganisation ausgebildet?) lassen nach. Der neue Stil schlägt sich deutlich in Erfolgszahlen in der Bilanz nieder. Die Organisation wird einerseits menschlicher, d. h. ein Ort, wo man nicht nur die Last der Arbeit trägt, sondern wo sich's auch leben und sein läßt. Schließlich wird die Organisation ein lernendes System, das sich flexibel den Gegebenheiten des Marktes und der Gesellschaft anpaßt.

Durch Organisationsentwicklung wird das Institut zu einem lernenden System und kann seine Zukunftsprobleme bewältigen

Eine wesentliche Komponente von Team- und Organisationsentwicklung ist mehrfaches Lernen. Einmal können die Mitarbeiter der Organisation individuell und in ihrer beruflichen Situation lernen. Persönlichkeit und Verhalten werden geschult. Zum anderen findet dieses Lernen in der sozialen und beruflichen Situation statt, in der es auch angewendet werden muß. Die Vorstandsgruppe, die Abteilung, die gesamte Organisation wird durch Lernen zu einem dynamischen System. Sowohl die Organisation wie das Individuum lernen in der Vollführung der Aufgabe.

Vielen mag dies hier geschilderte Modell als Utopie erscheinen. Die Realität ist, daß sich viele Sparkasseninstitute bereits auf den Weg gemacht haben, diese Utopie zu verwirklichen. Leicht ist es nicht. Rückschläge sind wahrscheinlich, da nicht von heute auf morgen die Kultur der Kommunikation, Kooperation, der Führung, der Konfliktaustragung, kurz des Umgangs mit Kunden, Mitarbeitern, Vorgesetzten verändert werden kann.

Irgendwann einmal muß aber angefangen werden. Es wird davon abhängen, ob es gelingt, genügend Vorstände, Trainer und Berater zu finden, die sich einem kooperativen, humanistischen Wertsystem verschreiben und diese Einstellungen in praktisches Führungs-, Trainings-, Verkaufs- und Beratungsverhalten umsetzen können.

Für Team- und Organisationsentwicklungsprojekte müssen Berater gefunden werden, die entsprechende Fähigkeiten und Einstellungen haben. Sie sollten, wenn sie aus der Sparkassenorganisation kommen, möglichst hoch in der Hierarchie angesiedelt sein. Sie müßten eine langwierige Ausbildung in gruppendynamischen Kommunikations-, Beratungs- und Verhaltenstrainings erhalten. Sie müßten lernen, sich bei der Arbeit mit den Instituten, die sie angefordert haben, so bald wie möglich überflüssig zu machen, damit die Institute lernen, kooperativ selbst ihre Probleme zu lösen. Die Sparkasse wird dann ein lebendiges, lernendes Problemlöseinstitut, das Erfolg hat, modern ist, nicht umgebracht werden kann und in dem es sich lohnt, zu arbeiten und zu leben.

Organisationsentwicklung in einem Kreditinstitut

Hans Rosenkranz

- Gruppenpädagogik und Organisationspsychologie sind für mich Stationen zu einer zusammenhängenden Sicht von Training und Organisationsentwicklung
- Einige Prinzipien bestimmen meine praktische Theorie bei der Arbeit mit Organisationen
- Die Arbeit mit einer Sparkasse zeigt, wie ich Training und Organisationsberatung verbinde
- Ich gebe der Organisationsentwicklung in Deutschland Chancen, wenn einige Probleme gelöst werden

Gruppenpädagogik und Organisationspsychologie sind für mich Stationen zu einer zusammenhängenden Sicht von Training und Organisationsentwicklung

Arbeit und Leben in Organisationen ändern sich permanent. Führung hat die Aufgabe, Veränderungen so zu steuern, daß sich eine Organisation entwickeln kann, die funktionsfähig, erfolgreich und ein guter Platz zum Leben ist. Dieser Entwicklungsprozeß der Organisation wird häufig nicht gesteuert, manchmal mit inadäquaten Maßnahmen und selten in einer Weise, daß gesunde Organisationen entstehen können.

Organisationsentwicklung als Disziplin ist für mich deswegen so attraktiv, da sie praktische Maßnahmen zur Innovation der Organisation und Training zu seiner Unterstützung anbietet. Training ist hier eingefügt in ein umfassendes Ziel- und Zwecksystem. Häufig wird Training in Organisationen lediglich punktuell als Modeerscheinung gepflegt. Es ist dann relativ wirkungslos.

Mit der Frage: Wie Training in Organisationen erfolgreich sein kann? habe ich mich als Student später auch als Universitätsassistent an einem wirtschafts- und sozialpädagogischen Institut beschäftigt. Ansätze für die Beantwortung dieser Fragen fand ich bei der Gruppenpädagogik. Die Arbeit in Gruppen führt bei der entsprechenden Führung und Organisation zu weit höheren Lernergebnissen als frontale Erziehungsstile. Von da war es nicht weit zu Kurt Lewin's Führungsstilexperimenten und zur Gruppendynamik. Ich erfuhr, wie bedeutend Feedback für das Lernen von Individuen, Gruppen und die geplante Veränderung von Organisationen ist.

Ein anderer Weg führte mich über die Organisationspsychologie Prof. Arthur Mayers. Auf seine Anregungen hin promovierte ich über die verhaltensnormierenden Wirkungen der formalen und informalen Organisation und machte mir Gedanken darüber, wie diese Wirkungen pädagogisch steuerbar gemacht werden können (Soziale Betriebsorganisation unter anthropologischen und pädagogischen Aspekten, München 1973). Der Kreis zur Organisationsentwicklung war damit geschlossen.

Ich hatte das Glück, ein Jahr als Stipendiat am Department of Management Studies der Universität Leeds zu verbringen. Dort lernte ich Interventionsweisen aus der Gruppendynamik und Organisationsentwicklung kennen. Ich profitierte besonders davon, daß zwei amerikanische Gastprofessoren, Frank Friedlander und John Adams, und der Däne Gert Graversen, alle Organisationsentwicklungs-Experten, bereit waren, viele ihrer Erfahrungen mit mir zu diskutieren und mich an einer Reihe von Aktivitäten teilhaben ließen.

Während diesem Jahr in England lernte ich auch meine Frau kennen, die über Organisationsentwicklung eine Arbeit geschrieben hat. Ich habe nun die Möglichkeit, mit ihr zusammen Projekte zu planen und durchzuführen, wobei ich besonders bei unserer Zusammenarbeit die gegenseitige kritische Kontrolle schätze.

1974 nahm ich in Bethel (USA) bei den National Training Laboratories an einem Laboratorium für Organisationsentwicklungs-Berater teil. All diese Vorerfahrungen haben meinen Stil geprägt. Ich neige mehr zu einer sozialpsychologisch, gestaltorientierten Gruppen- und Organisationsdynamik mit einem Schuß Verhaltenstherapie als zu einer analytischen-klinischen Auffassung. In meine Arbeit fließen erst in den letzten Jahren auch Aspekte der Transaktionsanalyse mit ein. Ich habe die Transaktionsanalyse besonders in der diagnostischen Phase von Projekten für wertvoll gefunden.

Einige Prinzipien bestimmen meine praktische Theorie der Arbeit mit Organisationen

Ich bin mir als Organisationsberater darüber klar, daß ich nicht alle organisatorischen Probleme behandeln kann. Besonders was wirtschaftliche und technische Fragen angeht, bin ich nicht inhaltlicher Experte. Was die psychologischen und pädagogischen Inhalte der betrieblichen Arbeit angeht, fühle ich mich kompetent. Aber selbst auf diesen Gebieten biete ich Informationen darüber, was ich in der Organisation beobachtet, erkannt und diagnostiziert habe, nur sehr zurückhaltend an. Häufig wird eine Problemanalyse, sie mag noch so richtig sein, aus purer Psychologik nicht akzeptiert. Die Problemanalyse und die Problemlösung können psychologisch richtig nur von den Betroffenen selbst gefunden werden. Meine Aufgabe als Berater ist, den Betroffenen dabei methodisch zu helfen. Ich verwende dabei Methoden der Aktionsforschung, bei der Forschungssubjekt und -objekt identisch sind. Wohl mit der wesentlich wissenschaftliche Anteil ist es, Methoden und Instrumente zu finden, die es den Problembetroffenen erleichtern, ihre Probleme zu lösen. Es gibt eine Reihe von einfachen und effektiven Instrumentarien und Übungen, die es auch Laien ermöglichen, Daten und Informationen zu den Problemen der Organisation zu sammeln, zu systematisieren und das so gewonnene „Feedback“ zu nützen. Ich biete solche Methoden an und bereite durch Training den Kommunikationsstil vor. Meiner Erfahrung nach ist die offene und gelungene Kommunikation die Voraussetzung für erfolgreiche Organisationsentwicklung.

In der ersten Sitzung mit einem Betrieb werde ich oftmals mit der formalen Organisation vertraut gemacht, d. h. dem Plan, wie die Organisation funktionieren sollte, also mit der Hierarchie, den Entscheidungsbefugnissen, kurz wer was wie tun sollte. Eine Organisation arbeitet nun aber sehr selten nach diesem formalen Plan. Die soziale Wirklichkeit präsentiert sich in einer informalen Struktur – einem Netz von Allianzen, Konflikten und Kommunikationskanälen, die nicht vorausgeplant, aber dennoch für die Teilnehmer wichtiger als die formalen sind. Probleme in dieser informalen Struktur entwickeln sich meist als zwischenmenschliche und zwischengruppale Konflikte. Sie basieren auf Vorurteilen und Phantasien und können durch kompetente Kommunikation gelöst werden. Die informalen Strukturen tendieren in ihrer negativen Ausprägung dazu, den Betrieb zu sabotieren (was nicht heißt, daß alle informalen Strukturen negativ sind; im Gegenteil, oft halten die informalen Strukturen den Betrieb aufrecht – z. B. das Paradoxon: wenn Beamte Dienst nach Plan-Vorschrift machen, hat das Streikwirkungen). Ungutes Betriebsklima, hoher Krankenstand und Fluktuation sind u. a. die erkennbaren Folgen, wenn nicht per Konfliktmanagement daran gearbeitet wird.

Ich versuche nun in Gesprächen und durch Beobachtung, Konfliktbereiche in der Organisation zu erkennen und assistiere meinen Klienten:

- ihre eigenen Konflikte zu identifizieren und zu analysieren;
- sie an einen Punkt zu bringen, wo sie bereit sind, ihre Differenzen in offener Kommunikation zu behandeln und
- sie durch sorgfältiges Training in die Lage zu versetzen, Konflikte in konstruktiver Weise zu lösen.

Konfliktmanagement ist nun gerade nicht das angenehmste Brot für den Organisationsberater. Sehr oft steht er im Feuer und es entzünden sich an ihm verdrängte Autoritätsprobleme. Wenn ich selbst nicht in der Lage war, diese Konflikte einigermaßen glaubwürdig durchzustehen, dann hatte ich mich bald nach einer anderen Aufgabe umzusehen. Wenn dies aber gelang, ergaben sich authentische Vertrauensbeziehungen, die eine gute Basis für die weitere Arbeit mit der Organisation waren.

Das Konfliktmodell, nach dem ich arbeite, ist in Anlehnung an Gordon konzipiert, wonach keiner der Konfliktpartner eine Niederlage erleiden soll und muß. Dieses Modell ist durchaus geeignet, Sicherheit zu vermitteln. Natürlich ist dieses Kooperationsmodell einer niederlagelosen Konfliktlösung in einer Gesellschaft, die in ihren Werten Individualismus und Konkurrenz fördert, ungewöhnlich. Auch das bestehende Schulsystem ist keineswegs sehr produktiv, soziale Fähigkeiten zu entwickeln. Mit diesem sozialen Defizit habe ich mich auseinanderzusetzen und durch Training ausgleichend und fördernd zu wirken, um einer gesunden Organisationsentwicklung den Boden zu bereiten.

Diese Form der Organisationsberatung, die Training in das System der Organisationsentwicklung einbezieht, war, als ich mich 1971 nach meinem Englandaufenthalt als Trainer und Berater in München selbständig machte, in Deutschland kaum bekannt.

Ich war zwar als Trainer für Gruppendynamik, Verkaufstraining, Ausbildung von Ausbildern und andere Trainingsveranstaltungen gefragt, von meinen Fähigkeiten zur Beratung bei der geplanten Änderung von Organisationen wollte man aber nichts wissen. Wenn ich darauf hinwies, daß ich viel interessanteres als standardisiertes Training anzubieten hätte, da wurde ich meist freundlich darauf beschieden, daß Beratung nicht gefragt sei. Ich habe mir oft den Kopf zerbrochen, wo hier wohl die Ursachen lägen. Vielleicht fühlte ich mich selbst bei Training noch sicherer und meine Klienten merkten das. Es spielte gewiß eine Reihe von Ursachen eine Rolle. Ein Grund, weshalb ich heute als Organisationsentwicklungs-Berater tätig bin, war das Kennenlernen einiger innerbetrieblicher Trainer und Führungskräfte. Sie waren auf meinem offenen Gruppendynamikkursen, ließen sich von der Idee der Organisationsentwicklung anstecken und arbeiten heute als gruppendynamische Trainer und interne Organisationsberater. Von ihnen wurde ich zu einigen Projekten eingeladen, bei denen Training und Beratung ausgerichtet sind an Grundsätzen, die auch zeigen, was ich unter Gruppendynamik und Organisationsentwicklung verstehe.

Solche Prinzipien sind:

1. Individuen, Gruppen und Organisationen haben ein großes Potential an Fähigkeiten, mit den Problemen des wirtschaftlichen, technischen und sozialen Wandels fertig zu werden, wenn sie Gelegenheit haben, das organisiert selbst zu tun. Probleme werden am besten von denen gelöst, die sie besitzen. Dahinter steckt eine Denkrichtung, die ich für einfach und richtig halte. (Über den Problembesitz siehe: Gordon, Thomas, Familienkonferenz, Hamburg 1974, Lehrer-Schüler-Konferenz, Hamburg 1977, Leader Effectiveness Training, London 1977). Der Organisationsberater sollte möglichst nur methodische Hilfen und Ermutigung zur Selbstlösung des Problems zur Verfügung stellen.

2. Gruppen und Organisationen sind lernende Systeme. Sie lernen am besten, wenn sie Gelegenheit haben, den Prozeß der eigenen Aktivität zu reflektieren. Die Fähigkeit, die eigenen Probleme zu lösen, setzt daher die Fähigkeit zur Metakommunikation, zum Feedbackgeben und -nehmen und zur Aktionsänderung aufgrund von meist selbst

erarbeiteten Daten durch Übung voraus. Dieser Prozeß ist nie abgeschlossen. Deswegen müßten in die Organisation Möglichkeiten einer permanenten Kommunikation eingebaut werden.

3. OE-Berater und Trainer können Organisationen helfen durch Interventionen zur gezielten, selbstbestimmten organisatorischen Änderung. Die Intervention in eine Organisation
   - muß *problemangepaßt* sein, d. h. sie muß je nach Problemlage auf den sozialen oder technischen Bereich zielen.
   - muß richtig *tiefendimensioniert* sein, d. h. die Intervention darf nur so tief angelegt werden, wie unbedingt notwendig ist. Ist sie nicht tief genug, bleibt sie wirkungslos.
   - muß zur *rechten Zeit* kommen. Die schönste Intervention hilft nichts, wenn sie zu früh oder zu spät kommt.

Ich beschreibe an dem Beispiel eines Kreditinstitutes, wie ich arbeite.

Die Arbeit mit einer Sparkasse zeigt, wie ich Training und Organisationsberatung verbinde.

Die Beziehung der Führungsspitze zueinander prägt das Bild der Organisation und weist die Interventionsrichtung

Es handelt sich um eine Sparkasse mit ca. 200 Beschäftigten in Bayern. Die Hauptstelle befindet sich in einer Stadt mit 20.000 Einwohnern. Daneben bestehen 32 Geschäftsstellen in der Stadt und in den umliegenden Orten, davon sind 11 Einmannzweigstellen und 12 Zahlstellen. Die Sparkasse wird geleitet von einem Dreiervorstand. Der Vorsitzende ist ein Herr mit 57 Jahren, der die Sparkasse nach dem Krieg mit aufgebaut hat. Er hat sehr ausgeprägte Vorstellungen von Autorität und Ordnung. Viele idealistische Momente bestimmen seinen Führungsstil. Er lehnt das Profitmaximierungsprinzip ab, möchte auch nicht mehr um jeden Preis expandieren, sondern strebt ein gesundes organisches Wachstum an und ist auf die Konsolidierung des Erreichten und die Pflege guter sozialer Beziehungen im Betrieb bedacht.

Mein Kontakt zu dieser Sparkasse kam zustande durch den jüngsten der drei Vorstände, ein sportlicher, intelligenter, 46 Jahre alter Mann, impulsiv und beliebt bei seinen Mitarbeitern. Er war als Lehrling in die Sparkasse eingetreten. Seine Fähigkeiten wurden vom derzeitigen Vorsitzenden sehr früh erkannt. Im Jahre 1970 wurde er im Zusammenhang mit der Einführung der Vorstandsverfassung zum Vorstandsmitglied bestellt.

Das Verhältnis des Vorsitzenden zu ihm kann fast als Vater-Sohn-Verhältnis mit allen seinen Problemen beschrieben werden. Einerseits ist der jüngere Vorstand sehr loyal gegenüber dem Vorsitzenden, andererseits hat er, wie es dem „Sohn“ gebührt, progressive Ideen, die ab und zu auf Skepsis stoßen. Der Vorsitzende ist von den Kriegs- und Erziehungserfahrungen her eher geneigt, patriarchalisch und direktiv zu führen, zeigt sich aber neuen Trainings- und Organisationsauffassungen aufgeschlossen, wobei er Zweifel gegenüber einer praktizierten Kooperation nicht verheimlichen will. Beide identifizieren sich stark mit dem Institut. Sie kümmern sich eingehend um ihre Mitarbeiter.

Der Vorsitzende bevorzugt patriarchalische Transaktionen* (vom fürsorglichen Eltern-Ich her agierend). Der jüngere Vorstand hat ein gut entwickeltes freies Kindheits-Ich, und setzt es häufig ein. Gelegentlich agiert er auch vom rebellischen Kindheits-Ich, das aber gut kontrolliert erscheint.

Ich beschreibe die beiden deswegen so eingehend, da durch ihr Verhalten, ihre symbiotische Beziehung und ihr Skript das Institut gekennzeichnet ist. Die Führungskräfte der nächsten Ebene sind eine gute Mischung aus älteren Herren, die sich mit dem Führungsverhalten des Vorsitzenden identifizieren, und jüngeren Leuten, die Ähnlichkeit mit dem Führungsverhalten des jüngeren Vorstandes haben.

Das Egogramm der Organisation ist gekennzeichnet durch ein sehr starkes fürsorgliches Eltern-Ich, das kontrollierende Eltern-Ich ist wenig entwickelt. Das Erwachsenen-Ich ist durchschnittlich ausgeprägt. Das angepaßte Kindheits-Ich ist wohl noch sogar stärker konturiert als das große fürsorgliche Eltern-Ich. In der Sparkasse sind viele junge Leute, die viel Kreativität und Engagement besitzen. Sie stellen ein innovatives Kräftepotential dar.

Die Strategie einer langfristigen Organisationsintervention hätte also auf eine Emanzipation hinauslaufen müssen, Stärkung des Erwachsenen- und freien Kindheits-Ich durch persönliches Engagement und Übernahme von mehr Verantwortung und der Fähigkeit, mit Autoritäten, seien es auch „gute" fürsorgliche, umzugehen. Würde dies nicht erreicht, besteht die Gefahr, daß die kreativen Kräfte in dieser Sparkasse nicht zur Geltung kommen können. Sie passen sich entweder an und gehen in die Resignation oder verlassen aus Enttäuschung das Institut. Die Kraft für eine sich regenerierende innovative Entwicklung wäre damit verloren.

Die Phase der Vorbereitung ist gekennzeichnet durch das Etablieren von Vertrauen zwischen den Führungskräften und dem Berater in externen und internen gruppendynamischen Seminaren

Der junge Vorstand kam auf eines meiner gruppendynamischen Seminare. Diese offenen Gruppendynamikseminare sind hauptsächlich auf die Qualifikation von Fähigkeiten abgestellt, Gruppenprozesse zu beobachten, zu analysieren und zu beeinflussen. Sie sind ein Führungstraining mit Selbsterfahrungsgruppen, Übungen und Vorträgen, in denen das

* Ich verwende zur Beschreibung Termini aus der Transaktionsanalyse. Verwendet werden: Eltern-Ich, Erwachsenen-Ich, Kindheits-Ich. Das Eltern-Ich stellt die gesammelten Gebote und Verbote dar, nach denen sich das Individuum richtet. Sie sind meist von den Eltern, können aber auch von anderen Personen, Gesetzen u. a. übernommen worden sein. Das Eltern-Ich hat einen kritisch, vorschreibenden und einen fürsorglich nährenden Teil. Das Erwachsenen-Ich ist die Datenverarbeitungsstelle der Person, gibt, nimmt und wertet Informationen aus. Das Kindheits-Ich ist der Inbegriff der Gefühle. Es hat einen Teil der u. a. frei, angepaßt, ängstlich, spontan, kreativ und rebellisch ist. Zwischen Personen spielen sich Transaktionen = Austausch von Botschaften ab, z. B. zwischen kritischen Eltern-Ich und angepaßtem Kind. Fortlaufende, sich wiederholende Transaktionen ergeben das Skript – das Lebensprogramm einer Person. In der Aufbauphase werden die Ich-Zustände und das Skript einer Organisation besonders durch den Gründer beeinflußt. Später nehmen noch andere Kräfte Einfluß.

Geschehen des Seminars an Hand von psychologischen Modellen erklärt wird (siehe S. 11 ff. in diesem Buch). Die Teilnehmer haben meist starke emotionale Erlebnisse, weil sie oft vernachlässigte Dimensionen ihrer Persönlichkeit entdecken. Das entstandene Gruppenerlebnis der Zusammenarbeit und gelungenen Konfliktlösung stellt ein Modell dar, wie auch im Betrieb miteinander umgegangen werden kann. Nach solchen Seminaren werde ich oft aufgefordert, in Betriebe zu kommen und mit Gruppen, Abteilungen oder der gesamten Organisation zu arbeiten.

So auch bei der beschriebenen Sparkasse. Zuvor hatte ich noch Gelegenheit, den Vorsitzenden kennenzulernen, der auf eine Tagung kam, bei dem ich Vorträge und Übungen zum Thema „Die emotionalen Aspekte bei der Führung von Kreditinstituten" hielt. Ich wurde von ihm für zwei Wochenseminare für die Führungskräfte unter dem Vorstand engagiert.

Diese innerbetrieblichen Seminare sind mit ähnlichen Zielsetzungen konzipiert wie die offenen Gruppendynamikseminare. Auf Trainingsgruppen verzichtete ich dabei allerdings. Das Risiko einer Beziehungsverschlechterung in der Gruppe war zu groß, da die Rahmenbedingungen (die Teilnehmer gingen abends nach Hause u. a.) nicht geeignet waren. Sie waren ein mehr strukturiertes Kommunikations-, Kooperations- und Führungstraining. Ich achte bei solchen Seminaren besonders darauf, daß ich ein gutes Klima erzeuge, daß niemand bloßgestellt wird, daß die Teilnehmer mit den Grundbegriffen und Arbeitsweisen der Gruppendynamik vertraut werden. Ab und zu gehe ich auf betriebliche Probleme ein, diese sind aber für den Augenblick sekundär. Sie werden lediglich dazu benutzt zu überprüfen, ob die vorgetragenen Modelle auch durch eigene Erfahrungen bestätigt werden.

Ich füge die Ziele und Inhalte des Seminars hier an, weil sie zeigen, wie ich durch das Schaffen einer gemeinsamen Kommunikationsbasis Kooperation und erfolgreiche Konfliktlösung anbahnen möchte.

Führungsseminar

Globalzielsetzung

Entwicklung und Förderung von Einstellungen, Fähigkeiten und Wissen im Umgang mit sich selbst, mit Kollegen, Vorgesetzten und Mitarbeitern unter besonderer Betonung von Führung und Kooperation.

Als spezielle Ziele sind vorgesehen:

1. Förderung von Fähigkeiten zur Selbst- und sozialen Fremdwahrnehmung als Voraussetzung des Erwerbs von Fähigkeiten zur Führung.

2. Die Entwicklung von Fähigkeiten zur Analyse und Diagnose von sozialen Prozessen in Gruppen und Organisationen als Voraussetzungen für effektive Führungsmaßnahmen.

3. Übung von praktischen Fähigkeiten zur Führung wie:
   - das Geben und Empfangen von Feedback (Mitteilung an die Gruppenkollegen, wie deren Führungs- und Kooperationsverhalten in der Gruppe wahrgenommen, verstanden und erlebt wird, um daraus Konsequenzen für den entsprechenden Verhaltens- und Führungsstil zu ermöglichen);
   - Zuhören und Informieren;
   - führungsstilkonformer, sozial-integrativer Sprachäußerungen im Umgang mit Mitarbeitern;
   - die Wahrnehmung von Führungsrollen;
   - Verbesserung von Entscheidungen im Team;
   - das gemeinsame Arbeiten an einer Gruppenaufgabe, der Organisation von Gruppen und der Wahrnehmung notwendiger Teamfunktionen, um den „Vorteil der Gruppe" beim Arbeiten und Lernen zu aktualisieren;
   - der Motivation von Mitarbeitern wie auch der Selbstmotivation;
   - Aktualisierung personaler Autorität;
   - die Beratung von Mitarbeitern;
   - der Umgang mit Streß.

4. Der Erwerb von Wissen und Kenntnissen aus der modernen Führungs-, Gruppen- und Organisationspsychologie als Voraussetzung und Ergänzung der Entwicklung von Führungs- und Kooperationsfähigkeiten.

Methodik:

In dem Seminar werden hauptsächlich mitarbeitsintensive Methoden: wie Fallstudien, Rollenspiele, gruppendynamische Übungen, Tests, Gespräche, Diskussionen und kurze Vorträge angeboten.

Inhalte und Zeit

Montag

- 14.00–15.30
  Vorstellung: Erwartungen und Wünsche für das kommende Seminar. Zielabklärung. Diskussion des Programmvorschlages und der Seminarmethodik.

  Dimensionen sozialer Kompetenz: Was kann ich wie in diesem Seminar lernen?

- 16.00–18.00
  Soziale Wahrnehmung – Dilemma und Chance für die Führung und Zusammenarbeit in der Sparkasse. Konsequenz: Nützung des Vorteils der Gruppe.

Selbstwahrnehmung – Fremdwahrnehmung und ihr Training durch „Feedback" (Mitteilung über die Wirkung von Führungsverhalten). Selbstbild – Fremdbild.

Was kann man in Gruppe beobachten? Normen, Status, Rollen, Einfluß und Autorität, soziale Prozesse in Gruppen und Organisationen. Übungen und Gespräche.

Dienstag

- 9.00–10.30
  Effektive Kommunikation als Voraussetzung für Führung. Einweg – Mehrwegkommunikation und ihre Verbindung zu verschiedenen Führungsstilen.

- 11.00–12.30
  Übung von Zuhören und Informieren. Informale Kommunikation und ihre Bedeutung für die Führung einer Organisation.

- 14.30–16.00
  Kommunikation und Einflußnahme auf verschiedenen Führungsebenen. Inhalt, Geschäftsordnung, Prozeß.

- 16.30–18.00
  Kooperationsübungen mit Auswertung.

Mittwoch

- 9.00–10.30
  Führungsrollen und Führungsfunktionen. Einführung in die Sonora-Übung. (Eine Übung, in der die Teilnehmer am Beispiel eines Flugzeugabsturzes in der Wüste herausfinden können, welche Fähigkeiten zur Kommunikation, Kooperation und Führung in kleinen Gruppen sie bereits besitzen) Kooperationsübung. Unterschiede zwischen Einzel- und Gruppenentscheidung.

- 11.00–12.30
  Sonora-Übung

- 14.30–16.00
  Sonora-Übung. Auswertung.

- 16.30–18.00
  Störfaktoren für die Zusammenarbeit im Team.

Donnerstag

- 9.00–10.30
  Führungsstile; Demonstration und Analyse von Führungsstilen, Selbsttest zur Einschätzung des eigenen Führungsstiles.

- 11.00–12.30
  Der kooperative Führungsstil; personale Autorität und Autorität kraft Amtes. Kann man Autorität erlernen?

- 14.30–16.00
  Beratung als Führungsaufgabe. Beratungsstile.

- 16.30–18.00
  Gegenseitige Beratung zu aktuellen Problemen.

Freitag

- 9.00–10.30
  Gegenseitige Beratung in Gruppen.

- 11.00–12.30
  Fragen der Motivation, insbesondere der Selbstmotivation. Wie gehe ich mit mir selbst um? Streß und Möglichkeiten, damit zurecht zu kommen.

- 12.30–13.00
  Seminarschlußdiskussion.

Die Seminare helfen mir, das Vertrauen der Teilnehmer zu gewinnen, und sind die notwendige Vorbereitung für den nächsten wohl entscheidenden Schritt der Organisationsintervention.

Die Probleme der Sparkasse werden offengelegt. Ein Emanzipationsprozeß bahnt sich an

Die Seminare für die Abteilungs- und Zweigstellenleiter fanden eine gute Aufnahme. Am Ende dieser Seminare trafen der Vorsitzende, der jüngere Vorstand und ich die Vereinbarung, unsere Zusammenarbeit fortzusetzen. Die Wünsche der beiden Herren bewegten sich in Richtung auf eine generelle Verbesserung der sozialen Beziehungen der Mitarbeiter untereinander und zu ihren Vorgesetzten. Ich schlug ein kombiniertes Analyse-, Planungs- und Übungsseminar vor, das auch akzeptiert wurde. Dieses Seminar soll jährlich in Kurzform wiederholt werden, um den Entwicklungsstand zu überprüfen und weiterzuplanen.

An dem ersten Seminar nahmen die beiden Herren selbst mit teil. Der Vorsitzende hatte bis dahin noch kein Gruppendynamikseminar besucht. Er wußte zwar, daß in dem internen Seminar kritische Situationen auf ihn zukommen könnten, ideal darauf vorbereitet war er aber nicht. Dieses Seminar wird beschrieben durch einen Teilnehmerbericht (siehe anschließend an diesen Beitrag).

Der Verfasser dieses Berichtes ist ein junger Mann, den ich bereits von einem gruppendynamischen Seminar für Verkaufstrainer her kannte. Sein Bericht gibt das meiste wieder, was passiert ist. Was nicht aus ihm hervorgeht, ist ein Konflikt zwischen dem Vorsitzenden und dem jüngeren Vorstand, der sich während des Seminars zutrug. Der jüngere Vorstand hatte den Vorsitzenden ziemlich impulsiv aufgefordert, sich bei der Besprechung eines Problems nicht zu rechtfertigen. Für den Vorsitzenden war das eine Mitteilung über seine Wirkung (Feedback), die er im Augenblick nur schwer annehmen konnte, da sie einmal unerwartet von dem von ihm so geschätzten Vorstand kam und in der Öffentlichkeit der Seminargruppe passierte. Die Konfrontation wurde zu einem Beziehungskonflikt, der stellvertretend für das Zentralproblem der Organisation ist. Das Problem der Sparkasse war nur durch die Hinterfragung der Autorität des Vorsitzenden zu lösen. Eine erfolgreiche Hinterfragung bedeutet nicht Abschaffung von Autorität, sondern lediglich eine Neuetablierung der Autoritätsverhältnisse auf einer realistischen Basis. Mit dem Feedback wurde ein gesunder Emanzipationsprozeß des jüngeren Vorstandes und der Organisation von dem Vorsitzenden angebahnt.

Dieses Ereignis war für mich wesentlich für den Erfolg der gesamten Intervention. Meine Aufgabe war es, den Konflikt konstruktiv und beide im positiven Gespräch zu halten. Eine feste Basis für ein Vertrauensverhältnis zwischen beiden und eine weitere Zusammenarbeit mußte unbedingt gewahrt bleiben. Die offene Diskussion der Autoritätsfrage brachte die Chance, ein Modell offener Kommunikation und fairer Konfliktaustragung zu etablieren, was Voraussetzung für erfolgreiche langfristige Zusammenarbeit ist.

Wie es scheint, ist die Intervention tendenziell gelungen. Beide arbeiten weiterhin zusammen und den Mitarbeitern wird ein größerer Spielraum an Aktivität und Verantwortung eingeräumt. Es wird offener und direkter kommuniziert. Der Vorsitzende hat trotz seines Alters viel Bereitschaft zur Stiländerung gezeigt. Wäre er nicht mehr lernfähig und souverän genug gewesen, von seiner Macht abzugeben, um die Entwicklung der Organisation zu fördern, wäre das Projekt gescheitert. Es war wahrscheinlich, daß Rückfälle und neue Konfliktgespräche bevorstanden.

Dies zeigte sich auch bereits bei dem zweiten Seminar, bei dem der dritte Vorstand, 60 Jahre alt, mit weiteren Führungs- und Nachwuchskräften teilnahm und das ähnlich konzipiert war wie das beschriebene. Zum Abschluß des Seminars kamen der Vorsitzende und der jüngere Vorstand hinzu. Bei der Präsentation der Problemsituation der Sparkasse wurde von dem Vorsitzenden eine Sache richtig gestellt. Dieser Eingriff war, wie ich es empfand, durchaus angemessen, wurde aber von den Teilnehmern sehr übelgenommen. Sie waren enttäuscht, daß ihre mühsam erworbene Offenheit nicht genügend gewürdigt wurde. Sie waren auch enttäuscht darüber, daß sie nicht in der Lage waren, ihre Standpunkte konfrontativ so vorzutragen, daß sie von dem Vorsitzenden akzeptiert wurden. So fühlten sich die Teilnehmer in die frühere Unmündigkeit und Abhängigkeit zurückgestoßen. Ihre Reaktion darauf war, mich als Berater zum Sündenbock zu machen. Ich hätte sie dem Vorsitzenden gegenüber nicht genügend geschützt. Der Vorsitzende selbst sah ein, welche Wirkung sein Verhalten auf diese Gruppe hatte. In einem folgenden Gespräch ergab sich daraus die Idee, Führungskräfte und sämtliche Mitarbeiter in Seminaren mit Konfliktlösungs- und Konfrontationstechniken vertraut zu machen. Die Selbstsicherheit sollte gefördert und von da eine Basis für gelungene Konfrontationen auch Vorgesetzten gegenüber gefunden werden.

Zusammen mit Reinhard Breuel führe ich nun Seminare für sämtliche Mitarbeiter durch, in denen wir im Rollenspieltraining üben, wie Konflikte so gelöst werden können, daß keiner der Beteiligten eine Niederlage erleidet.

In den internen Besprechungen des Instituts, die gewöhnlich den Seminaren folgen, wurde die Bitte an uns gerichtet, die Philosophie des Verhaltens, die sich aus der Richtung unseres Vorgehens ergibt, in handfesten Kommunikationsregeln niederzulegen. Zuerst waren wir nicht besonders davon begeistert, da wir befürchteten, daß die Regeln als eine Verhaltensrezeptur ausgelegt werden könnten. Danach haben wir uns aber doch darauf eingelassen. Unsere Gründe dafür waren: Offensichtlich wurde mehr Sicherheit benötigt und man brauchte etwas, worauf man sich berufen konnte, wenn es in den Konflikt mit hierarchisch Höhergestellten ging. Dies schien uns ein stützenswertes Motiv zu sein. Außerdem wollten wir nicht den Eindruck entstehen lassen, daß wir das Institut mit den aufgerührten Problemen alleine lassen oder uns auch vor Arbeit drücken wollten. Daraus entstand nun das folgende Papier:

Kommunikationsregeln

Ihr Betrieb funktioniert, weil Sie miteinander Probleme besprechen und zusammenarbeiten.

Im Seminar haben wir folgende Wege als nützlich herausgearbeitet:

- Untersuche, mit wem Du die häufigsten Kontakte hast; Du wirst feststellen, daß Du diejenigen, die Du magst, häufiger ansprichst als andere.

  Wenn Du zu einer OK-Stimmung im Betrieb beitragen willst, versuche auch die anderen anzusprechen.

- Drücke Deine Bedürfnisse in *Ich-Botschaften* aus, z. B. ich bin ärgerlich, ich freue mich, ich ärgere mich . . ., wenn Sie sich so . . . verhalten

  Ich-Botschaften animieren andere, auch ihre Bedürfnisse offen einzubringen.

  Mit Ich-Botschaften bleibe ich in dem Bereich, der mich angeht. Du-Botschaften werten, geben Anweisungen und verärgern damit. Sie verhindern das offene Gespräch und führen zur Zurückhaltung von Informationen über sich selbst und wichtige sachliche Angelegenheiten.

  Ich-Botschaften sind auch besonders geeignet, Störungen, die mich an der Mitarbeit hindern, auszudrücken.

  Wenn ich Störungen offen ausspreche, besteht eher die Möglichkeit, sie im Gespräch zwischen den Beteiligten zu bereinigen.

  Vorgesetzte wünschen, daß sie in kontrollierter Weise mit ihren Bedürfnissen durch Ich-Botschaften konfrontiert werden. Nur dann, wenn ich bereit bin, meine Autoritätsangst abzulegen, werde ich zu einer kreativen, offenen Zusammenarbeit im Betrieb beitragen (Beispiel: Wenn ich in einer Leiterbesprechung nicht mehr folgen kann, weil der Chef zu lange spricht, melde ich meine Störung an. In folgender Form: Ich habe Schwierigkeiten, zu folgen, weil . . .)

- Um Ihre Bedürfnisse zu verdeutlichen, formulieren Sie diese in Wünsche um, in Wünsche darüber, was Sie tun möchten. (Beispiel: Ich kann nicht mehr folgen, ich möchte gerne die vorher angesprochenen Punkte diskutieren.)

- Die Verständigung und Zusammenarbeit werden gefördert durch den Austausch von *Informationen über Beobachtungen und Gefühle.*

  Diese Rückkoppelung bezeichnet man auch als Feedback (Beispiel: Du hast 15 Minuten lang gesprochen, das hat mich geärgert; ich möchte auch gerne zu Worte kommen.).

- Was Feedback für die Klärung von Arbeitssituationen ist, ist *Streicheln für die Vertrauensatmosphäre* im Betrieb. Am wirkungsvollsten ist Streicheln, wenn es bedingungslos gegeben wird (Beispiel: Ich mag dich).

  Streicheln kann ich auch non-verbal. Zum Beispiel: durch freundliche Blicke und Rituale wie: „Einen fröhlichen guten Morgen". Achten Sie einmal darauf, wieviel Streicheleinheiten Sie am Tag geben und erhalten. Sollten Sie ein Defizit an Streicheleinheiten haben, dann streicheln Sie sich wenigstens selbst. Beispiel: Denken Sie über Ihre Erfolge nach. Freuen Sie sich auf das Wochenende und das, was Ihnen Spaß macht. N. B.: Auch Chefs freuen sich über Streicheln.

- Eine der wirkungsvollsten Fähigkeiten zu streicheln ist die Fähigkeit, *aktiv zuzuhören.*

  Nehmen Sie Blickkontakt auf. Nicken Sie! Zeigen Sie durch interessierten Gesichtsausdruck, daß Sie Ihrem Partner folgen. Bestätigen Sie durch kurze Bemerkungen, Wiederholung und kurze Zusammenfassung, daß Sie zuhören und dabei sind und sich um Verständnis bemühen.

- Achten Sie als Chef darauf, daß Ihren Mitarbeitern *genügend Raum für Aktivität* bleibt. Versuchen Sie andererseits als Mitarbeiter sich aktiv in das Gespräch einzubringen und sich Ihren Gesprächsanteil nicht nehmen zu lassen.

Alle diese Punkte lassen sich nicht von heute auf morgen verwirklichen. Nehmen Sie sich bewußt und gezielt einzelne Punkte vor. Lassen Sie sich nicht entmutigen, Änderungen im Betrieb geschehen nur, wenn Sie bei sich selbst anfangen und bei Mißerfolgen nicht sofort aufgeben.

Eine Folge der Problembearbeitungsseminare sind Aktivitäten zur Bildung einer Teamorganisation

Für die Zusammenarbeit in einem Betrieb bestehen bessere Voraussetzungen, wenn über Autorität und Beziehungsprobleme offen gesprochen werden kann. Dieser erste Schritt war getan. Eine weitere Folge unserer Intervention waren Aktivitäten in der Sparkasse zur Bildung einer Teamorganisation, wie sie in dem ersten Problembearbeitungsseminar vorgeschlagen waren. So wurde offiziell beschlossen, Teamarbeit einzuführen. Von einer Gruppe wurden folgende Grundsätze erarbeitet:

Grundsätze für die Teamarbeit

1. *Einsetzung von Teams*

1.1 Das Planungsteam wird vom Vorstand eingesetzt
1.2 Neben dem Planungsteam werden die vier folgenden Teams gebildet
- Marketing
- Organisation
- Betriebliches Vorschlagswesen
- Betriebliche Veranstaltungen

Jeder Sparkassenmitarbeiter hat die Möglichkeit, sich als Teammitglied zu bewerben. Die Meldungen erhält das Planungsteam. Die Teammitglieder werden durch das Planungsteam nach Ziff. 3 eingesetzt. Die Einsetzung und Zusammensetzung des Teams wird durch die Organisationsabteilung dem Gesamtbetrieb bekanntgegeben. Die Gründung weiterer Teams kann beim Planungsteam vorgeschlagen werden.

2. *Größe des Teams*

Das zu bildende Team hat 7 Mitglieder. Das Team ist arbeitsfähig, wenn 5 Mitglieder anwesend sind.

3. *Zusammensetzung des Teams*

Das Team wird aus folgenden Mitarbeitern zusammengesetzt:

3.1 Mitgliedern des Vorstandes (sofern vom Vorstand erwünscht)
3.2 Leitenden Mitarbeitern aus dem betroffenen Fach- oder Geschäftsbereich
3.3 Weiteren, von der Sache betroffenen Mitarbeitern
3.4 Interessierten Mitarbeitern, die nicht unmittelbar von der Sache betroffen sind.

Mitglieder nach Ziff. 3.3 und 3.4 sollen nicht länger als 2 Jahre im Team arbeiten. Sie können auf Vorschlag des Teamleiters nach Rücksprache mit den betroffenen Teammitgliedern ausgewechselt werden. Bei Meinungsverschiedenheiten entscheidet die Mehrheit des Teams.

4. *Teamleiter*

Der Teamleiter wird mit einfacher Mehrheit aller Teammitglieder in geheimer Wahl gewählt.
4.1 Aufgaben des Teamleiters
Er bemüht sich um eine systematische Problemlösung auf der Geschäftsordnungs-, Beziehungs- und Inhaltsebene in der Gruppe.
4.2 Der Teamleiter kann jederzeit durch das Team abgewählt werden. Im Laufe eines Jahres muß jedoch eine Neuwahl stattfinden; Wiederwahl ist möglich.

5. *Aufgaben der Teammitglieder*

Jedes Teammitglied muß darauf achten, daß

5.1 die Kreativität bei der Ideenfindung gefördert wird,
5.2 das Wissen und Können der Mitarbeiter der Sparkasse ausgeschöpft wird (evtl. durch Rücksprache mit anderen Betriebsangehörigen),
5.3 Frustration verhindert wird durch Beachtung folgender Regeln:

- Sprechzeit vernünftig eingrenzen
- Aussprechen lassen
- Thema einhalten
- Ideenfindung fördern
- Nicht beurteilen
- Persönliche Angriffe vermeiden
- Verteidigung und Rechtfertigung unterlassen.

5.4 Jedes Teammitglied erhält eine gelbe und eine rote Karte, um damit in den Ablauf der Teamarbeit direkt eingreifen zu können.

Gelb = Teammitglied fühlt sich übergangen; ist enttäuscht; jedes Teammitglied wird an die Teamregeln erinnert.

Rot = Teammitglied erzwingt sofortigen Abbruch der Diskussion. Beziehungsproblem muß durch Teamleiter gelöst werden.

6. *Geschäftsordnung*

6.1 Zeit, Ort, Dauer
Die Zeit und der Ort der Zusammenkünfte werden vom Team bestimmt; in Ausnahmefällen vom Teamleiter.
Eine Sitzung sollte nicht länger als 3 Stunden dauern.

6.2 Protokollführer
Der Protokollführer wird innerhalb des Teams gewählt. Er kann bei jeder Sitzung neu gewählt werden. Er schreibt die Protokolle, läßt den Teamleiter unterschreiben und leitet sie an die Teammitglieder weiter. Das Protokoll enthält nur Kernsätze.
Der Vorstand erhält vom Teamleiter das endgültige Arbeitsergebnis.

6.3 Abstimmungsvorgänge
Es wird offen durch Handaufheben abgestimmt.
Über die einzelnen Punkte entscheidet die qualifizierte Mehrheit (2/3) des Gesamtteams.

6.4 Vertretungen
Kann ein Teammitglied an mehreren Sitzungen nicht teilnehmen, wird ein Vertreter vom Planungsteam bestimmt.

7. *Schiedsstelle*

Bei Unstimmigkeiten, die innerhalb eines Teams nicht bewältigt werden können, ist vom Team die Schiedsstelle anzurufen. Die Schiedsstelle ist der Vorstand.

Diese Entwicklung konnte sich anbahnen, da die Vorstände die Initiativen anregten und diese bereitwillig aufgenommen wurden. Aus den oben beigefügten Grundsätzen geht nicht eindeutig hervor, ob die eingeführten Teams Funktionen der Entscheidungsvorbereitung oder auch Entscheidungsvollmacht haben. Wie ich aus Gesprächen mit dem Vorsitzenden weiß, hat das Team – Betriebliche Veranstaltungen – volle Entscheidungsbefugnis. Für die anderen Teams – insbesondere für das Planungsteam – scheint eine schrittweise Entwicklung von Verantwortungsübernahme und Entscheidungsfunktion vorgesehen zu sein.

Diesen Ansatz halte ich für richtig. Mit einem offiziellen formalen Aufbau einer Teamorganisation ist nur der Rahmen geschaffen. Ausgefüllt muß dieser werden durch die parallele Entwicklung von Fähigkeiten zur Kommunikation, Kooperation und Führung bei den einzelnen und den Teams.

Diese Fähigkeiten werden durch verschiedene weitere Trainingsmaßnahmen gefördert. Parallel zu den bereits geschilderten Mitarbeiterseminaren, ist interessierten Führungskräften die Gelegenheit geboten, meine offenen Gruppendynamikseminare zu besuchen.

Gewöhnlich kommen nun zwei Personen zu den offenen Frühjahrs- und Herbstkursen. Mit diesen Seminarbesuchen ist nicht ein unmittelbarer Teamentwicklungseffekt verbunden. Nebenprodukt dieser Regelung ist, das hat sich besonders in einem Fall gezeigt, daß die beiden Führungskräfte ihre eigene Beziehung abklären und ihre Zusammenarbeit reflektieren. Nach all den vorangegangenen Seminarbesuchen ist die Gefahr der Ablehnung veränderten Verhaltens bei der Rückkehr in den Betrieb nicht mehr so groß, vielmehr werden diese Seminarbesuche als weiterer Impuls und Anregung empfunden.

Externe Seminarbesuche können nun aber das Lernen der Teams nicht ersetzen. Wir haben daher vorgeschlagen, daß bei jeder Teamsitzung Zeit eingeplant wird für die Reflexion der Arbeit der Teams. Sollten Schwierigkeiten bei der Zusammenarbeit auftreten, so haben wir auf Möglichkeiten der Prozeßberatung (ein externer Berater arbeitet mit der Gruppe an während der normalen Sitzungen auftretenden Beziehungsproblemen) und des Teamtrainings hingewiesen.

Ferner diskutieren wir gerade mit den Vorständen, wie die Abteilungs- und Zweigstellenleiter lernen können, in ihren Gruppen den Zusammenhalt und die Teamarbeit zu fördern. Oft fehlt es nur an wenigen Techniken, wie z. B. sich selbst bei der Gesprächsleitung auf moderierende Funktionen zu beschränken, sich bei inhaltlichen Aufgaben zurückzunehmen und sich mehr auf die Schaffung einer guten Atmosphäre zu konzentrieren. Dies könnte eine systematische Fortsetzung der Arbeit mit der Organisation werden. Notwendig erscheint sie besonders deswegen, weil die Konstitution einer Teamorganisation besondere soziale Fähigkeiten bei den Führungskräften voraussetzt.

In den Sparkassen wurden in den letzten Jahren viele Fusionen vorgenommen. Formal wurden Leitungskollegien geschaffen. Häufig fehlte es aber an Fähigkeiten zusammenzuarbeiten und kooperativ zu führen. Das formale Kooperationsmodell wurde dadurch nicht im geplanten Sinne funktionsfähig und praktikabel.

Diesen Fehler möchten wir gerne vermeiden. Ob es gelingt, wird die Zukunft zeigen.

Das Ergebnis der Intervention zeigt sich in stärkerem Selbstbewußtsein und der Fähigkeit, Konflikte konstruktiv zu bewältigen

Ideen einer auf Kooperation hin angelegten Institutsführung spiegeln sich explizit in der formalen Teamorganisation wieder. Ferner wurde die Unternehmensphilosophie der Sparkassen niedergeschrieben. Unter den sozialen Zielen des Unternehmens sind angeführt:

- Humanisierung unserer Arbeitswelt,
- Förderung von eigenverantwortlichem Denken und Handeln,
- leistungsgerechte Bezahlung,
- freiwillige soziale Leistungen,
- gute Fachausbildung,
- Pflege der Fortbildung,
- Förderung der Betriebsgemeinschaft.

Wo auch immer möglich, versuchen wir Informationen über die Wirkung unserer Interventionen zu bekommen. Diese Informationssammlung ist unsystematisch und hat im Grunde genommen nichts mit einer konkreten Evaluation des Projektes zu tun. Darüber bin ich nicht unglücklich. Mir kommt es ebenso darauf an, Selbsthilfekräfte der Organisation zu aktivieren wie auch Bestätigungen über Erfolg oder Nichterfolg zu sammeln. Ich habe den Eindruck durch Berichte von Organisationsangehörigen gewonnen, daß sich ein stärkeres Selbstbewußtsein unter den Mitarbeitern und besonders auch unter den jüngeren Führungskräften regt. Eine stärkere Identifikation mit dem Betrieb und die Bereitschaft, Verantwortung zu übernehmen, bahnt sich an.

Auch das Feedback, das ich von den Führungskräften bekomme – es geht in der Melodie von skeptisch vorsichtig bis hin zu enthusiastisch begeistert – spricht dafür, daß eine positive Änderung im Betriebsklima hin auf eine offenere, einander anerkennende Kommunikation erfolgt ist. Das Bild scheint ziemlich positiv gefärbt zu sein. Das soll nicht bedeuten, daß wir nicht auf Krisen gefaßt sind. Gerade zur Zeit, als ich diesen Bericht abschließen wollte, bahnte sich eine Krise an. Die Präsentation des Berichtes und Feedback an die Sparkasse bot sich daher als eine weitere Form der Intervention an.

Dieser Bericht wurde als Feedback an das Institut verwendet. Die Reaktion ist Nachdenken und Fortsetzung der Arbeit an speziellen Problemen

Wenn eine Organisation, wie die hier beschriebene, begonnen hat, offen zu kommunizieren, so ist sie in der Regel auch in der Lage, mit stark konfrontierendem Feedback konstruktiv umzugehen, und die gegebene Information in einer Weise zu benützen, die die internen Funktionen verbessert. Dies wurde mir eindrucksvoll klar, als ich mit einigen Hemmungen diesen Bericht dem Vorstand präsentierte. Ich war zusammen mit Reinhard Breuel zu einem Gespräch eingeladen worden. Aus der Kommunikation während des Gespräches gewannen wir den Eindruck, daß die anwesenden Herren, insbesondere der jüngere Vorstand, in ihrer Einstellung zu dem Gesamtprojekt eher eine resignative Phase erreicht hatten. Der Grund schien mir eine Krise der Beziehungen zwischen den beiden Vorständen zu sein, die aber durch Inhaltsdiskussion verdeckt wurde. Ich entschloß mich nach dem gemeinsamen Mittagessen, als wir das Gespräch wieder aufnahmen und die Diskussion sich meinem Gefühl nach mehr auf nebensächliche Punkte verlegt hatte, zu mündlichem Feedback.

Ich konfrontierte den Vorsitzenden und den jüngeren Vorstand mit der Frage nach der Bedeutung ihrer persönlichen Beziehung für das Gesamtinstitut. Ich fragte später in Abständen weiter: Wie diese Beziehung im Augenblick beschaffen sei, wie sie von den anderen Führungskräften und Mitarbeitern in Sitzungen beobachtet würde, welche Wirkung sie auf das Institut habe und was an der Interaktion zwischen beiden verbessert werden könne. Der Intervention folgte Stille. Nach einiger Zeit der prüfenden, besinnlichen Diskussion wurden wir nach Vorschlägen gefragt, wie mit der Situation umzugehen sei. Wir regten an, im Rollenspiel Kindheits-Ich-zu-Kindheits-Ich-Transaktionen zu üben, um die Beziehung auf eine entspanntere Basis zu bringen. Da Aussprachen zwischen beiden ohnehin täglich möglich sind – ihre beiden Arbeitszimmer sind nur durch eine Tür getrennt – schien uns ein gelenktes Verhaltenstraining ein lohnender Versuch. Beide haben sich nun entschlossen, an einem gruppendynamischen Seminar „Konfliktmanagement" teilzunehmen, bei dem neue Verhaltensweisen im Rollenspiel ausprobiert und eingeübt werden können. Mittlerweile haben beide das Seminar „Konfliktmanagement" besucht und in überaus offener und positiver Weise an der Abklärung ihrer Beziehungen gearbeitet. Ich versuchte bei dem Seminar, störende symbiotische Formen ihrer Zusammenarbeit bewußt zu machen und ihnen zu helfen, diese über direkte Kommunikation und Vertragsabsprachen zu überwinden.

Der Verhaltensstil beider zueinander hat starke Wirkung auf die Organisation. Die Vermutung besteht, wenn beide zueinander ihr Verhalten ändern, dann hat das entsprechende Wirkungen auf die Interaktion der Personen, die sich mit beiden identifizieren. Die Reaktion auf diesen Aufsatz, den ich nicht ohne Zustimmung der hauptsächlich Betroffenen veröffentlichen wollte, erfuhr ich einige Tage nach dieser Sitzung durch ein Telefongespräch mit dem Vorsitzenden. Die Herren hatten sich sehr intensiv und sorgfältig mit dem Bericht beschäftigt, in allen Punkten stimmten sie mit meiner Analyse nicht überein, aber grundsätzlich wird der Aufsatz akzeptiert. Von dem Vorsitzenden wurde mir über unser Gespräch eine Telefonnotiz gegeben, die ich hier einfüge; weil ich sie in ihrem humanistischen Engagement für beachtlich halte:

Telefongespräch vom 25. November 1979

Das Gespräch am 23. November 1979 erfolgte unter Zeitdruck. Meine Aussage zur Änderung des Manuskripts war sicher zu pauschal. Ich habe deshalb noch einmal darüber nachgedacht.

Für Fotokopien der geänderten Teile des Manukripts wäre ich dankbar.

Wann soll das Buch herauskommen?
Wir sollten im Januar 1980 oder nach Brixen (Konfliktmanagement) noch einmal darüber sprechen.
Die Erfahrungen von Brixen mit einbeziehen. Ich schätze, daß sie positiv sein werden.
Außerdem das geplante jährliche Wochenendseminar als dauernde Einrichtung (Weiterentwicklung, Problemlösungen, Konfliktbewältigung usw.).

Dann schildert das Buch ein in sich geschlossenes Organisationsentwicklungs-Modell. Arbeit von ca. 3 ½ Jahren. Sicher ist das Modell nicht auf jeden Betrieb übertragbar. Betriebliche Strukturen sind unterschiedlich. Bei uns aber kann die Arbeit an der Organisationsentwicklung (1. Abschnitt) als erfolgreich betrachtet werden. Selbstverständlich ist sie nicht abgeschlossen. Eine Organisation ist ein lebendes Gebilde.

Eine Organisationsentwicklung muß ein permanenter, sich selbsttragender, durchgängiger Prozeß sein; deshalb Wochenendseminar, Schulung der Neuen, weitere Beratung.

Ihre Schlußbetrachtungen erscheinen mir zu wenig optimistisch.

Sicher können Sie mit Ihrer Organisationsentwicklungsmethode nicht das ganze Wirtschaftsleben verändern.

Aber:
Aufrütteln können Sie.
Denkanstöße geben und aufgeschlossene Unternehmensleitungen zu einem Versuch anregen.
Erfolge werden nicht ausbleiben. Weitere Erkenntnisse werden gewonnen. Ich glaube, gute Ansätze in der Sparkassenorganisation zu erkennen. Andere Organisationen werden es nachmachen. Wir leben in einer nüchternen, kalten, harten auf Erfolg abgestellten, materiellen und hochtechnisierten Welt. Was weithin fehlt, ist die Menschlichkeit, die Gerechtigkeit, nach der sich die Menschen sehnen. Der Mensch ist dabei, Sklave seiner wissenschaftlichen Leistungen und Erfolge zu werden.

Wenn es nur gelingt, in einzelne Betriebe Menschlichkeit hineinzutragen, hat sich die Arbeit schon gelohnt. Bereitschaft ist da!

Das einzelne Managerteam ist, was die gesamte Wirtschaft anlangt, sicher machtlos. In seinem eigenen Wirkungsbereich aber kann es Veränderungen herbeiführen. Diese Veränderungen haben Multiplikatoreneffekt (Mitarbeiter, Familie, Verwandte, Vereine usw.).

Ferner wurde mir ein anderes Papier überlassen, in dem das Institut sich über das Projekt Klarheit zu machen versucht (was wichtiger ist als unsere Fremdanalyse), in dem auch Zahlen aus der Betriebsstatistik herangezogen werden, um eventuelle Entwicklungen daraus abzulesen.

Zur Geschäftsentwicklung wird berichtet:

„Aus den Zahlen ist kurzfristig kein steiler Aufstieg, sondern eine völlig normale Entwicklung abzulesen.“ Heute – Mai 82 – liegt das Institut im Betriebsvergleich auch von den Zahlen her über dem Durchschnitt.

Zur Fluktuation: „Betrachtet man die Abgänge und Zugänge von und zu Konkurrenzinstituten und Nachbarsparkassen, so ist folgendes festzustellen: Seit 1976 sind 5 Zugänge, aber kein Weggang zu verzeichnen. Früher war der Trend umgekehrt (es überwogen die Abgänge).“

Zur Krankheitsquote: „Die Dienstunfähigkeitsquote beträgt 3,0 % im Jahre 1978, – eine um 25 % bessere Situation zu dem Durchschnitt der Sparkassen im Betriebsvergleich. – Der Durchschnitt des Betriebsvergleiches liegt bei 4,0 %.“

Zum Betriebsklima: „Das Betriebsklima kann als gut und spürbar besser als früher bezeichnet werden. Dafür spricht:

- eine schriftlich durchgeführte Mitarbeiterbefragung;
- ein in völlig anderer Form durchgeführter Betriebsabend, der eine äußerst positive Resonanz brachte;
- gute Entwicklung einer Betriebssportgemeinschaft e. V. mit Abteilungen für Fußball, Schwimmen, Tischtennis, Tennis, Leichtathletik (ca. 130 aktive Mitglieder);
- stärkere Bemühungen, auf der Beziehungsebene Kontakte aufzunehmen;
- mehr Offenheit, Kooperation, Zivilcourage sind zu beobachten;
- Äußerungen von jungen Mitarbeitern bei externen Trainern und Personen (z. B. stolz auf das eigene Unternehmen sein);
- ein von den Mitarbeitern in eigener Regie auf Gruppenbasis durchgeführter Mitarbeiter-Wettbewerb mit großem Erfolg.“

Der Bericht endet mit folgender Zukunftsprojektion: „Der augenblickliche Bildungsweg in der Sparkassenorganisation bietet nur wenig Möglichkeiten, Führungsverhalten zu erlernen. Es wird zu wenig Hilfe angeboten. Wir glauben:

1. Daß die geschäftspolitischen Aufgaben der Zukunft nur von selbständigen, eigenverantwortlichen Mitarbeitern mit Freude am Beruf bewältigt werden können;
2. Daß bei der Bedeutung, die der Arbeitsplatz in unserem Leben hat, es wert ist, an der Verbesserung der zwischenmenschlichen Beziehungen zu arbeiten.“

Ich gebe der Organisationsentwicklung in Deutschland Chancen, wenn einige Probleme gelöst werden.

Der bekannte Organisations-Berater Roger Harrison hat 1974 in Bethel (USA) bei einem Vortrag gesagt:

Organisationsentwicklung hat in Amerika versagt, deswegen verlegt sich die Bewegung nun nach Europa. Und in der Tat scheint es nun so zu sein. In Deutschland ist das Wort:

„Organisationsentwicklung“ mittlerweile auch in allen Munden. Ich kann mich des Verdachts nicht erwehren, daß von einigen Rationalisierungs- und Profitmaximierungsexperten Organisationsentwicklung als neuer zugkräftiger Name für altes Tun benützt wird.

Wird unter Organisationsentwicklung tatsächlich nur eine jener Modeerscheinungen verstanden, die jährlich kommen und gehen? Bietet Organisationsentwicklung mehr? Kann sich eine praktische Philosophie, die vom Grundgedanken her mehr der Richtung des „Seins“ als der des „Habens“ (Erich Fromm, Haben oder Sein – Die seelischen Grundlagen einer neuen Gesellschaft Stuttgart 1979) zuzurechnen ist, in einem kapitalistischen marktwirtschaftlichen System behaupten? All diese Fragen drängen sich auf, wenn es darum geht, Zukunftsperspektiven aufzuzeigen. Organisationsentwicklung hat eine ziemlich pragmatische und ökonomische Seite. Sie trägt sicherlich dazu bei, daß sich soziale Beziehungen förderlich auf die ökonomischen Zielsetzungen der Unternehmen und den Ertrag auswirken. Andrerseits kann das Modell Organisationsentwicklung für den arbeitenden Menschen die Chance zur Entfaltung der Persönlichkeit im Betrieb, zur Mündigkeit bieten. So unglaublich es klingt, Mündigkeit der Mitarbeiter und Kollegen wirkt auf viele Führungskräfte bedrohlich und verunsichernd. Deswegen wird sich Organisationsentwicklung nur in Unternehmen durchsetzen, an deren Spitze Leute stehen, die bereit sind, ihre Autorität hinterfragen zu lassen und bereit sind, aus dem so gewonnenen Feedback zu lernen.

Weiter ist zu fragen, ob in einer Überflußgesellschaft, wie sie zumindest in Mitteleuropa und in Nordamerika herrscht, die Humanisierung des menschlichen Umgangs miteinander, auch ohne Seitenblicke auf den Gewinn, nicht schon ein positiver Wert in sich selbst darstellt.

Ich gebe der Disziplin und Beratungsrichtung „Organisationsentwicklung“ in Deutschland zumindest dann eine gute Chance, wenn einige weitere Probleme erfolgreich gelöst werden können:

- Wie sollen genügend qualifizierte Berater für Organisationsentwicklung ausgebildet werden? Ich glaube, ein guter Berater braucht eine sorgfältige, noch langwierigere Ausbildung als ein Gruppendynamiktrainer. Allein für die Sparkassenorganisation ist der Bedarf an guten Organisationsentwicklungs-Beratern riesengroß.

- Wie kann Organisationsentwicklung mit den erkennbaren Tendenzen zur Bürokratisierung unseres Lebens fertig werden? Ist Organisationsentwicklung eine attraktive Alternative? Schließen Bürokratisierung und Organisationsentwicklung einander aus oder bieten sich auch der Bürokratie durch Organisationsentwicklung neue Chancen?

- Wie kann durch Schule und betriebliche Aus- und Fortbildung die Diskrepanz zwischen humanistisch kooperativen Werten und dem tatsächlich, fast regelmäßig praktizierten Konkurrenzverhalten zwischen Personen und Gruppen einer Organisation bearbeitbar gemacht werden? Wenn das der Organisationsentwicklung zugrunde liegende auf Kooperation gerichtete Wertsystem auf Ablehnung stößt, da andere Werte erlernt und durch das Bildungssystem gefördert werden, ist die Chance gering. Der pathologisches Verhalten fördernde Leistungsdruck in unseren Schulen, der auch in die Betriebe übernommen wird, stimmt mich pessimistisch.

Wenn ich dieses letzte Kapitel nochmals überdenke, so kommt hier tatsächlich eine nicht sehr optimistische Haltung zum Ausdruck. Was mich nun bestärkt, trotz all dieser wenig ermutigenden Perspektiven weiterzumachen, sind die positiven Erfahrungen mit einigen Betrieben, wie z. B. dem hier geschilderten.

Organisationsentwicklung wird sich letztlich dann durchsetzen, wenn die Phase des Intellektualisierens abgelöst wird durch praktisches Tun und seine Reflexion.

Das beste wäre wohl:

anpacken, ausprobieren, Fehler machen und lernen.

Weichenstellung zur sozialen Betriebsorganisation durch ein kombiniertes Analyse-, Übungs- und Planungsseminar in einer bayerischen Sparkasse (Teilnehmerbericht)

Hermann Hadwiger

- Die Vorbereitung
- Ziele und Erwartungen treten zutage
- Wer bin ich? Wer bist Du?
- „Spielend" Aktivitäten entwickeln
- Ein Selbsterkennungsprozeß wird eingeleitet
- Problemfindung durch zeichnerische Darstellung
- Problemlösung
- Schlußeindruck
- Ergebnisse

---

* Mitwirkung bei den Abschnitten „Problemfindung durch zeichnerische Darstellung" (S. 161–162) und „Problemlösung" (S. 162–169): Fritz Antor.

Die Vorbereitung

Eine Sparkasse wollte ein Seminar für ihre Führungskräfte durchführen. Unter Leitung des Instituts Team-Training Dr. Rosenkranz, sollten theoretische Grundlagen der Gruppe, Selbstwahrnehmung und Fremdwahrnehmung, Führungsstile, Kommunikation und Team-Arbeit vermittelt werden.

Der Sparkassenvorstand entschloß sich deshalb, ein kombiniertes Analyse-, Übungs- und Planungsseminar zu gestalten. Man war sich darüber im klaren, daß es sich hierbei nur um einen Versuch handeln konnte, die Gegenwarts- und Zukunftsprobleme der Sparkasse herauszufinden.

Dabei waren drei Seminar-Phasen vorgesehen:

Erste Phase:
Es soll versucht werden, die Probleme der Gegenwart und Zukunft der Sparkasse herauszufinden und möglichst konkret zu beschreiben.

Zweite Phase:
Planung von Lösungsansätzen

Dritte Phase:
Fähigkeiten üben, die zur Lösung notwendig sind.

Von den Trainern wurden als Teilnehmer zwei Gruppen mit je 12 Personen vorgeschlagen. Eine Gruppe sollte sich dabei aus 12 einflußreichen Leitern (einschließlich Vorständen) zusammensetzen. Die zweite Gruppe sollte aus 12 jungen Mitarbeitern (einschließlich Auszubildenden) mit Führungseigenschaften gebildet werden.

Dieser Vorschlag der Trennung von jung und alt wurde in diesem Fall jedoch nicht befürwortet. Vielmehr wurden die beiden Gruppen gemischt, und dies dürfte auch eher der praktischen Wirklichkeit entsprechen. Später zeigte sich, daß gerade dieser Mischung eine starke Dynamik entsprang.

Aus Vertretungsgründen konnten manche Führungskräfte erst für ein späteres Seminar in einer Gruppe III vorgesehen werden.

Für die Trainer wurde ein Problemkatalog erarbeitet, der sich jedoch sehr stark an reinen Sachthemen orientierte und Probleme auf der Beziehungsebene nicht offenlegte.

Nach der Aussage des Vorstands-Vorsitzenden sollte angestrebt werden, daß sich die beiden Gruppen möglichst rasch speziell mit diesen sachbezogenen Problemen beschäftigen. Daß dabei in gewissem Sinne auch die Möglichkeit einer Beurteilung der Führungseigenschaften, vor allen Dingen der jüngeren Mitarbeiter, wahrgenommen werden sollte, stand zumindest im Raum.

Das Risiko bestand allerdings darin, daß die Eigendynamik der Gruppe völlig unbekannte Probleme herausarbeiten würde, um damit völlig andere Wege zu gehen. So trafen sich 24 Teilnehmer (unter ihnen 2 Vorstände) und die Trainer im Tagungslokal, um mit den unterschiedlichsten (bei manchem auch gar keinen) Wünschen, Vorstellungen und Erwartungen ein Seminar zu bestreiten.

Ziele und Erwartungen treten zutage

Wenn es bezeichnend für die Probleme eines Betriebes ist, welche geheimen Wünsche seine Mitarbeiter haben, so ließ sich bei der Darstellung der Ziele und Erwartungen an Seminar, Teilnehmer, Trainer und Vorstand bereits ein Schwerpunkt in den Bereichen Offenheit, Teamarbeit und zwischenmenschliche Beziehungen erkennen.

Sich selbst wünschten die meisten Teilnehmer, eigene Fehler zu erkennen, Verhaltensänderungen zu erreichen, Offenheit zu zeigen und Hemmungen zu überwinden.

An den Vorstand richtete die Gruppe folgende Bitten:
- sich voll in die Gruppe zu integrieren,
- keine Seminarteilnehmer zu beurteilen,
- bereit sein, eigenes Verhalten zu überprüfen und ggf. zu korrigieren.

Der Vorstand seinerseits erwartete von den Mitarbeitern Offenheit, Abbau von Hemmungen, positive Mitarbeit und gute menschliche Beziehungen.

Eine gewisse Unsicherheit, aber der ausdrückliche Wunsch zu mehr Kooperation, spricht wohl aus den Wünschen an den Trainer, die Teamarbeit zu fördern und dabei Lenkung, Leitung und Hilfestellung in die Hand zu nehmen. Die meisten Teilnehmer hätten wohl am liebsten den Trainer beauftragt, die Teamarbeit mit „Gewalt“ einzuführen.

Der große Wunsch nach Offenheit auch beim Vorstand war wohl zwingend, da die Effizienz des ganzen Seminars darunter leiden würde, wenn die vielfach in informellen Gruppen unter den Mitarbeitern besprochenen Probleme hier nicht auf den Tisch kämen.

Wer bin ich? Wer bist Du?

– Eine Basis des Vertrauens wird hergestellt –

Nachdem sich die beiden Trainer global von den Teilnehmern Namen und einige Daten erfragt hatten, waren die meisten Teilnehmer überzeugt, daß an Vorbereitungen zur Genüge getan worden sei. Mit gewisser Skepsis wurde deshalb die Ankündigung einer weiteren „vorbereitenden Übung“ aufgenommen. Die Teilnehmer sollten sich einen Partner suchen und in wechselseitigem Gespräch der Frage „Wer bin ich? “ nachgehen.

Nach mehrmaligem Partnertausch wurden die Fragen

- „Was sind meine Stärken? “,
- „Was sind meine Schwächen? “ und
- „Was ich bis jetzt verschwiegen hatte“

behandelt.

Die Interviewübung leitete die ersten Selbst- und Fremderkennungsprozesse des Seminars ein.

Zur Diskussion standen die Fragen:
- „Wie habe ich mich bei den Interviews gefühlt? “

- „Wem bin ich bei der Partnerwahl aus dem Weg gegangen? “
- „Was habe ich bei der Übung aktiv/passiv zur Gestaltung der sozialen Beziehungen zu den Kollegen getan? “

Ein Erfahrungsaustausch im Plenum ergab, daß viele Teilnehmer in Anbetracht der besonderen Stimmung Informationen aus ihrem Privatleben weitergaben, die sie im täglichen betrieblichen Zusammenleben für sich behielten. Dadurch wurde ein Klima der Offenheit erlangt, die erst den Boden für einen späteren erfolgreichen Verlauf des Seminars bereitete.

„Spielend“ Aktivitäten entwickeln

Die beiden Trainer sahen die Zeit gekommen, nach anfänglicher Steuerung der beiden Gruppen nunmehr volle Aktivität der Teilnehmer herbeizuführen.

Es wurden 2 Spielgruppen gebildet, die eine Übung „Vermögensbildung“ (s. S. 108) durchzuspielen hatten. Die beiden Trainer übernahmen dabei die Rolle einer Spielbank. Zwei Teilnehmer fungierten als Beobachter.

Beide Gruppen konnten gegeneinander, aber auch gegen die Spielbank arbeiten, wobei ein Angriff gegen die Parallelgruppe den größten materiellen Gewinn für eine Einzelgruppe versprach. Beide Gruppen konnten über Unterhändler miteinander in Verhandlung treten. Die Gespräche der beiden Gruppen und die Verhandlungsführung der Unterhändler wurden auf Videorecorder bzw. Tonband von den Beobachtern aufgezeichnet.

Während die Gruppe I zwar relativ schnell die Spielregeln erfaßte und sich eine Geschäftsordnung gab (es mußten ein Gruppenführer, ein Protokollführer und zwei Unterhändler gewählt werden), war die Gruppe II mehr mit Spielregeln und inhaltlichen Problemen beschäftigt. Aus dieser Phase der Unsicherheit heraus griff die Gruppe II ihre Nachbargruppe I erst einmal an.

Dadurch wurde die Gruppe I in ihrer Meinung bestätigt, das Ziel der Übung darin zu sehen, durch möglichst effektive Zusammenarbeit in der Kleingruppe ein konkretes Angriffssystem auszutüfteln, um durch Schädigung der Gruppe II den höchsten materiellen Gewinn zu erwirtschaften.

Zu diesem Zeitpunkt kam in der Gruppe II erstmals der Gedanke einer kooperativen Zusammenarbeit der beiden Gruppen gegen die „Spielbank“ auf. Dieser Gedanke wurde trotz starker Opposition innerhalb der Gruppe zum Gruppenziel erhoben. Da jedoch die Unterhändler der Gruppe I nur ihre Kooperationsbereitschaft vortäuschten, kam ihre Gruppe letzten Endes zu einem Geldgewinn (auf Kosten der Gruppe II).

Das Spiel führte zu einem vollen Engagement aller Teilnehmer und ließ Positives und Negatives bei der Kommunikation innerhalb der Gruppen erkennen.

Durch den materiellen Gewinn fühlen sich die Mitglieder der Gruppe I erst einmal als Sieger und bestärken dadurch das Zusammengehörigkeitsgefühl. Positive Stereotype von sich selbst und negative Stereotype der anderen Gruppe werden verfestigt. Nach einer Behandlung des Spielverlaufs durch die beiden Trainer wurde jedem klar, daß bei entsprechender Kooperation die Teilnehmer insgesamt keinen finanziellen Verlust zum Vorteil der passiven „Spielbank“ hätten erleiden müssen. Urplötzlich wurde jedoch eine Menge von Konfliktsituationen offengelegt, die einer gewissen Ähnlichkeit mit der Praxis nicht entbehren. In der Gruppe I kamen Gedanken auf, sich den materiellen Sieg nicht stehlen zu lassen, Begründungen, Entschuldigungen, Sündenböcke für das vermeintliche „unmoralische Verhalten“ der Gruppe wurden gesucht. Schließlich wurde sogar das Spiel als solches angezweifelt. In der Gruppe II fühlten sich einige „moralisch besser“, insgesamt war jedoch die Konfliktsituation, die aus dem materiellen Verlust entstand, weitgehendst entschärft.

Eines hatte die Übung auf jeden Fall bewirkt: Ein vorher kaum gekanntes Engagement, Selbst- und Fremderkennungsprozesse und eine rege Kommunikation. Selbst nach Ende der offiziellen Seminarzeit wurden noch in feuchtfröhlicher Runde bis in die Abendstunden Erkenntnisse ausgetauscht.

Ein Selbsterkennungsprozeß wird eingeleitet

Durch das starke Engagement der Teilnehmer in der Übung „Vermögensbildung“ wurde eine Fülle von Fakten offengelegt, die Rückschlüsse auf Verhaltensweise, Rollenverteilung, Kommunikation, Spannungen, Kooperation und vieles mehr zulassen. In der Aufbereitung und Analysierung aller festgestellten Kriterien und Beobachtungen lag die Chance, durch einen Selbsterkennungsprozeß die Hauptprobleme auf der Beziehungsebene herauszufinden.

Abwechselnd dienten dazu gegenseitiges „feedback“, Diskussion, Selbstüberprüfung anhand des Video-Bandes und vorsichtig eingespielte theoretische Beiträge der Trainer.

Chronologisch läßt sich das Agieren in Gruppen wie folgt untersuchen:

1. Wie klar waren die Gruppenziele?
2. Wie wurde die Gruppe geführt?
3. Wie wurden Gruppenentscheidungen getroffen?
4. Wie wurden die Fähigkeiten der Gruppenmitglieder genutzt?
5. Wie wurden die Gruppenfunktionen wahrgenommen?
6. Wie wurde in der Gruppe kommuniziert?
7. Wurden Prozeßkommentare gemacht?
8. Wie wurde mit anderen Gruppen zusammengearbeitet?

Die Selbsterkennung führt zum Versuch, mit erkennbaren Verhaltensänderungen zu beginnen und bisheriges Fehlverhalten zu revidieren. Unter diesem Aspekt ist auch die Einladung der Gruppe II zu sehen, deren Sinn darin lag, wieder ein klares offenes Verhältnis auf der Beziehungsebene herzustellen.

Bei allen Teilnehmern wurde der ausdrückliche Wille zur Ehrlichkeit und Zusammenarbeit bei der weiteren Behandlung von Problemen verstärkt.

Problemfindung durch zeichnerische Darstellung

Es ist sehr schwer, einem Außenstehenden zu erklären, wo der Vorteil liegen soll, wenn erwachsene Männer mit Filzstiften zu malen beginnen. Wenn dies aber zur Freilegung bisher versteckter Probleme beiträgt, sollte jedes Mittel recht sein. Hier sind Vergleiche mit dem Brainstorming möglich, bei dem zur Förderung der Kreativität auch Argumente akzeptiert werden, die im ersten Augenblick lächerlich erscheinen.

In unserem Kreis machten wir jedenfalls die Erfahrung, daß durch die zeichnerische Darstellung von Problemen gewisse Schranken fielen, die bei verbaler Kennzeichnung eventuell bestanden hätten. Durch das „Hineinsteigern", ein Problem möglichst treffend darzustellen, wurden manche Fakten sogar etwas überbetont.

Im Plenum wurde die zusätzliche Chance wahrgenommen, die Kreativität noch zu erweitern, indem jedem eine eigene Interpretation der Bilder erlaubt war. Hier soll nur kurz verbal der wesentliche Inhalt der Zeichnungen dargestellt werden:

- Einem Topf entweichen in großen Rauchschwaden verschiedene „Gerüchte" (Hinweis auf Gerüchteküche).
- Über einem Schreibtisch hängt ein Schild mit der Aufschrift: „Orga wegen Bauarbeiten geschlossen" (Anspielung auf die Überlastung der Organisationsabteilung durch Bauangelegenheiten).
- Vier Türen (vom Vorstand bis zur Schreibkraft) sind mit der Aufschrift „belegt" gekennzeichnet (ein Mitarbeiter einer Zweigstelle findet niemanden, der für seinen Fall zuständig ist oder Zeit hat).
- Eine Gesprächsrunde ist dargestellt, an deren Kopfseite ein Vorstandsmitglied sitzt und das Ergebnis der Besprechung bereits schriftlich in der Hand hält (Kritik an der bisherigen Gestaltung von Leiterbesprechungen).
- Ein Mitarbeiter hält von einer Sparkassen-Geschäftsstelle aus mit einem Fernrohr Ausschau nach Kunden, die im großen Abstand zu ihm beisammenstehen (Hinweis: Nicht auf Kunden warten, sondern Kontakt suchen).
- Von einem Frauenkopf werden die langen Zöpfe mit einer Zukunftsschere aus dem Jahre 1990 abgeschnitten (Anspielung auf den mangelnden Willen zur Innovation).
- Ein Sparkassenmitarbeiter ist nach Dienstschluß nicht mehr bereit, eine dienstliche Auskunft zu geben (Hinweis auf mangelnde Identifizierung mit dem Betrieb in der Freizeit).
- Ein Mitarbeiter steht vor 10 Zweigstellen, in denen er als Verteter arbeiten soll, und denkt dabei an seinen eigenen Urlaub (Hinweis auf Vertreterproblem).
- Ein Auszubildender steht ratlos vor dem Arbeitsamt.
- Der Anteil der Sparkasse an einem Kuchen wird geringer (Marktanteilsverlust).
- Ein „Informationsfluß" strömt an einer Zweigstelle vorbei.
- Ein Zeigefinger deutet auf einen „Größten", der offenbar gegenüber anderen Mitarbeitern bevorzugt wird (Problematik unterschiedlicher „Streicheleinheiten").
- Darstellung der derzeitigen Situation einer Sparkasse, die bei scharfem Wind als Rudermannschaft eine „Rentabilitätsinsel" erreichen will, gleichzeitig aber um Marktanteile kämpft.

- Vorgesetzter mit Ohren, die durch Korken verschlossen sind (Kommunikationsproblem).
- Sparkasse als „Sonne“, Mitarbeiter auf einer Wolke (Darstellung der Mustersparkasse mit harmonischer Übereinstimmung von Dienst und Freizeit).

Nach einer verbalen Zusammenstellung aller Probleme ergab sich ein Problemkatalog, der von jedem Teilnehmer durch Vergabe von drei Punkten gewichtet werden konnte.

Das Ergebnis war für diejenigen Teilnehmer überraschend, die mehr Probleme auf der Inhaltsebene vermuteten.

Auflistung der Probleme nach Gewichtung:

1.	Kommunikationsprobleme (Hierarchie/Generationsprobleme)	(14 Punkte)
2.	Entscheidung im Team	(13 Punkte)
3.	Problemkreis Auszubildende, Personalplanung, Führungsnachwuchs	(12 Punkte)
4.	„Streichelstil“ (Wer? , Wann? , Wie oft?)	(11 Punkte)
5.	Organisationsaufgaben	(4 Punkte)
6.	Informationsfluß	(4 Punkte)
7.	Verbesserung der Marktposition (Außendienstproblem)	(4 Punkte)
8.	Innovationsbereitschaft (Ideen und Durchführung)	(3 Punkte)
9.	Organisation des Geisteskapitals	(2 Punkte)
10.	Interne Konkurrenz	(1 Punkt)
11.	Gerüchteküche	(1 Punkt)
12.	Identifizierung mit der Sparkasse	(1 Punkt)
13.	Konditionspolitik	(–)
14.	Jugendmarkt	(–)
15.	Stellvertreterproblem/Personalwahrheit	(–)

Problemlösung

Im weiteren Verlauf des Seminars sollte versucht werden, die 5 Hauptprobleme zu zerkleinern, zu konkretisieren und durch Beispiele greifbar zu machen.

Unter Anleitung der beiden Trainer wurden dabei folgende Problemlösungsschritte angewandt:

1. Es sind 3 Fälle/Beispiele zu nennen. Ein Beispiel sollte dabei zur besseren Verdeutlichung in Sketchform gespielt werden (Negativ- und Positivdarstellung).
2. Welche Lösungsversuche wurden bereits unternommen?
3. Was wirkt sich fördernd oder hindernd auf die Problemlösung aus? Der Schlüssel des Erfolgs liegt hier darin, fördernde Punkte zu verstärken und hindernde abzubauen.
4. Welche Aktionen, Maßnahmen lassen sich durchführen? Dabei sollten die Maßnahmen, soweit möglich, ganz konkret chronologisch geplant sein und eine betriebswirtschaftlich akzeptierbare Kosten/Nutzen Relation gegeben sein.
5. Welche Fähigkeiten, Kenntnisse, Informationen, Einstellungen muß ich haben, um die Maßnahmen erfolgreich durchzuführen? Habe ich sie?

Fünf Kleingruppen beschäftigen sich mit den fünf Problemen, die das meiste Interesse der Teilnehmer fanden. Hier soll aufgezeigt werden, wie man sich mit Hilfe der dargestellten Lösungsschritte an die Probleme herangearbeitet hat.

Kommunikationsprobleme (Hierarchie- und Generationsproblem)

An Beispielen konnten angeführt werden:

- Ein Sachbearbeiter möchte mit seinem Leiter ein Problem besprechen – er wird gerügt statt beraten.
- Generationsproblem aus der Sicht des Älteren (Isolationsproblem).
- Generationsproblem aus der Sicht des Jüngeren.
- Zu komplizierte Kommunikation durch menschliche Eigenheiten des anderen.
- Mangelnde Kommunikation zu Mitgliedern des Vorstandes (keine Möglichkeit der Darstellung – Zeitmangel).
- Kommunikationsprobleme zu und zwischen Zweigstellen.

In Sketchform dargestellt wurde die Abweisung eines auskunftsuchenden Sachbearbeiters durch seinen Leiter. In einer weiteren Darstellung wurde die Isolation eines älteren Mitarbeiters demonstriert, der bei Annäherung an eine kommunizierende Gruppe junger Mitarbeiter auf eine „Wand des Schweigens" stößt. Umgekehrt wurde aufgezeigt, wie einem jüngeren Mitarbeiter trotz freundlichen Grußes Nichtbeachtung der älteren widerfährt.

An bisherigen Lösungsversuchen solcher Probleme wären zu nennen:

Betriebsabende, Wandertage, Theaterbesuche, Marktgebietstreffen, Leiterbesprechungen, Schafkopfturniere, Schulungen, Skifreizeit, Betriebssportclub.

Daß trotz dieser zahlreichen Lösungsversuche 14 von 24 Seminarteilnehmern das Kommunikationsproblem als schwerwiegend ansehen, mag auf den ersten Blick verwundern. Wichtig ist hier noch zu wissen, daß in einer schriftlichen Befragung 53 % der Mitarbeiter den Betriebsabend im herkömmlichen Stil ablehnten. Der Gruppe wurde klar, wie tief das Problem hier wirklich sitzt und daß Kommunikationsschwierigkeiten nicht durch Oberflächenkommunikation lösbar sind, auch wenn diese noch so häufig stattfindet.

An Faktoren, die eine Problemlösung fördern, wurden gefunden:

- Der Ältere geht auf den Jüngeren zu
- Der Jüngere geht auf den Älteren zu
- Ehrlichkeit
- Taktgefühl
- In die Rolle des anderen versetzen
- Hilfsbereitschaft
- Vertrauen – Gespräch
- Brücken schlagen
- Verantwortung delegieren
- Interesse zeigen
- „Streicheln"

An Faktoren, die für eine Problemlösung hindernd wirken, wurden gefunden:

- Fehlende Offenheit
- Isolationsgefühl
- Komplexe
- Zeitmangel
- Unbeholfenheit
- Klassendenken
- Angst vor Bumerangeffekt (Reden ist Silber, Schweigen ist Gold)
- Zu oberflächliche Beziehungen.

An konkreten Maßnahmen wurden vorgeschlagen:

- Betriebsinterne Halbtags-Kommunikationsseminare (geringer Aufwand/hoher Nutzen durch Vertiefung persönlicher Beziehungen)
- Vorstandssprechstunde
- Verstärkte Teamarbeit (Teamgeist fördert Kommunikation)
- Mehr Information in allen Ebenen.

Die Gruppe brachte ferner zum Ausdruck, daß erkennbare Fähigkeiten und der Wille zur Problemlösung bei den Teilnehmern vorhanden seien. In einer anschließenden Diskussion wurden im Plenum noch einige Punkte aufgegriffen:

- Fördert die Sportgemeinschaft die Kommunikation?
- Vorstellung der „Neuen" im Round-table-Gespräch
- Wer ist bereit, in der Praxis jetzt so zu handeln?
- Wo sind Schwachstellen im Informationsfluß?
- „Hauszeitschrift"
- Soll eine Kommunikation wirklich so tief gehen?

Teamarbeit findet noch nicht statt

Nach der augenblicklichen Betriebshierarchie gab es in unserem Haus nur in wenigen Ausnahmefällen ein Team, das allerdings nur beratende Funktion hatte.

Leiterbesprechungen werden vom Vorstand als Informationsveranstaltungen angesehen. Trotzdem wurden zur Verschaffung eines Überblickes des öfteren Meinungen der Leiter in solchen Besprechungen abgefragt. Dieser entstehende Eindruck einer vorgetäuschten Teamarbeit, bei der zwar Meinungen abgefragt werden, die Entscheidung aber schon getroffen wurde, war Gegenstand der Demonstration durch ein gespieltes Fußballspiel.

Obwohl die Teamarbeit als institutionalisierte Organisationsform in unserem Haus noch unbekannt ist, wurden doch einige Lösungsversuche genannt, die zumindest in Richtung „ad hoc-Teams" einen Schritt darstellten:

- Spezialisierung der Gruppen bei Leiterbesprechungen (z. B. Zinsgestaltung im Aktivbereich)

- Neuorganisation der Kreditbeschlußfassung
- Teamarbeit im Vorschlagswesen.

An Faktoren, die eine Problemlösung fördern, wurden gefunden:

- Überschaubare Zahl der Teammitglieder
- Erfolgserlebnis (Anerkennung)
- Exakte Zielvorstellung
- Kompetente Mitglieder

Folgende Faktoren wurden als hindernd angesehen:

- Vorgefaßte Meinungen und Entscheidungen
- Fehlende Vorinformation
- Zeitdruck
- Zu starke Aktivität der Vorstandsmitglieder

Die Gruppe brachte in ihrem Vortrag zum Ausdruck, daß Teamarbeit nicht „um jeden Preis“ sein müsse, doch wirkt sie in vielen Bereichen motivierend.

Hierzu gab Dr. Rosenkranz einige Hinweise aus der Theorie:

- Teamarbeit im richtigen Augenblick und unter voller Ausnutzung aller geistigen Fähigkeiten der Gruppenmitglieder ergibt ein größeres Gesamtergebnis als die Addition einzelner Leistungen.

- Einführung von Teamarbeit bietet sich bei Problemkomplexen an, die für den Betrieb relativ unwichtig, für den einzelnen aber sehr wichtig sein können (z. B.: Team der Betroffenen befaßt sich mit Urlaubsplanung).

- Endziel einer funktionierenden Teamorganisation aber sollte sein, Aufgaben, die sowohl für den einzelnen als auch für den Betrieb große Bedeutung haben, an beratende oder entscheidende Teams zu übertragen. In einem von Dr. Manfred Michael herausgegebenen Buch „Teamarbeit in Kreditinstituten“ wird eine Reihe von Praxismodellen vorgestellt.

- Als Grundvoraussetzungen für Teamarbeit wurden Teambereitschaft, fachliche Qualifikation, Information und positive Einstellung aufgezählt (die Gruppe räumte ein, diese Grundvoraussetzungen mitzubringen).

In der folgenden Plenumsdiskussion wurden noch einige Fragen angeschnitten:

- Wie weit soll die Vorinformation (zu einer Leiterbesprechung) gehen?
- Information vom Vorstand/Information von den Leitern
- Wer wird Teamleiter eines Teams?
- Läßt sich Gruppenarbeit auch auf jüngere Mitarbeiter ausdehnen?
- Teamleiter: Geschäftsordnung und Beziehungsebene

- Teammitglieder: Inhaltsebene
- Stärkere Delegation durch den Vorstand
- Projektorganisation/Teamorganisation.

Problem der Auszubildenden-Anstellung nach der Ausbildungszeit

Entscheidend für eine zufriedenstellende Lösung des „Azubi-problems" ist die Klärung der Frage, ob gesellschaftspolitischer Verpflichtung der Vorrang vor dem Wohl des einzelnen einzuräumen ist.

Die Gruppe konnte feststellen, daß im Augenblick die Einstellungsquoten im Verhältnis zur Anstellungsmöglichkeit zu hoch sind. Durch die Expansion in den vergangenen Jahren, verursacht durch eine intensive Vergrößerung des Zweigstellennetzes, konnten Entlassungen bisher vermieden werden. Bei Normalwachstum hätten in diesem Jahr nun die ersten Auszubildenden mit ihrer Nichtanstellung rechnen müssen. Als Problemlösungsmöglichkeit hatte man bisher die Vermittlung betroffener Auszubildenden an bekannte Betriebe ins Auge gefaßt.

Für die derzeitige Ausbildungspolitik spricht nach Meinung der Gruppe
- einen guten Beruf erlernen
- nicht sofort arbeitslos sein
- umfassende Ausbildung
- positive Prägung
- nicht mittellos
- sozialer Einstieg in die Gesellschaft

Dagegen spricht
- Verunsicherung wegen künftiger Beschäftigung
- Leistungsminderung
- Negatives Image in der Öffentlichkeit
- negative Wirkung für die Sparkasse
- Verdrängung Dritter bei der Arbeitsplatzsuche
- Lernprozeß wird behindert.

An Maßnahmen wurden zur Diskussion gestellt
- Einstellung: Grundbedarfszahl + 50 %
- Intensive Bemühungen um Beschäftigung außerhalb der Sparkasse durch Kontakte zu Wirtschaftsunternehmen und Annoncen
- Erteilung einer Bescheinigung mit Hinweis auf Überschußausbildung
- Ausbildungsgerechtigkeit.

Hier kam es zu einer sehr regen Diskussion, die wahrscheinlich zu einer Veränderung der Ausbildungspolitik in unserem Haus führen wird. In die Diskussion eingebracht wurden folgende Gedanken:

- Soll Auszubildenden reiner Wein eingeschenkt werden?
- Annoncen haben negative PR-Wirkung
- Ist Ausbildungsgerechtigkeit erreichbar?
- Arbeitslos mit Beruf oder ohne Beruf?

- Arbeitslos mit 16 oder mit 20 Jahren?
- Allgemeinwirtschaftliche Misere
- Soll die Sparkasse Aufgaben des Arbeitsamtes übernehmen?
- Gesinnungswandel des Auszubildenden vom Zeitpunkt der Einstellung zum Zeitpunkt der Anstellung.

Hier kam zum Ausdruck, daß die Auszubildenden bei der Einstellung ein Ausbildungsverhältnis eingehen wollen, auch wenn sie mit der Übernahme ins Angestelltenverhältnis nicht rechnen können.

Organisationsaufgaben

Die Gruppe erarbeitete fünf Beispiele, die für die Organisationsabteilung gegenwärtige oder künftige Probleme darstellen:
1. Die Organisation verständlicher – transparenter machen
2. Untersuchung der Arbeitsabläufe
3. Personaleinsatzplanung (Einsatz und Bedarf)
4. Kundenorientierter Aufbau der Gesamtorganisation
5. Zu wenig Unterstützung durch den Fachvorstand.

Bisher wurden zur Lösung der zahlreichen Organisationsaufgaben bereits einige Maßnahmen eingeleitet bzw. durchgeführt:

a) Organisationsuntersuchungen bei den Zweigstellen (Takt-Zeit-Studien).
Für die Untersuchungen der Organisationsabteilung sprechen die folgenden Kriterien
- Offenlegung des Ist-Zustandes
- Vergleichbarkeit.

Eine Reihe von Faktoren wirkt jedoch hindernd und sollte vorsichtig abgebaut werden:

- Mißtrauen der Mitarbeiter
- Fehlende Einsicht
- Traditionsgebundenheit
- Abneigung gegen „Neues".

Hier brauchen die Mitarbeiter der Organisationsabteilung viel Einfühlungsvermögen, Fachkenntnisse, menschliche Qualitäten, Verhandlungsgeschick, die Fähigkeit zuzuhören, Objektivität und Kompromißbereitschaft.
Eine Reihe von möglichen Situationen wurden im Seminar simuliert und durchgespielt.

b) Bildung einer z.b.V.-Abteilung
Für den Personaleinsatz steht damit eine sofort greifbare Reserve zur Verfügung. Eine größere Beweglichkeit und eine bessere fachliche Eignung sind erreichbar.
Die Hauptschwierigkeit liegt in der Herauslösung der erforderlichen Mitarbeiter aus bestehenden Abteilungen.

c) Lösung von Vertretungsproblemen durch feste Personalreserve in den einzelnen Abteilungen/Zweigstellen. Bei diesem Modell besteht die Gefahr, daß ungenügende Auslastung (Verlust von Arbeitskraft/höhere Kosten) der Mitarbeiter zu Unzufriedenheit führt.

d) Diskussion über Eingliederung des Personaleinsatzes in die Organisationsabteilung.
Einige Punkte sprechen zwingend für eine solche Maßnahme:
- Bessere Detailkenntnis
- Bessere Einschätzung
- Gleiche Ebene
- Erkennen der Eignung.

Konkret konnte die Gruppe dem Plenum eine Reihe von Maßnahmen vorschlagen:
- Delegation des Personaleinsatzes in die Organisationsabteilung
- Verstärkung der z.b.V.-Abteilung
- Ausstattung der Organisationsabteilung mit Kompetenzen
- Personelle Ausstattung der Organisationsabteilung
- Abschluß und Weiterführung von Orga-Untersuchungen.

Als wichtig erscheint dabei, daß permanente Orga-Untersuchungen und Maßnahmen dazu beitragen, vorhandenes Mißtrauen abzubauen.
Im Plenum wurden zu diesem Thema noch folgende Punkte behandelt:
- Weibliche Kräfte im Zweigstelleneinsatz?
- Urlaubsplanung in die Organisationsabteilung?
- Abbau von Mißtrauen gegen Orga-Untersuchungen durch genauere Information.

Ungleiche Verteilung von „Streicheleinheiten" durch Vorstand oder Leiter

In einem Sketch wurde die Rückkehr von zwei jungen Männern nach ihrer Wehrdienstzeit in den Sparkassenbetrieb dargestellt. Ein Vorgesetzter begrüßte einen der beiden nur formell, während er dem anderen in einem persönlichen Gespräch weit mehr Interesse entgegenbrachte.

Dieses Beispiel sollte nur symbolisch für die, bewußte oder unbewußte, ungleiche Verteilung von „Streicheleinheiten" durch Vorgesetzte stehen.

Leistungswille, Motivation, aber auch Leistungsfähigkeit hängen entscheidend von einer harmonischen Gestaltung der Persönlichkeitssphäre sowohl im privaten als auch im dienstlichen Bereich ab. Hier hat die Gruppe einen wesentlichen Aspekt sozialer Grundlagenforschung erkannt:

- Die ausgeglichene „Streichelbilanz".

In hervorragender analytischer Denkarbeit wurden die Möglichkeiten, fehlende „Streicheleinheiten" beizubringen, erkannt:

- Selbststreicheln, d. h. erkennen, jemand zu sein mit den sichtbaren Merkmalen Zufriedenheit und gute persönliche Verfassung.
- Streicheleinheiten abholen (hier wurde im Plenum geübt, ohne Hemmungen sich spontan an irgend einen Partner zu wenden).
- Streicheleinheiten von anderen erhalten bzw. verteilen (mit den Kriterien: Zuhören, Zustimmung, Toleranz, Anerkennen, Lob, Komplimente, persönliche Ansprache, Freundlichkeit).

Konkrete Maßnahmen wurden vorgeschlagen:

- Sinnvolle Freizeitgestaltung (Sport, Hobby);

- Harmonische Gestaltung der Persönlichkeitssphäre (Familie, Fremde);
- Zwischenmenschliche Beziehungen herstellen (persönliche Gespräche);
- Anerkennung der betrieblichen Leistung aller Mitarbeiter;
- Vorurteile gegenüber bestimmten Gruppen und Personen abbauen (Sympathie – Antipathie);
- Keine Offenlegung kleiner Fehler;
- Kritik nicht vor einem Dritten üben.

Wie vorteilhaft die Lösung dieses Problems auf der Beziehungsebene für den Betrieb sein kann, zeigt bereits der große Widerhall, den dieses Thema beim Seminar fand. Problemloses, sicheres Arbeiten, Selbstsicherheit und sozialer Friede wirken sich auf den Kontakt mit dem Kunden ebenso positiv aus wie auf die Erledigung gestellter Aufgaben und die Förderung kreativer Veranlagungen.

Die Fähigkeiten guter Wille, Einfühlungsvermögen, Offenheit, Vertrauen, Bereitschaft zur Integration und der Faktor Zeit müssen vorhanden sein.

Die Gruppe beendete ihren Vortrag mit einem Appell an die Leiter, mit gutem Beispiel voranzugehen.

Im Plenum wurde noch diskutiert
- Kreditabteilung als „Heilige Kuh“
- Lob vor Dritten – oder nicht?
- Streicheleinheiten sind vom Auszubildenden bis zum Vorstand notwendig.

Um die vielen guten Vorsätze zu verfestigen, bietet sich an, seine sozialen Beziehungen zu anderen immer wieder konkret zu überdenken. (Habe ich heute schon eine soziale Beziehung hergestellt? Wie sieht meine „Streichelbilanz“ aus? Wo habe ich noch etwas zu klären?) Nur die völlige Bereinigung aller offenen oder versteckten Konflikte und Kontaktsperren bringt jene Zufriedenheit, die allgemein gewünscht wird.

Den Teilnehmern wurde Gelegenheit gegeben, dies in der Praxis zu vollziehen.

Schlußeindruck

Die Teilnehmer saßen nach der Aufbereitung der fünf Hauptproblemkreise nachdenklich im Plenum. Auf dem Weg zur Selbsterkenntnis konstruierten sich die meisten ihre guten Vorsätze. Eine Menge meßbarer und nicht meßbarer Ergebnisse war zusammengekommen. Vieles war in den sozialen Beziehungen anders geworden, und vielleicht gerade dadurch war die knisternde Spannung zu erklären, die vorherrschte, als der Vorstandsvorsitzende seine Schlußworte sprach. Es war wohl vor allen Dingen den jüngeren Mitarbeitern bewußt, daß gerade die Aussagen der Hierarchie entscheidend für die tatsächliche Entwicklung von Teamgeist und Kooperation sein würden.

Für den Vorstandsvorsitzenden selbst stellte dieses Seminar von seinem Alter, seiner Stellung und seiner Autorität aus gesehen sicher ein Risiko dar; zumindest war für den Außenstehenden erkennbar, daß machmal überspitzte oder nicht immer konstruktive

Kritik ihn sehr nachdenklich gestimmt hatte. Um so mehr erstaunte es, daß sich gerade bei ihm in den letzten Stunden des Seminars eine gelöste Gemütslage abzeichnete.

In seinen Schlußworten spiegelte er diese bewegte Stimmungslage wieder, bezeichnete das Seminar als lehrreich, interessant, die Teilnehmer als prächtige, ehrliche und offene Mitarbeiter. Alles, worüber er noch vorher enttäuscht, verwundert oder erstaunt war, hatte er gestrichen.

Ergebnisse

Vier Tage Probleme anpacken, vier Tage Offenheit, vier Tage Engagement brachten viele Dinge ins Rollen. Eine „heilsame Unruhe" erfaßte alle Teilnehmer und befähigte auch dazu, „Tabus" anzugehen oder festgefahrene Standpunkte zu überdenken. Wie weit die 24 Teilnehmer als Multiplikatoren einen „neuen Geist" bringen, läßt sich noch nicht abschätzen.

Nach einigen Tagen des Abstandes zum Seminar lassen sich jedoch bereits zahlreiche meßbare oder nicht meßbare Ergebnisse festhalten:

1. Für weitere 12 Führungskräfte findet ein solches Seminar statt.
2. Alle Auszubildenden, die jetzt ihre Prüfung ablegten, erhalten eine Anstellung (vorher sollte nur befristet übernommen werden, um nach einer Übergangszeit einige nicht zu übernehmen).
3. Die Einstellungspolitik wird überdacht.
4. Ein siebenköpfiger Ausschuß befaßt sich mit den Möglichkeiten institutionalisierter Teamarbeit.
5. Die Seminarteilnehmer streben sichtbar Verhaltensänderungen an.
6. Die Besprechungen der Organisationsabteilung mit den Zweigstellen über die durchgeführten Untersuchungen können in einem gelösteren Klima stattfinden.
7. Viele verborgene Probleme wurden „aufgestöbert".
8. Die Kommunikation funktioniert besser (weniger Rechtfertigungen, kontrollierter Dialog).
9. Dem Unterricht für Auszubildende oder den AV-Schulungen für Mitarbeiter werden „Kommunikationseinheiten" vorgeschaltet (Wer bin ich?).
10. Viele neue zwischenmenschliche Beziehungen im Privatbereich wurden geschaffen.
11. Besserer Einblick in Probleme des anderen (= Verständnis).
12. Ernsthafte Erwägungen, den Personaleinsatz der Organisationsabteilung zu übertragen.

Im Wandel der Zeit hat der Wirtschaftsbetrieb als beherrschende Institution Funktionen für den Menschen übernommen, die weit über die rein ökonomische Aufgabe hinausgehen.

Die Lehre von den zwischenmenschlichen Beziehungen (Human Relation) erkannte erstmals, daß das Individuum „Mensch" nicht nur von einem Kosten-Nutzen-Denken bewegt wird. Zu den betriebswirtschaftlichen Führungsaufgaben zählt heute die nach innen gerichtete Human Relation genauso wie die nach außen gerichtete Public Relation.

Stichwortverzeichnis

Abhängigkeit 2, 54
Abhängigkeitsverhältnis 60
Aktionsforschung 1, 3, 16
Akzeptanz 60
Aufgabenrolle 34
Autorität 2, 4, 11, 36, 42, 43, 54, 58
Autorität, formale 11
Autorität, personale 11
Autorität, subjektive 11
Autoritätskrise 2, 26, 32
Autoritätsproblem 54

Beratungsgespräch 35
Beziehung, symbiotische 139
Beziehungsabklärung 4
„Blitzlicht“ 32

Counterdependence 25, 32

Delegierte 60
Dependence 25
Dependenzstadium 58

Egogramm 139
Eltern-Ich 139
Emotion 57
Erfolgssicherungsmethode 115
Erhaltungsfunktion 36
Erhaltungsrolle 32
Erwachsenen-Ich 58, 139
Evaluierung gruppendynamischer Seminare 41

Feedback 1, 3, 35, 43, 46, 54, 56, 57, 58, 150
Feedbackprozesse, emotionale 4
Feedback, reflektiertes 43
Fluchttendenz 56
Freiheit 59
Fremdbild 43, 57
Fremdwahrnehmung 12, 43
Führungsstil 13, 36

Gefühl 42, 57
Gefühle, widersprüchliche 55
Gegenabhängigkeit 25, 58
Geschäftsordnung 34
Gewinner 114
Gruppe 57, 58, 59, 60
Gruppendynamik 1
Gruppendynamiklaboratorium 55
gruppendynamische Organisationsentwicklung 55
gruppendynamischer Lernprozeß 58
gruppendynamisches Seminar 2
gruppendynamisches Seminar, Evaluierung 41

Gruppenentscheidung 34
Gruppenfunktion 56
Gruppenprozeß 55, 57

Herrschaft 60
Hierarchie 53, 56, 60
Hier-und-Jetzt-Situation 12, 54

Ich-Zustand 139
Identität 2, 35
Individuum 58
Inhaltsebene 45
Interaktion 16, 58
Interaktion, soziale 58
Interdependenz 2, 14, 25

Kindheits-Ich 139
Kommunikation 3
Konflikt 1
Konfliktbearbeitung, intergruppale 13
Konfliktbearbeitung, interpersonale 13
Konfliktbearbeitung, personale 13
Konfliktlösung 48
Konfliktmanagement 2
Konsensentscheidung 35
Kooperation 3, 33, 36, 43

Laboratorium 11, 13, 39
Laboratorium, gruppendynamisches 55
Laboratorium, Residential- 15
Laboratorium, Stranger- 15
Laboratoriumsmethode 16
Lernen 2, 3
Lernen, affektives 4
Lernprozeß 3
Lernprozeß, gruppendynamischer 58
Logik, neue 55

Organisation 60
Organisation, formale 136
Organisationsdynamik 55, 59, 61
Organisationsentwicklung 1, 55
Organisationsentwicklung, gruppendynamische 55

Paar 58
„Pairing“ 58
Prozeß 16
Prozeßberater 16
Prozeßberatung 1, 16
Prozeßberatung, psychologische 16
Prozeßgruppe 16
Prozeß, Reflexions- 60
Prozeß, Selbstbestimmungs- 60

Reflexion des Hier und Jetzt 55
Reflexionsprozeß 60
Residential-Laboratorium 15
Rückkoppelung 55

Selbstbestimmung 59
Selbstbestimmungsprozeß 60
Selbstbild 43, 57
Selbstentscheidung 13
Selbstwahrnehmung 12, 21, 43
Seminar, Effektivität 40
Seminar, gruppendynamisches 2
Seminarschatten 37, 48
Sensitivität 12
Sensitivity-Training 13
Skript 113
Skriptanalyse 115
Sonora-Übung 32, 33, 35
Soziogramm 31, 46, 55, 59
Störfaktoren, sozialpsychologische 33
Stranger-Laboratorium 15
Streicheln 114
Struktur, informale 136

Teamarbeit 33, 35
Teamtraining 3
T-Gruppe 13, 15, 32, 45, 55, 58
Theorie sozialen Handelns 112
Trainings-Gruppe 13
Transaktion 139
Transaktionsanalyse 115
Transfer 39

Veränderungsprozeß 55
Verhaltensstil 13

Widerspruch 53, 56, 58, 60, 61
Widersprüche, Bearbeitung der 55
Widersprüche, Bewältigung der 55
Widersprüche, Elimination der 54, 60
Widerstand 56

Literaturverzeichnis

Bolman, L.: The Client as Theorist: an Approach to Individual and Organization Development, in: Adams, J. (Hg.): Theory and Method in Organization Development: an Evolutionary Process, Institute for Applied Behavioral Science, Arlington, Virginia 22209, 1974 NTL

Bradford, L. P., u. a. (Hg.): Gruppentraining, Stuttgart 1972

Brocher, T.: Gruppendynamik und Erwachsenenbildung, Braunschweig 1967

French, W. L., Bell, C. H.: Organisationsentwicklung, Bern u. Stuttgart 1977

Fromm, E.: Haben oder Sein – Die seelischen Grundlagen einer neuen Gesellschaft, Stuttgart 1979

Gebert, Dh.: Gruppendynamik in der betrieblichen Führungsschulung, Berlin 1972

Gordon, T.: Familienkonferenz, Hamburg 1974

Gordon, T.: Leader Effectiveness Training, London 1977 Deutsche Fassung: Manager-Konferenz, Hamburg 1979

Gordon, T.: Lehrer-Schüler-Konferenz, Hamburg 1977

Harris, T.: Ich bin o. k., du bist o. k., Reinbek 1975

Lauterburg, C.: Vor dem Ende der Hierarchie, 2. Aufl., Düsseldorf u. Wien 1980

Mucchielli, R.: Gruppendynamik, Salzburg

Rosenkranz, H.: Soziale Betriebsorganisation unter anthropologischen und pädagogischen Aspekten, München 1973

Rosenkranz, H.: Führung und Dynamik von Arbeitsgruppen in Schule und Betrieb, in: Aus Politik und Zeitgeschichte, Nr. B 44/71 vom 30.10.1971, S. 27–30 (Beilage zur Wochenzeitung „Das Parlament")

Rosenkranz, H.: Teamtraining im Rahmen der Organisationsentwicklung, in: Teamarbeit in Kreditinstituten, Stuttgart

Schmidbauer, W.: Selbsterfahrung in der Gruppe, München 1977

Schwarz, G.: Die Problematik in der Gruppe, in: Heintel, P. (Hg.): Das ist Gruppendynamik, München 1974

o.A.d.V. Group Dynamics, North Western Polytechnic, Department of Economics and Business Studies, The Management Division